大学生科技竞赛实践基础

张 鹏 于 菲 武春龙 著

科 学 出 版 社

北 京

内 容 简 介

大学生思维活跃，锐意进取，是一群活跃的创新创业者。为了提高在校学生和指导教师在大学生科技竞赛过程中的工作效率，作者总结十余年指导大学生科技竞赛的经验，向读者介绍大学生科技竞赛类别选择、项目确定与团队搭建、项目目标确定与问题分析、问题解决与评价、复杂工程问题分析与非技术要素分析、项目商业模式确定及申报书撰写等内容。

本书可为参与大学生科技竞赛的学生和指导教师、参加科技创新活动的学生和指导教师，以及通过科技项目形式进行创新创业的青年创业者提供参考。

图书在版编目（CIP）数据

大学生科技竞赛实践基础 / 张鹏，于菲，武春龙著. —北京：科学出版社，2020.9

SBN 978-7-03-061787-3

Ⅰ. ①大… Ⅱ. ①张… ②于… ③武… Ⅲ. ①大学生－科学技术－竞赛－研究－中国 Ⅳ. ①G644

中国版本图书馆 CIP 数据核字（2019）第 133547 号

责任编辑：王丹妮 / 责任校对：贾伟娟
责任印制：张 伟 / 封面设计：蓝正设计

科学出版社 出版
北京东黄城根北街 16 号
邮政编码：100717
http://www.sciencep.com
北京凌奇印刷有限责任公司印刷
科学出版社发行 各地新华书店经销
*
2020 年 9 月第 一 版 开本：787 × 1092 1/16
2024 年 6 月第三次印刷 印张：14 1/4
字数：338 000

定价：58.00 元

（如有印装质量问题，我社负责调换）

前　言

由中国制造向中国创造转变的过程中，企业创新能力被视为其核心竞争力。为了向企业输送创新型人才，大学期间创新思维和创新实践能力培养显得非常重要。大学生科技竞赛面向工程实际，通过自主选题与热点问题命题相结合的方式，为在校大学生搭建了创新能力比拼的舞台。但是学生初次参与科技竞赛时，往往对科技竞赛了解不多，在项目选题创新性、项目实践以及项目最终呈现等环节上存在一些共性问题。本书是在作者多年指导大学生科技竞赛实践的基础上，结合前沿工程创新理论，形成的面向大学生科技竞赛全生命周期的设计模型，其中包括竞赛类别确定、竞赛项目确定、竞赛项目问题分析、竞赛项目方案确定与评价等，并以作者指导“挑战杯”全国大学生课外学术科技作品竞赛、全国大学生机械创新设计大赛、全国大学生节能减排社会实践与科技竞赛和中国创新方法大赛等赛事取得优异成绩的项目为例，说明大学生科技竞赛实践过程模型的科学性。

本书面向大学生科技竞赛全生命周期的设计模型已经广泛应用于大学生科技竞赛的指导工作，极大地提高了大学生参与科技竞赛过程中，项目选题、项目问题分析和项目方案确定的效率。将国家重大需求对应的热点问题融入大学生科技竞赛项目，使大学生感受创新型国家建设赋予当代大学生的历史使命。科技竞赛项目在系统锻炼学生创新思维和创新实践能力的同时，与专业实践能力培养有机地融合为一体，为学生独立科研能力的培养奠定了良好的基础。

本书在国家技术创新方法与实施工具工程技术研究中心的指导和资助下完成。国家自然科学基金项目（51305123）、河北省自然科学基金青年基金项目（E2017202260）和河北省高等教育教学改革研究项目（2016GJJG030）等为本书提供了资助与研究素材。博士研究生董娅凡，硕士研究生马楠、张志敏、罗杨、冯慧、赵博圆、李丹丹、王子真、冯浩和聂子丰参与了本书的校对和统稿工作，在此一并表示感谢。

由于作者水平有限，书中难免存在不足之处，恳请广大读者批评指正。

作　者

2020年3月26日

目　录

第1章 绪 论

1.1 引 言

近几年，我国经济迅猛发展的同时，众多领域技术逐渐接近甚至超过国际先进水平，企业急需创新方法、创新技术和创新人才。为保持国家竞争力及经济稳定，我国政府不断鼓励和引导“创新”，提出“大众创业，万众创新”等国家大政方针。创新型人才作为实现中华民族伟大复兴的关键因素之一[1]，受到了高度关注，国家出台了一系列的政策来推动和激励创新型人才培养。2010 年 6 月，中共中央政治局召开会议，审议并通过《国家中长期教育改革和发展规划纲要（2010—2020 年）》，将培养有创新精神和创新能力的专门人才作为高等教育的使命。2013 年 11 月，中国共产党第十八届中央委员会第三次全体会议通过了《中共中央关于全面深化改革若干重大问题的决定》，将创新创业人才培养作为人才强国战略的重要内容。在多届全国“两会”中，创新也被多次提及[2]，培养大学生的创新思维以及自主创新能力，弘扬以爱国主义为核心的民族精神和以改革创新为核心的时代精神成为共识。大学生创新实践能力的培养是高等院校人才培养水平的重要体现之一，因其涉及专业理论知识、专业技能和自我创新意识等复杂因素，不易传授、培养和评价，一直是能力和素质型人才培养中的难点，如何详细地给出与大学生创新实践能力相关的培养模式，更有效地提升大学生的创新实践能力，是高等教育人才培养中亟待解决的问题之一[3]。

科技竞赛可以有效调动学生学习的积极性，在实践过程中提升学生的观察能力、质疑能力、创新能力、合作能力等学科素质能力。而且科技竞赛可以系统地培养学生的知识和技能，让学生在综合设计过程中，主动学习相关学科知识，发掘自己的优势，提高自身的实践能力，为以后的发展奠定基础。

目前，大学生科技竞赛和科技创新项目已经成为高等院校提高学生创新实践能力的主要引导手段，对大学生的创新实践能力的培养起到举足轻重的作用[4]。常见的大学生科技竞赛活动有“挑战杯”全国大学生课外学术科技作品竞赛、全国大学生机械创新设计大赛、iCAN 创新创业大赛和全国大学生工程训练综合能力竞赛等，旨在培养大学生的创新思维和实践能力。其中全国大学生工程训练综合能力竞赛内容上与高校工程训练教学相衔接，学生在教师的指导下，作为项目主要的承担者将全程亲历整个项目的运行过程。在这个过程中培养学生的项目管理能力、生产组织能力、设计制造能力、检测装配能力、成本控制能力以及团队协作能力[5]，其他科技竞赛在培养大学生工程实践能力的同时着重进行学生创新思维和创新能力的培养。

科技竞赛可以有效地推动大学生的创新热情，锻炼学生的创新能力，培养他们的创新精神，更可以引导学生养成自主学习、发现和积累知识的学习习惯。学生通过参加科技竞赛可以学到很多课本以外的知识，在活动中可能遇到各种各样的实际问题，在解决问题的过程中可以培养学生正确分析、处理问题的思维方法，培养学生的团队合作能力以及独立解决问题的能力。

科技竞赛可以激发学生的学习兴趣。大学生需要自主查阅相关的学科知识、文献资料，将所学知识融会贯通，针对参赛项目，有侧重、有目标、有方向地学习。在学习过程中，大学生不再是学习固定的内容，参加单一的考试，他们需要自己利用图书馆、网络等途径了解相关知识，并且学会分辨内容的真实性，与教师和同学进行交流，提炼需要的知识精华，用以辅助竞赛，这样既培养了自学能力以及专业素养，又深化了知识维度以及专业能力。

学校要加强树立创新实践教育培养理念，建立创新实践能力的培养机制，将创新实践课程纳入专业培养方案之中，把创新实践课程、科技竞赛、社团科技活动、学术论文撰写等内容和公共基础课程、专业基础课程、学科专业课程以及全校性通识课程的教学内容有机结合起来，在理论教学中渗透创新实践教育的理念和内容。同时，积极推行学分制教学改革，给学生个性发展及创新思想的培育提供更宽松的空间[6]。

国家与企业急需的创新并不仅仅停留在“奇思妙想”，而是要考虑其工程层面的可实施性，以及其市场需求情况。在校大学生肩负着国家与企业未来发展创新重任的背景下，培养学生的批判性创新思维、问题分析、问题解决、现代工具使用、节能环保、沟通交流、合作、项目管理、自主学习等多个方面的能力，其中批判性创新思维处于核心地位。随着 2016 年 6 月，我国正式成为国际工程教育《华盛顿协议》的会员，很多工科专业陆续开展了面向工程实践的以成果为导向的本科教育。工程教育认证秉承以学生为中心、成果导向和持续改进三大理念，工程教育认证在重视全体学生专业素质的同时，兼顾对全体学生非技术要素的培养[7]。除了课程实验、课程设计和毕业设计等环节外，大学生科技竞赛也是锻炼学生发现问题和解决问题，增强学生动手能力的重要环节。科技竞赛可以培养学生的实践能力和创新精神，也是培养学生创新能力的重要途径。工程教育以新技术、新产业、新业态和新模式为特征，呼唤新工科、新医科、新农科、新文科建设。2019 年，教育部在工程教育认证的基础上启动三级认证体系，进一步强化学生的创新与工程理念。

在第一课堂通过工程教育的方式强化创新与工程理念的同时，第二课堂关于创新与创业的竞赛层出不穷，如“挑战杯”全国大学生课外学术科技作品竞赛、全国大学生机械创新设计大赛、全国大学生节能减排社会实践与科技竞赛、中国创新方法大赛和“西门子杯”中国智能制造挑战赛等。其中以“挑战杯”全国大学生课外学术科技作品竞赛为代表的大学生科技竞赛，经过几十年的发展，参与院校几乎涵盖了国内所有知名院校，参与学生人数众多，并且这些大学生科技竞赛在强调创新性的同时非常重视工程实施情况。学生通过参与大学生科技竞赛能够从批判性创新思维、问题分析、问题解决、现代工具使用、节能环保、沟通交流能力、合作能力、项目管理、自主学习等方面进行全面的训练，为其今后工作和深造打下良好的基础。

本书聚焦大学生科技竞赛全过程，将逐步引导学生理解大学生科技竞赛过程中的基础问题，对大学生科技竞赛过程中所需的知识与技能，进行逐一阐述/讲解。例如，竞赛主题如何选择；竞赛项目的目标如何确定；如何对竞赛项目进行问题分析与问题求解；等等。

1.2 大学生科技竞赛的意义

大学生科技竞赛一般可以分为创新类和创业类，创业类一般是在创新项目的基础上实施的。大学生科技竞赛中创新类竞赛主要有三种类型：综合创新类、专业综合创新类和专业实践类。首先，“挑战杯”全国大学生课外学术科技作品竞赛是典型的综合创新类竞赛，代表了国内大学生竞赛的最高水平；其次，全国大学生机械创新设计大赛和全国大学生节能减排社会实践与科技竞赛等属于专业综合创新类，分别以机械和节能减排为主题，代表了国内大学生竞赛在该领域的最高水平；最后，“西门子杯”中国智能制造挑战赛等属于专业实践类。综合创新类和专业综合创新类科技竞赛对竞赛项目创新性与工程实施性要求都很高，专业实践类竞赛对工程实施性要求也很高。因此，上述大学生科技竞赛项目一般是在指导教师的指导下进行项目选题、问题分析、问题解决、样机试制、申报书撰写以及答辩资料准备等，这一系列的过程在批判性创新思维、问题分析、问题解决、现代工具使用、节能环保、沟通交流、合作、项目管理、自主学习等方面进行全面的训练。

大学生科技竞赛过程包括下述几个环节：第一，竞赛类别选择，学生要根据所在专业选择合适的竞赛类别，例如，机械相关专业的学生可以选择全国大学生机械创新设计大赛或者全国大学生节能减排社会实践与科技竞赛的机械控制组；第二，竞赛项目与人员确定，学生在运用专业知识的基础上，运用批判性创新思维，结合问题的定义与分类，以理想解为目标分析并确定竞赛项目中存在的问题，并且初步确定项目组成员；第三，问题分析与解决，应用专业理论知识进行实际问题表达，选用问题解决工具进行问题求解，在问题分析与求解过程中，需要在原有专业知识结构的基础上进行自主学习，运用现代工具进行问题表达与推理；第四，方案形成与评价，通过项目组人员分工合作形成若干个项目方案，运用工程实施性、经济性和环保性等特征进行项目方案选择与评价；第五，样机仿真与试制，运用现代工具对项目方案进行仿真，项目组成员一起参与样机的搭建与试制，并完成相应的验证试验；第六，申报书撰写与答辩资料准备，根据竞赛项目情况按照竞赛要求撰写竞赛项目申报书并做好路演答辩准备。

大学生科技竞赛对学生具有很高的锻炼价值，主要体现在可以锻炼学生综合运用所学专业知识的能力、锻炼学生自我学习和终身学习的能力、提高学生撰写科技文献的能力以及提升学生的工程伦理认知，增加学生团结协作和交流的能力；增强学生创新思维的能力和动手实践的能力，是专业教学工作的良好补充，对提升教学质量意义重大。通过营造浓厚的大学生科技竞赛氛围，激发学生的学习热情，使大学生科技竞赛真正为大学学习起到良好的促进作用，鼓励越来越多的学生参与到大学生科技竞赛中来。

1.3　大学生科技竞赛的困境

大学生科技竞赛能够锻炼学生的综合专业素质，大学生科技竞赛获奖往往是学生简历中靓丽的一笔，在考研、保研或找工作过程中备受关注。但是大学生科技竞赛依然面临着一些困难，大学生科技竞赛存在以下几方面问题：大学生科技竞赛信息滞后、对大学生科技竞赛内容了解不足以及学校组织较困难等。下面分别进行简要介绍。

1. 大学生科技竞赛信息滞后

学生往往在高年级面临升学或者毕业的时候才意识到大学生科技竞赛能够为其完善知识体系、增强其竞争力，但是由于错过了低年级宝贵的科技竞赛准备期，加之高年级面临考研、找工作，时间相对紧张，参加大学生科技竞赛的价值大打折扣。针对大学生科技竞赛信息滞后的问题，学校和学院可以建立竞赛网站、竞赛公众号、竞赛微博和竞赛群等网络交互手段，进行竞赛的种类、时间、类别、成果展示等方面的介绍。此外，还可以开设大学生科技竞赛相关的选修课程，系统地为学生讲述科技竞赛的过程以及需要注意的事项。

2. 对大学生科技竞赛内容了解不足

学校或学院可以组织指导教师和往届获奖学生对大学生科技竞赛开展各类讲座，一方面开拓学生的视野，促进学生竞赛选题。另一方面，获奖学生的亲身经历和赛后感受也激发了其他学生投入科技竞赛的热情，在学生中树立起很好的榜样。

3. 学校组织较困难

大学生科技竞赛活动往往是由本科生院（教务处）、校团委、大学生创新创业学院、社团或协会以“课余活动”形式开展的，这种形式在资金、师资、设备、场地等方面会受到一定限制，影响了它的发展规模。学校虽然建立了很多的社团和协会，但是普遍缺少学术气氛，科技含量不高，存在一定的局限性。为了科技竞赛的良性发展，学校应当支持和鼓励大学生科技社团的发展，大学生科技社团也是开展科技创新活动的良好载体。

1.4　大学生科技竞赛的过程

大学生参与科技竞赛的主要环节可以总结为以下几个阶段：竞赛主题诠释与选择、问题发现与竞赛项目确定、项目目标确定与团队搭建、问题分析、问题求解、方案形成与复杂性分析、非技术要素评价、样机试制、商业模式、项目验收与答辩等。

阶段一：竞赛主题诠释与选择。

大学生科技竞赛是第二课堂的重要组成部分，是第一课堂专业教育的重要补充，通过大学生科技竞赛锻炼学生非技术要素的同时，巩固和提升学生专业知识，增强其专业竞争力是开展大学生科技竞赛活动的主要目的。然而，目前科技竞赛种类繁多，大学生为了在参与科技竞赛过程中得到全面锻炼，项目的研究结果更加接近于专业工程实际，选取适合学生自身特点以及专业特点的科技竞赛是十分必要的。因此，通过分析大学生科技竞赛的主题并结合专业特点，在指导教师的辅导下进行适当选择。

阶段二：问题发现与竞赛项目确定。

大学生科技竞赛项目本身就是工程项目，要求创新性的同时，也非常注重工程性。大学生科技竞赛项目包含以设想产生为主的模糊前端阶段，以概念设计和详细设计为主的产品开发阶段，以及进行商业化运作使产品能够产生效益的商业化阶段。在模糊前端阶段、产品开发阶段和商业化阶段都会产生不同的问题，解决设计过程中的问题是产品创新的动力，也是大学生科技竞赛项目创新性的重要体现。选定具有市场前景的工程项目，并从中发现具有创新潜质的发明问题，科技竞赛项目随之确定。

阶段三：项目目标确定与团队搭建。

科技竞赛项目选定以后，通过查阅科技竞赛往年获奖作品、相关论文和专利，确定科技竞赛项目设计目标。项目目标体现创新性的同时，设计目标对应的技术水平应该高于同年龄段学生，但设计目标也不能好高骛远，经过一段时间的自主学习，项目组内的学生应该能够完成项目设计，根据项目所需技术选择不同专业、不同年级的学生组成项目团队并聘请项目指导教师，完成竞赛项目团队搭建。

阶段四：问题分析。

大学生科技竞赛一般对创新性要求很高，所以竞赛项目所解决的问题不能是领域内司空见惯的问题。应该经过深入分析结合跨学科知识解决大学生科技竞赛项目中存在的技术问题，这是大学生科技竞赛项目创新性和工程实施性的关键[8]。这类问题往往体现为系统中存在强耦合、非线性、时变特性或开放性，得到的项目方案往往包含新原理、新结构或新工艺的应用。总之，科技竞赛项目解决的工程问题，一般不是通常问题，而是本领域中尚未解决的新问题，即发明问题或者复杂工程问题。

通过科技竞赛项目复杂性分析确定问题类型；建立竞赛项目系统的功能模型，将大学生科技竞赛项目中存在的工程问题进行图形化表达；进行因果分析，确定大学生科技竞赛项目问题的入手点；对大学生科技竞赛项目中存在的工程问题进行资源分析，得到问题区域、技术系统和超系统的资源等。

阶段五：问题求解。

大学生科技竞赛项目虽然来自不同的工程领域，但是其中很多问题本身是有关联的，通过项目问题分析阶段进行系统复杂性、功能分析、因果分析和资源分析，建立统一的问题模型后，应用冲突解决原理、裁剪工具、标准解工具和功能周期工具等进行问题求解，得到项目对应标准问题的解，并结合项目问题的具体情况得到项目问题的解。

阶段六：方案形成与复杂性分析以及非技术要素评价。

应用不同的解题工具得到大量项目问题的解，并最终形成多种方案。从效率、经济性、环保性、可靠性、体积、质量、易操作性、创新性和实用性等方面对形成的方案进行综合评价与选择。

阶段七：样机试制。

应用各专业仿真软件建立数字样机或数字孪生体，进行方案仿真验证，根据仿真结果进行样机试制，如果发现新问题，返回问题分析与问题求解阶段。

阶段八：商业模式。

根据用户需求进行客户细分，定位需要此类产品及其服务的客户群体和组织。设置从每个细分客户群体获得利益的渠道，并明确核心资源、关键业务、重要合作伙伴及成本结构等保障商业模式运转的重要因素。

阶段九：项目验收与答辩。

大学生科技竞赛项目验收与答辩也是竞赛工程中非常重要的环节，项目验收与答辩的申报书一般包括项目简介、研究目的和意义、国内外现状、研究内容、技术路线、进度安排、特色与创新、研究基础等方面。第一部分是项目简介，主要说明项目研究的目的、项目研究所使用的方法、项目的结果以及结论；第二部分是研究目的和意义，介绍项目对于解决工程问题的意义，以及项目所能达成的目标；第三部分是国内外现状，通过国内外文献和专利研究，得出现有技术存在的问题，并指出项目的新思路；第四部分是研究内容，从哪几方面开展研究工作，具体每部分的研究内容及对应的成果；第五部分是技术路线，说明项目整体和每个部分技术的可实施性；第六部分是进度安排，明确项目涉及每个部分的进度要求，合理安排项目周期内的研究工作；第七部分是特色与创新，凝练项目的特色以及创新点；第八部分是研究基础，人员基础和技术基础是项目研究基础的重要组成，从两方面说明项目研究基础。

综上所述，在撰写大学生科技竞赛申报书过程中，项目的选题作为第一步至关重要，并且需要突出项目创新点和设计的实用性。另外，需要注意图文并茂，符合科技论文写作规范。

1.5　本书内容框架

本书共 10 章，第 1 章为绪论，主要介绍大学生科技竞赛的意义、大学生科技竞赛的困境和大学生科技竞赛的过程。

第 2 章介绍大学生科技竞赛项目确定，包括大学生科技竞赛类别选择、大学生科技竞赛项目问题确定、大学生科技竞赛项目目标确定。

第 3 章介绍大学生科技竞赛项目问题分析的主要内容。

第 4 章介绍大学生科技竞赛项目方案确定与评价。

第 5～10 章为案例研究。通过本书指导学生参加各类大学生科技竞赛，将其中“挑战杯”全国大学生课外学术科技作品竞赛、全国大学生机械创新设计大赛、全国大学生节能减排社会实践与科技竞赛和中国创新方法大赛等的获奖作品作为本书的案例研究部分。

参考文献

[1] 李伟，李竹. 高校创新型人才的思维特征形成机制与培养路径[J]. 江苏高教，2017（11）：77-80.

[2] 刘兴强，王琳. 大学生创新思维培养探究[J]. 创新与创业教育，2017（3）：24-26.

[3] Burnard P，Craft A，Cremin T，et al. Documenting “possibility thinking”：A journey of collaborative enquiry[J]. International Journal of Early Years Education，2006，14（3）：243-262.

[4] 陈福刚，谢述玲. 大学生科技竞赛活动与创新创业能力培养的切合分析[J]. 时代青年（教育），2012（11）：16-17.

[5] 强华. 关于大学生工程训练综合能力竞赛的体会[J]. 中国电力教育，2013（28）：165，168.

[6] 陈升，倪敬，张云. “竞赛+项目+论文”的大学生创新实践能力培养体系的构建[J]. 教育现代化，2018，5（46）：78-81.

[7] 黄兆军. 高职院校新工科专业建设的探索与实践——基于国际工程教育认证标准[J]. 职业教育研究，2019（5）：57-62.

[8] 郑劼屹，陈霞青，夏志红. 大学生科技竞赛与创新能力培养的相关性调研分析[J]. 电子制作，2014（21）：166.

第2章　大学生科技竞赛项目确定

大学生科技竞赛种类繁多，所需要的专业背景差异明显。为了将科技竞赛对学生的锻炼价值尽量发挥出来，首先，应该优选与专业相关的科技竞赛类别；其次，在选定科技竞赛类别后，选择顺应国家需求、适合专业特征、符合学生能力的创新型问题作为竞赛项目并确定项目目标；最后，根据项目的具体要求确定项目指导教师和组成成员。

2.1　大学生科技竞赛类别选择

目前科技竞赛种类繁多，大学生为了在参与科技竞赛过程中得到全面锻炼，项目的研究结果更加接近于工程实际，选取适合自身特点以及专业特点的科技竞赛是十分必要的。

下面就一些参与度较高的大学生科技竞赛进行简要介绍。

1.“挑战杯”全国大学生课外学术科技作品竞赛

“挑战杯”全国大学生课外学术科技作品竞赛（以下简称“挑战杯”竞赛）是由中国共产主义青年团、中国科学技术协会、教育部、中国社会科学院、中华全国学生联合会共同主办，国内著名大学、新闻媒体联合发起的一项具有导向性、示范性和群众性的全国竞赛活动。自1989年首届竞赛举办以来，“挑战杯”竞赛始终坚持“崇尚科学、追求真知、勤奋学习、锐意创新、迎接挑战”的宗旨，在促进青年创新人才成长、深化高校素质教育、推动经济社会发展等方面发挥了积极作用，在广大高校乃至社会上产生了广泛而良好的影响，被誉为当代大学生科技创新的“奥林匹克”盛会。竞赛的发展得到党和国家领导同志的亲切关怀，江泽民同志为“挑战杯”竞赛题写了杯名，李鹏、李岚清等同志题词勉励。历经十余届，“挑战杯”竞赛已经成为：

（1）吸引广大高校学生共同参与的科技盛会。从最初的19所高校发起，发展到1000多所高校参与；从300多人的小擂台发展到200多万大学生的竞技场，“挑战杯”竞赛在广大青年学生中的影响力和号召力显著增强。

（2）促进优秀青年人才脱颖而出的创新摇篮。竞赛获奖者中已经产生了两位长江学者，6位国家重点实验室负责人，20多位教授和博士生导师，70%的学生获奖后继续攻读更高层次的学位，近 30%的学生出国深造。他们当中的代表人物有：第二届“挑战杯”竞赛获奖者、国家科技进步奖一等奖获得者、中国十大杰出青年、北京中星微电子有限公司董事长邓中翰，第五届“挑战杯”竞赛获奖者、“中国杰出青年科技创新奖”获得者、安徽中科大讯飞信息科技股份有限公司董事长刘庆峰，第八届、第九届“挑战杯”竞赛获奖者、“中国青年五四奖章”标兵、南京航空航天大学2007级博士研究生胡铃心等。

（3）引导高校学生推动现代化建设的重要渠道。成果展示、技术转让、科技创业，让

“挑战杯”竞赛从象牙塔走向社会，推动了高校科技成果向现实生产力的转化，为经济社会发展做出积极贡献。

（4）深化高校素质教育的实践课堂。“挑战杯”竞赛已经形成了国家、省、高校三级赛制，广大高校以“挑战杯”竞赛为龙头，不断丰富活动内容，拓展工作载体，把创新教育纳入教育规划，使“挑战杯”竞赛成为大学生参与科技创新活动的重要平台。

（5）展示全体中华学子创新风采的亮丽舞台。我国香港、澳门、台湾众多高校也积极参与竞赛，派出代表团观摩和展示。竞赛成为青年学子展示创新风采的舞台，也成为增进彼此了解、加深相互感情的重要途径。

“挑战杯”竞赛是国内高校认可度最高的综合性科技竞赛之一，代表了国内各高校科技竞赛的最高水平，该项赛事一般以高科技含量、社会热点问题和较高创新性为竞赛作品的特点。对于初次参加科技竞赛的学生，参与此类竞赛取得好成绩相对比较困难。

2. 全国大学生机械创新设计大赛

全国大学生机械创新设计大赛是经教育部高等教育司批准，由全国大学生机械创新设计大赛组织委员会和教育部高等学校机械基础课程教学指导分委员会主办，全国机械原理教学研究会、全国机械设计教学研究会、各省市金工研究会联合著名高校和社会力量共同承办，面向大学生的群众性科技活动。目的在于综合设计能力与协作精神；加强学生动手能力的培养和工程实践的训练，提高学生针对实际需求进行机械创新、设计、制作的实践工作能力，吸引、鼓励广大学生踊跃参加课外科技活动，为优秀人才脱颖而出创造条件。

3. 全国大学生节能减排社会实践与科技竞赛

全国大学生节能减排社会实践与科技竞赛是由教育部高等教育司主办、唯一由高等教育司办公室主抓的全国大学生学科竞赛。该竞赛充分体现了“节能减排，绿色能源”的主题，紧密围绕国家能源与环境政策，紧密结合国家重大需求，在教育部的直接领导和广大高校的积极协作下，起点高、规模大、精品多，覆盖面广，是一项具有导向性、示范性和群众性的全国大学生竞赛，得到了各省教育厅、各高校的高度重视。本活动每年举办一次。全国大学生节能减排社会实践与科技竞赛主要是激发当代大学生的青春活力，创新实践能力，承办单位一般为上届表现突出院校。全国许多大学都积极参与其中。

第一届全国大学生节能减排社会实践与科技竞赛于 2008 年在浙江大学成功举办，共有 88 所高校的 505 件作品参加了此次竞赛，参赛作品类型多、专业性强、涵盖面广，涉及能源、机械、资源、建筑、电气、海洋、社会、经济、矿业等多个领域。最终入围决赛的 100 件优秀作品来自 55 所高校，不仅有涉及国民经济重大发展的能源生产问题，如海上风力发电平台、太阳能梯级开发热利用系统及生物质能利用系统等作品，也有贴近日常生活节水节电的小发明、小制作，如厨房节能小助手、新型节能开关电源、厨余堆肥机等；还有一些作品紧跟“节能减排”领域的学术研究前沿。这些都展示了当代大学生对生活的认真观察和对于人类社会发展的高度关注。

第二届全国大学生节能减排社会实践与科技竞赛于 2009 年在华中科技大学举行，共收到 168 所高校的报名申请，其中，985 高校 21 所，211 非 985 高校 25 所，一般本科高校

100 所，高职高专 21 所，军事院校 1 所，最后收到 159 所高校提交的有效作品共 1620 件，经过形式审查和专家初审，评选出 111 件作品入围决赛。本届大赛参赛规模和竞赛影响远远超过第一届全国竞赛。

第三届全国大学生节能减排社会实践与科技竞赛于 2010 年在北京科技大学隆重举行，来自全国各省市 232 所高校的 1868 支参赛队参加了本届大赛，直接涉及全国竞赛的学生和指导教师总人数达 15 000 人以上，师生总参与人数达 30 000 余人。经过专家委员会对众多的参赛作品的认真评选，共推选出特等奖 8 项，一等奖 32 项，二等奖 95 项，三等奖 294 项。本届大赛的竞赛委员会和专家委员会由院士、高校领导、长江学者、“973 项目”首席科学家等 130 余人担任。同时，每一个代表队都配备至少一位相关领域专家进行密切指导，使参赛作品能够紧跟“节能减排”领域的学术研究前沿。通过作品的评审、展示，有效地促进了节能减排技术及相关领域的学术交流和学科交融。

第四届全国大学生节能减排社会实践与科技竞赛于 2011 年在哈尔滨工业大学举行，是四届赛事开展以来规模最大、覆盖面最广、参与人数最多的一次竞赛。本次竞赛共收到 1980 件参赛作品，参赛高校覆盖所有省、直辖市和港澳台地区。经过对作品的资格审查和形式审查，最后有来自 182 所高校选送的 1673 件作品进入网评，其中科技作品类 1391 件，社会实践类 282 件。网评过程中，共邀请了全国各高校相关专业的知名教授 120 人，每件作品都经过了 3 名专家的网上认真评审。经过网评，146 所高校的 484 件作品进入专家会评，最终 73 所高校的 133 件作品进入决赛。作品内容覆盖各行业和日常生活的多个领域。

第五届全国大学生节能减排社会实践与科技竞赛在西安交通大学举行，此届参赛作品充分体现和诠释了“节能减排，绿色能源”这一大赛的主题，积极推动了全社会节能减排活动的开展。本届大赛从 73 所高校参与决赛评审的 141 件作品中，推选出了特等奖 9 项，一等奖 37 项，二等奖 90 项。此外还评出了三等奖 345 项，优秀组织奖 59 项。参赛作品充分体现了理论与实践的结合，大赛筹办与组织充分体现了高校与企业的结合。本届大赛规模大，作品质量好，专家层次高，确保了本届大赛的质量，扩大了大赛在国内的影响力，进一步促进了节能减排技术及相关领域的学术交流和学术交融。赛事呈现出“四样精彩”，即“万人参与，千余作品，百所高校，十分优秀”。大赛无论从规模、覆盖面还是参与人数、作品数量和整体质量等方面都堪称“五届之最”。

“力诺瑞特杯”第六届全国大学生节能减排社会实践与科技竞赛在上海交通大学举行，据悉本届大赛共有 205 所高校参赛，覆盖所有省、直辖市和港澳台地区。收到有效作品 2051 件，经过网络初评和专家会评，共有 72 所高校的 150 件作品入围决赛，并有来自普渡大学、挪威科技大学等海外知名学府派代表团前来观摩参展。本届全国大学生节能减排社会实践与科技竞赛在收到作品数量、参赛人数、观摩人数、国际化程度等方面均创历届新高，有效提高了大学生的科技创新能力和社会实践水平，完美诠释了“节能减排，全民行动”的低碳宣言。

“金川杯”第七届全国大学生节能减排社会实践与科技竞赛在昆明理工大学举行，据悉本届大赛主题为“节能减排，绿色能源”，参赛作品须紧紧围绕该主题并体现新思维、新思想的实物制作（含模型）、软件、设计和社会实践调研报告，共有 252 所高校报名，收到有效作品 2395 件。经过网络初评和专家会评，共有 71 所高校的 160 件作品参加了这次决赛。其中特等奖 8 项，一等奖 54 项，二等奖 98 项。此外还评出了三等奖 430 项。教育部高教司理工处吴爱华处长也参与闭幕式。

第八届全国大学生节能减排社会实践与科技竞赛在哈尔滨工程大学举行。大赛共收到全国 281 所高校的 2534 件作品，经过网评、会评等层层筛选，最终来自全国 68 所高校的 161 件涉及能源、机械、资源、建筑、电气、海洋、社会、经济、矿业等多个领域的节能减排作品集中“亮相”。大赛“角逐”出了最具“节能减排，绿色能源”理念的科技或社会实践作品。中国工程院院士岑可法、教育部能源动力类专业学科教学指导委员会专家、黑龙江教育厅和各高校校长等相关成员出席竞赛开幕式。值得关注的是，苏州高新创业投资集团也首次加盟到竞赛中。

“荣威新能源杯”第九届全国大学生节能减排社会实践与科技竞赛在江苏大学举行。本届大赛以“节能减排，绿色能源”为主题，以增强大学生节能环保意识、科技创新意识和团队协作精神为目的，共有 300 所高校报名参加，收到有效作品 2839 件，创历史新高。经过网络初评和专家会评，最终确定来自全国 90 所高校的 180 件作品进入决赛。其中特等奖 10 项、一等奖 53 项、二等奖 116 项。此外还评出了三等奖 547 项。本届大赛参赛作品内容涉及各行业和日常生活的多个领域，得到行业企业的特别关注和积极参与，并首次设立了“荣威新能源杯”特别奖，为激励大学生创新创业发挥了重要作用。教育部高等教育司和教育部能源动力教学指导委员会领导也参加了本届大赛的闭幕式。

“神雾杯”第十届全国大学生节能减排社会实践与科技竞赛在华北电力大学举行。本届大赛共有 343 所高校报名参加，提交有效作品 3196 件，参赛学生人数超过 16 000 人。经过 310 名专家网络评议、50 名专家现场评议，共有 101 所高校的 189 件作品进入全国决赛。2017 年 8 月 9 日～2017 年 8 月 11 日，中国工程院岑可法院士、教育部高等教育司理工处吴爱华处长、北京市教育委员会领导、北京市昌平区领导、教育部高等学校能源动力类专业教学指导委员会专家等出席竞赛开闭幕式。参加决赛的团队经过作品现场展示评审和分组答辩等环节的角逐，最终 10 件作品获大赛特等奖，63 件作品获大赛一等奖，116 件作品获大赛二等奖，86 所高校获大赛优秀组织奖。本届大赛组委会对十年来竞赛开展工作做了全面的回顾，充分展示了竞赛十年所取得的丰硕成果。本届竞赛获奖高校覆盖全国 31 个省（自治区、直辖市，不包括港澳台地区），决赛共邀请 20 余家节能环保方面的企业观摩作品展示，首次引入“启迪之星”作为赛事孵化合作方，为企业和参赛队伍搭建沟通合作的桥梁，为大学生的参赛作品提供了成果转化专业服务平台，决赛期间共有 4 家企业与 10 支参赛队伍达成合作意向并举行现场签约仪式，签约数量为历届竞赛最多。

“东风汽车杯”第十一届全国大学生节能减排社会实践与科技竞赛共有来自海内外 418 所高校报名参赛，收到 3881 件有效作品，参赛人数首次超过 20 000 人，参赛作品数量和参赛人数均创历史新高。经专家评审会审议表决通过，共有 599 件作品被评为第十一届全国大学生节能减排社会实践与科技竞赛三等奖，213 件作品被推荐进入决赛，进入会评和决赛的作品数量和人数再创历史新高。本次大赛还特邀英国威尔士三一圣大卫大学团队参与实物展示。决赛在武汉理工大学举办。决赛共有自清华大学等 105 所高校的千余名学生参加。教育部高等学校能源动力类专业教学指导委员会主任、中国科学院院士何雅玲，东风汽车集团有限公司党委副书记、副总经理程道然，湖北省教育厅高教处邓立红处长，中国科学院院士、武汉理工大学校长张清杰等出席开幕式并致辞。为期三天的决赛中，参赛队员围绕主题进行参赛实物展示、专家主审、小组讨论、评审合议等环节的最终角逐，争夺特等奖、一等奖、二等奖和组织奖等奖项。天使翼、点亮资本等一批投融资企业现场观摩选手们的表现，并与拥有优秀参赛作品的团队现场签订合作意向，对相关产品技术进行孵化生产。

第十二届全国大学生节能减排社会实践与科技竞赛以“节能减排，绿色能源”为主题，决赛在华北理工大学举行，来自全国102所高校的199支参赛团队入围决赛、同台竞技。

4. 中国创新方法大赛

为贯彻落实《国务院关于强化实施创新驱动发展战略进一步推进大众创业万众创新深入发展的意见》（国发〔2017〕37号），充分发挥创新方法在推动创新创业方面的重要作用，展示交流创新方法的重要成果和实践，培育创新方法团队，中国科学技术协会、科技部决定举办首届中国创新方法大赛。

作为中国创新创业大赛的专业赛事，其通过中国科学技术协会和科技部共同搭建的全国性创新方法大赛平台，实现更大范围、更深层次的推广应用创新方法，助力创新创业。

大赛设立三个专项赛事：

（1）企业创新方法专项赛由中国科学技术协会企业创新服务中心、中国21世纪议程管理中心、创新方法研究会和湖南省科学技术协会共同举办。

（2）大学生TRIZ[①]专项赛由创新方法研究会、黑龙江省科技厅、黑龙江省教育厅、黑龙江省科学技术协会、黑龙江省知识产权局共同承办。

（3）工业工程创新方法专项赛由清华大学、创新方法研究会共同举办。

2.2　大学生科技竞赛项目问题确定

选择适合的竞赛项目问题是大学生科技竞赛取得良好效果的关键之一。一方面，行业司空见惯的问题不适合作为大学生科技竞赛项目，这类问题虽然能够锻炼学生的动手能力，但是很难体现创新性；另一方面，一些行业里的难题（有新解决思路的除外）也不适合作为大学生科技竞赛的项目，这类问题往往不确定性很强，不容易在规定比赛时间内得到相应的结果。本节将介绍大学生科技竞赛项目问题的提出以及项目目标的确定。

2.2.1　大学生科技竞赛问题的选择

大学生科技竞赛项目一般都有工程项目背景，与工程项目创新过程一样包括模糊前端阶段、新产品开发阶段和商业化阶段。在不同的阶段设计者会面临不同的问题，找到

① TRIZ源于俄语“发明问题解决理论”，英语音标可读为Teoriya Resheniya Izobreatatelskikh Zadatch，缩写为TRIZ。

合适的问题，产生创新设想[1]成为大学生科技竞赛项目的关键环节之一。大学生科技竞赛问题的选择过程如图 2.1 所示，包括问题的定义、定义最终理想解（ideal final result，IFR）、情境、资源、矛盾和冲突、解决方案和方案调整。整个流程中，问题的定义影响较大。从选定大学生科技竞赛项目问题出发，确定项目的最终理想解，按照达成理想解的途径不同（图 2.1）可分为三种问题类型：第一种从问题出发点到最终理想解存在明确路径，往往这类问题是该领域司空见惯的问题，不能作为大学生科技竞赛的选题；第二种从问题出发点到最终理想解存在曲折的路径，往往这类问题在该领域已经存在，且需要耗费大量的资源，经过曲折的路径才能解决，这类问题往往也不能作为大学生科技竞赛的选题；第三种从问题出发点到最终理想解存在障碍，由于障碍的存在，这个问题的解往往在该领域是未知的，应用相应方法排除问题与最终理想解之间的障碍[2]，得到一个该领域全新的解，这类问题非常适合作为大学生科技竞赛的选题。所以为了找准合适的问题，下面重点介绍问题的定义和分类。

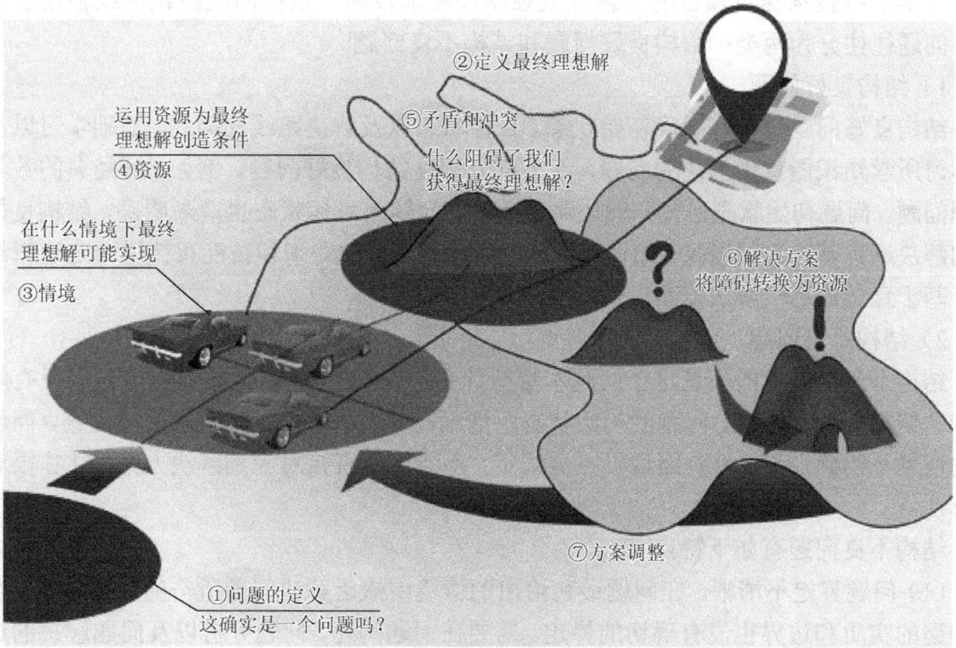

图 2.1　大学生科技竞赛问题的选择

2.2.2　问题的定义

在不同的领域，问题如何定义存在明显的差异。问题实际上可以简单理解为理想和现实的差距，也就是目标与现状的差距，或者说必须要解决的事情；简而言之，问题就是“期望状态”与“当前状态”相比较所存在的距离。该定义体现了问题动态发展的特性，适用于任何类型的问题[3]。如图 2.2 所示，当前状态与期望状态之间存在距离 L，L 即问题。

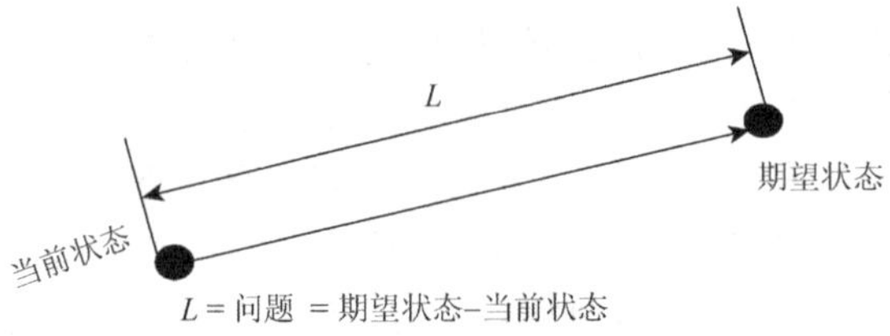

图 2.2　问题的图形表示

2.2.3　大学生科技竞赛问题的分类

人们在生活中会遇到形形色色的问题，不同的分类标准可以得出不同的问题类型。

1. 结构良好问题与结构不良问题

大学生科技竞赛对项目的新颖性或独创性要求较高。依据问题新颖性或独创性的差异，问题往往分为两类：结构良好问题和结构不良问题[4]。

1）结构良好问题

结构良好问题是具有明确初始状态、目标状态以及解决路线的问题。基础学习以及专业学习所学知识能直接解决的问题，绝大部分都是结构良好问题，例如，解经典的数学或物理问题。问题初始状态已知，解法路径清楚，问题的目标状态也清晰明确，结构良好问题的解决过程基于人的经验、知识和认知，将熟练掌握的知识和技能直接以一定逻辑结构甚至基于直觉进行“解法搜索”就能得以解决。

2）结构不良问题

结构不良问题指的不是这个问题本身有什么错误或不恰当，而是指这个问题没有阐述明确的结构或解决途径。问题的初始状态不清晰，或要达成的目标状态比较模糊，问题所处的情景不明确，各种影响因素不完全确定，不能简单直接对应到解决方案，往往很难得以解决。

结构不良问题有如下特点[5]。

（1）问题界定不清晰。在问题最初给出的情境中缺乏解决问题所需的完备信息，甚至对问题的实质和边界也没有确切的界定。需要在问题阐述、问题分析以及问题解决的过程中不断补充额外信息来使得问题的界定逐渐清晰，解决方案逐渐凸显。

（2）问题界定会动态变化。随着新信息的收集和补充，对所针对的需求或问题的界定会发生变化，有时需要转换角度甚至重新界定需求或问题。

（3）需要同时解决多个子问题。没有单一的方法去澄清、阐述和解决问题的所有构成成分，需要同时探讨多个子问题的解决途径以及处理不同子问题解决的冲突。

（4）问题解决需要跨学科知识。解决方案的求解不能只局限于某一单一学科知识，往往需要跨学科知识协同使用。

（5）问题解决没有标准答案。在多个解决方案中不能完全确定所选择的是最正确的方案。所搜集到的信息不完全充分，甚至有些信息存在冲突，问题的情境和需求也会发生动态变化，因此每个结构不良问题都没有确定的标准答案。

为了体现大学生科技竞赛项目的创新性和独创性，需要选取结构不良问题作为研究目标，通过使用技术创新方法克服结构不良问题存在的障碍，实现技术创新[6]。根据结构不良问题的定义可以看出，结构不良问题并不是仅仅针对技术问题，很多管理问题也属于结构不良问题，选择管理类的结构不良问题作为大学生科技竞赛的选题是不合适的。与结构良好问题和结构不良问题类似，在技术领域可以将问题分为通常问题和发明问题。

2. 通常问题与发明问题

Savransky 按照解决问题的困难程度将工程问题分为两类：通常问题与发明问题。解决通常问题一般不具有创新性，创新设计就是要解决发明问题。对于不具备创新性的问题不适合作为学科竞赛项目，发明问题创新性较高，但是发明问题中哪些类型适合作为学科竞赛项目，后续章节将进一步讨论，下面介绍通常问题和发明问题[6]的定义。

1）通常问题

通常问题是指问题的初始状态、问题的目标状态、解决问题的关键路径及用到的知识均是已知的，解决该类问题只需要按照该领域的设计经验和专业传统做法，按部就班地完成即可。

案例 2.1　如图 2.3 所示，根据皮带机的阻力和速度选择电动机后设计减速器，在没有其他苛刻的设计约束前提下，任何一个合格的机械工程师都能够完成这项工作，因为该问题是机械科学已经解决了的问题，只需要按照机械设计手册或教科书中的设计过程和知识完成即可，该问题属于通常问题。

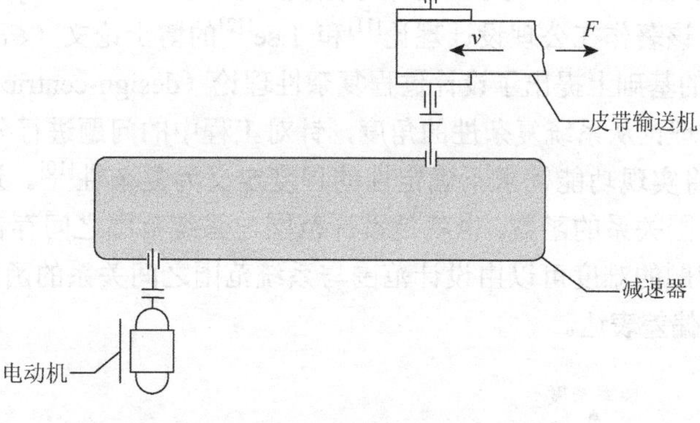

图 2.3　皮带输送机减速器的设计问题

2）发明问题

发明问题是指问题的初始状态和目标状态是已知的，但是对于问题的解至少有一个关键步骤是未知或含有相互矛盾的需求。所谓关键步骤是指如果缺少此步骤，问题就不能得到解决。应用行业常规工程经验和专业做法无法解决，或者会导致冲突发生的问题就是发明问题。

案例 2.2　如图 2.4 所示，波音公司改进 737 系列飞机的设计[7]时，需要将使用中的发动机改为功率更大的发动机。发动机功率越大，它工作时需要的空气越多，需要更大的整流罩进气口面积，常规解决方法是增大发动机整流罩的直径，但是，这会导致发动机罩和地面的距离减小，距离的减小会影响飞机的安全，这是不允许的，即采用常规措施导致改进目标与不期望并生结果的冲突，该问题属于发明问题。

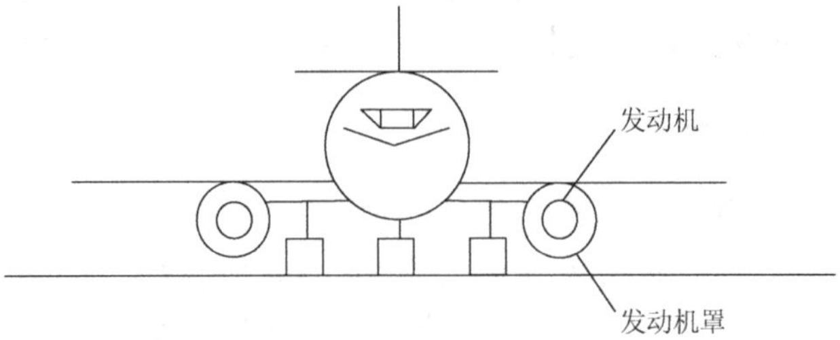

图 2.4　发动机整流罩的问题

当一个问题明确之后，判断一个问题是发明问题还是通常问题，要根据问题解决的方式以及解决的程度来判断：如果设计者应用已有知识、按照通常的经验和做法对系统进行设计或修改，期望目标能够达到并且在现有的约束条件下不产生其他次生问题，则该问题就是一个通常问题；反之，如果产生了次生问题或者按照通常的经验和做法无法达到期望的目标，则该问题将是一个发明问题。例如，对于案例 2.1 的减速器设计[8]，如果增加苛刻的空间约束，则按照目前的材料和制造水平难以实现，该问题就转化为发明问题[9]。

3. 按照功能实现概率对问题进行分类

2005 年，Suh 出版了一本关于设计方面复杂性的专著（*Complexity：Theory and Applications*）[10]，该著作在公理设计理论[11]和 Lee[12]的博士论文（*Complexity theory in axiomatic design*）的基础上提出了设计过程复杂性理论（design-centric complexity theory，DCC 理论），DCC 理论从系统复杂性的角度，针对工程中的问题进行分类。

DCC 理论中将实现功能需求不确定性的程度定义为复杂性[10]。这里的复杂性是指设计范围与系统范围关系的函数，也就是设计范围与系统范围之间存在的偏差，如图 2.5 所示[10]。工程中问题的难度可以由设计范围与系统范围之间关系的函数或设计范围与系统范围之间存在的偏差表达。

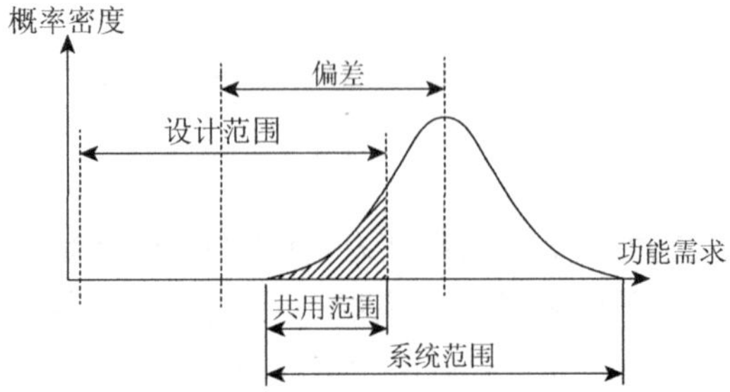

图 2.5　设计范围和系统范围示意图

文献[13]提出系统存在问题的大小可以用整体难度（overall difficulty）来表达，系统整体难度包括由用户需求及资源约束决定的繁杂性（complication）和不良设计决策导致满足功能需求不确定性程度增高决定的复杂性（complexity）。图 2.6（a）表示了难度、繁杂性和复杂性的概念，并用不确定性（uncertainty）作为它们的定量描述。图 2.6（b）中用设计功能图表示了它们之间的关系，用户需求作为输入，资源约束作为控制，设计决策作为机制，技术系统作为输出。因此技术系统的整体难度包括用户需求水平、可用资源约束和设计决策质量三部分。

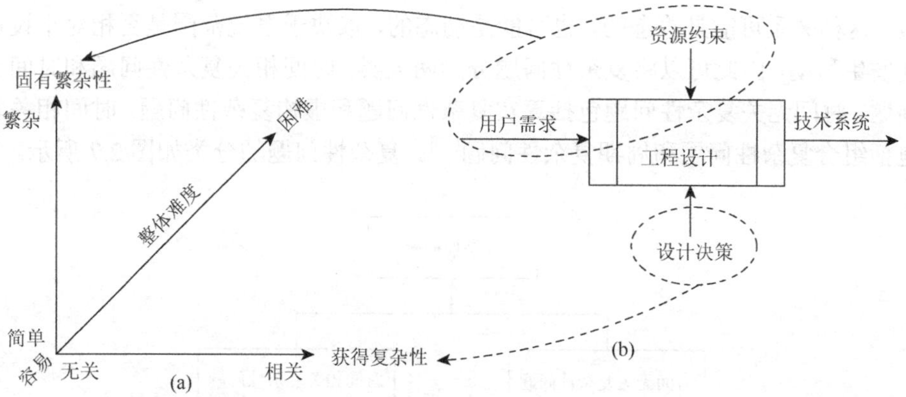

图 2.6　难度、繁杂性和复杂性关系图[13]

如果用户需求是比较苛刻的，那么这个技术系统难度就较高。为了满足较高的用户需求，需要采用一些具有特殊功能的工具、处理系统等，这就增加了系统的难度；即使在没有资源约束和完美设计决策的理想情况下，系统仍需要克服自身重力、摩擦力、外界作用力等，仍具有一定的难度。对于任何系统，为了满足用户需求和功能约束，这种类型的难度都是存在的，因此文献[13]中称为“固有繁杂性”（inborn complication）。适当的用户需求可以减少固有繁杂性，因此降低了系统的难度。然而在现今的市场竞争中，为保持竞争力，降低用户需求是不可取的。

除了苛刻的用户需求，系统的资源约束也可以导致系统难度增加，如预算、知识和时间等，资源约束也属于“固有繁杂性”。规避资源约束可以减少固有繁杂性，进而降低系统难度，但是这样做会使设计系统费用增加，造成不必要的浪费。

问题是初始状态及其目标状态之间的差距，除了问题的初始状态和目标状态以外，设计者的设计决策质量也会影响系统问题解决的整体难度，不良设计决策会导致系统难度增加，问题解决难度加大。由不良设计决策导致的系统难度不是为了达到用户需求和满足资源约束造成的，而是由设计者人为引入的，因此称为“获得复杂性”（acquired complexity）。良好的设计决策可以将获得复杂性降到最小，使系统的难度接近由用户需求和资源约束带来的固有繁杂性的水平。在激烈的市场竞争条件下，市场上充斥着满足相同用户需求的可以相互替代的产品，为保持竞争能力，唯一可变的策略就是在设计阶段提高设计决策的质量，最大限度地避免或者减小获得复杂性。

理想系统是含有必要的固有繁杂性，而获得复杂性为零的系统[13]。如果对于所有的功能需求，系统范围始终在设计范围之内，那么这个技术系统在任何时刻都能满足用户需求。这样的系统不含有获得复杂性，然而，这并不意味着系统整体难度为零，事实上，如果由用户需求以及资源约束决定的固有繁杂性很高，设计和操作这样一个系统仍然很难。DCC 理论讨论的是由设计决策引起的获得复杂性[13]，而并不涉及由于苛刻用户需求及资源约束引起的固有繁杂性，所以下面提及的复杂性均为获得复杂性。

1）复杂性问题的种类

复杂性为实现系统功能需求的不确定性的程度[10]，是设计范围和系统范围之间的关系函数，这种关系可能是静态的，也可能是动态的，取决于系统范围是否相对于设计范围随时间发生移动。因此可以将复杂性问题分为两大类：时间相关复杂性问题和时间无关复杂性问题。时间无关复杂性问题包括真实复杂性问题和虚构复杂性问题。时间相关复杂性问题包括组合复杂性问题和周期复杂性问题[10]。复杂性问题的分类如图 2.7 所示。

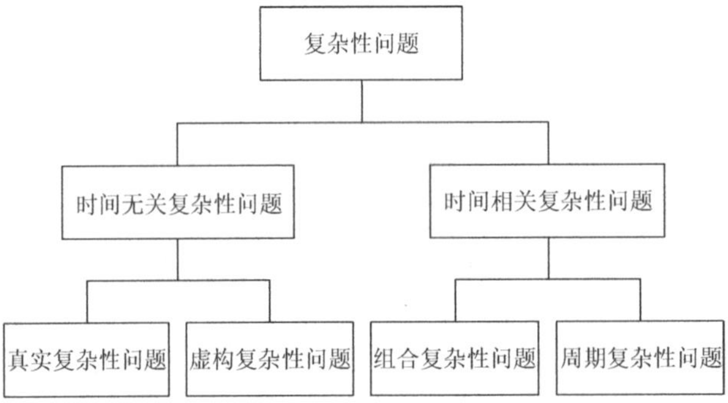

图 2.7　复杂性问题的分类

（1）时间无关真实复杂性问题。

时间无关真实复杂性问题定义为由于系统范围没有完全在设计范围内，满足功能需求的概率小于 1 时的不确定性程度。在图 2.5 中，系统概率密度函数下的阴影面积为不确定性。设计中真实复杂性问题的存在是因为实际的设计方案在任何时间都不能在设计范围内满足功能需求。

实现给定功能需求的概率由设计范围和系统范围之间的重叠部分来确定。因此，如果系统范围与设计范围不一致，真实复杂性问题仍会存在。所以，真实复杂性问题与功能实现概率有关，功能实现概率可以用信息含量表达。如果用 C_R 表示真实复杂性，则有 $C_R = I$。

时间无关真实复杂性问题由设计范围和系统范围之间的重叠部分来确定。如果系统范围完全在设计范围内，功能需求在任何时间都能满足，那么真实复杂性为零。

（2）时间无关虚构复杂性问题。

时间无关虚构复杂性问题定义为由于设计者缺乏对具体设计的了解而出现的非真实不确定性[10]。甚至，当设计是一个满足独立公理和信息公理的优良设计时，由于对设计的不了解，时间无关虚构复杂性问题依然存在。时间无关虚构复杂性不是真的复杂，它的存在是由于缺乏对系统设计、系统结构或系统行为的了解。即使在时间无关真实复杂性为零时（系统范围完全在设计范围内），时间无关虚构复杂性也可能存在。例如，装配一个玩具，由于不了解装配顺序，装配第一个花费很多时间，一旦完成一个装配，接下来就很简单了。由于时间无关虚构复杂性，装配第一个很困难，换句话说，缺乏对它的了解使得它变得复杂了。存在多个耦合功能需求或多个功能需求必须按确定顺序实施，这种情况下系统存在时间无关虚构复杂性。改变一个功能需求需要调整所有其他的功能需求。当一个系统的功能需求完全相互独立，即解耦设计时，时间无关虚构复杂性为零。

以一个具有 m 个功能需求和 n 个设计参数的准耦合设计为例，说明时间无关真实复杂性和时间无关虚构复杂性的区别，该耦合设计等式如式（2.1）所示，其中 $m=n$。

$$\begin{Bmatrix} \mathrm{FR}_1 \\ \mathrm{FR}_2 \\ \mathrm{FR}_3 \\ \vdots \\ \mathrm{FR}_m \end{Bmatrix} = \begin{bmatrix} X & 0 & 0 & 0 & \cdots & 0 \\ X & X & 0 & 0 & \cdots & 0 \\ X & X & X & 0 & \cdots & 0 \\ \vdots & \vdots & \vdots & \vdots & & \vdots \\ X & X & X & X & \cdots & X \end{bmatrix} \begin{Bmatrix} \mathrm{DP}_1 \\ \mathrm{DP}_2 \\ \mathrm{DP}_3 \\ \vdots \\ \mathrm{DP}_n \end{Bmatrix} \tag{2.1}$$

该等式可以写为 $\{\mathrm{FR}\}=[A^{\mathrm{LT}}]\{\mathrm{DP}\}$，这里 $[A^{\mathrm{LT}}]$ 为下三角阵。

由式（2.1）表示的设计满足独立公理。所以，如果设计参数按照等式表达的顺序变化，并且每一个的系统范围都在相应的设计范围之内，设计目标是可以实现的。如果所有功能需求的系统范围与设计范围一致，那么时间无关真实复杂性为零。如果系统范围不一定都与设计范围一致，那么存在时间无关真实复杂性。而且系统中存在的时间无关真实复杂性不能够被减小，除非重新进行设计使得所有功能需求的系统范围与设计范围一致，从而减小系统的时间无关真实复杂性并实现系统所有的功能需求。

假设设计者没有认识到设计是耦合的，因此不清楚设计参数必须按照恰当的顺序改变才能使设计实现给定的 m 个功能需求集合。设计者采用试错法，估计、尝试多种不同的满足功能需求的设计参数的顺序。设计参数的顺序有 $n!$ 种，仅仅有一种是正确的。那么，寻找到 n 个设计参数的正确顺序的概率为

$$P=\frac{1}{n!} \tag{2.2}$$

通过试错法寻找正确顺序的概率随着设计参数个数的增加而迅速减少，如表 2.1 所示。当 n 为 5 时，找到正确顺序的概率是 0.8333×10^{-2}。因此这个设计非常复杂。然而，它不是真的复杂，这种复杂性是由于缺乏对系统设计的理解人为造成的。因此，这种不确定性定义为时间无关虚构复杂性。由于缺乏对公理设计的基本了解，时间无关虚构复杂性问题导致错误的结论，系统是复杂的。当这种错误发生时，新产品开发所需的成本和时间比预计的要高。

表 2.1　设计参数个数及其正确顺序概率

n	$n!$	$P=1/n!$
1	1	1
2	2	0.5

续表

n	$n!$	$P=1/n!$
3	6	0.166 7
4	24	0.041 67
5	120	$0.833\,3\times10^{-2}$
6	720	$0.138\,9\times10^{-2}$
7	5040	$0.198\,4\times10^{-3}$

如果用 C_I 表示时间无关虚构复杂性，那么最大时间无关虚构复杂性与寻找正确顺序的概率有关，即

$$C_I = \log_2 n_{\max} \tag{2.3}$$

当 $n>100$ 时，式（2.3）可以写成：

$$C_I \approx n[\log_2(n-1)] \tag{2.4}$$

如果满足 m 个功能需求的设计参数的正确顺序有 z 个，那么寻找到恰当顺序的概率为

$$P=\frac{z}{n!} \tag{2.5}$$

式中，z 为满足功能需求的设计参数顺序的个数。因此，随着 z 的增加，设计的复杂性降低，系统中存在的时间无关虚构复杂性减小。

时间无关虚构复杂性仅仅存在于准耦合设计中。当设计为解耦设计时，因为功能需求在任何顺序下都能够被满足，所以不存在时间无关虚构复杂性问题。当设计为耦合设计时，由于设计参数的随机变化，功能需求很难被满足。

完全时间无关复杂性问题定义为：不随时间变化的，实现给定功能需求集合的不确定性的程度。它包含两个正交分量：时间无关真实复杂性问题和时间无关虚构复杂性问题。时间无关真实复杂性定义为实现给定功能需求集合的真实不确定性的程度，其大小等于信息含量。时间无关虚构复杂性为感知不确定性，是由于设计者缺乏对系统的了解造成的。

完全时间无关复杂性 C_T 定义为

$$C_T = C_R + C_I \tag{2.6}$$

式中，C_R 为时间无关真实复杂性；C_I 为时间无关虚构复杂性。

如果设计是耦合或准耦合设计，很难预测 C_R 和 C_I 的值。然而，如果设计为准耦合设计，可以估计 C_I 的边界值。如果系统范围不在设计范围内，当设计是解耦设计时，时间无关虚构复杂性等于零，仅仅存在真实复杂性，在耦合设计中，时间无关虚构复杂性非常大，并且影响时间无关真实复杂性问题。

（3）时间相关组合复杂性问题。

时间无关真实复杂性问题与设计方案带来的设计系统不确定性有关，时间无关虚构复杂性问题是由于缺乏设计知识的不确定性造成的。时间相关复杂性问题也称为“事件驱动”复杂性问题。尽管未来事件依赖于当前状态，但是时间相关复杂性问题的出现是由于未来事件以一种未预料的方式发生，它不能被预测，通常它会导致系统范围随时间发生变化，

逐渐远离设计范围，如图 2.8 所示。

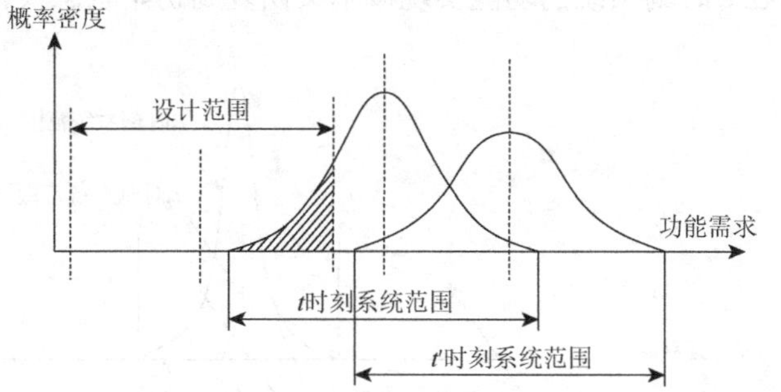

图 2.8　时间相关复杂性问题示意图

组合是指导致系统复杂性增加的一组事物，这组事物可能是设计参数、物理过程，也可能是噪声。组合会增加问题初始状态和目标状态之间的差距。随着时间的推移，系统出现复杂性的组合数目持续增加，使系统范围持续远离设计范围，这种时间相关的复杂性被称为时间相关组合复杂性问题，简称组合复杂性。组合复杂性最终导致一种混乱的状态或使系统出现故障。时间相关组合复杂性问题示意图如图 2.9 所示，其 t_1 时刻的功能实现概率高于 t_2 时刻，t_2 时刻的功能实现概率高于 t_3 时刻（$t_1 < t_2 < t_3$），也就是说随着时间的推移，系统的功能实现概率越来越小，最终趋近于零。

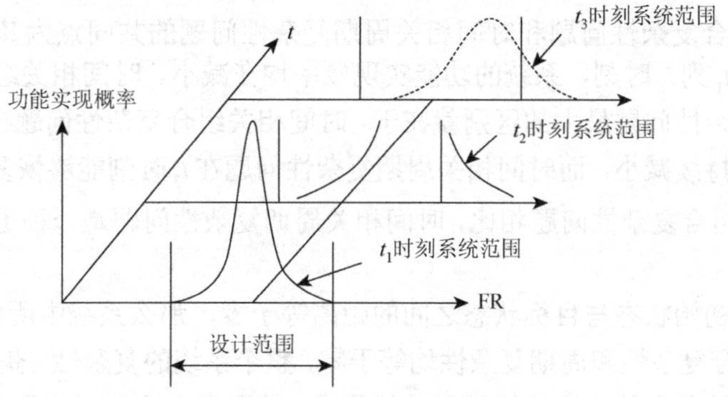

图 2.9　时间相关组合复杂性问题示意图

造成时间相关组合复杂性问题的原因有多种，物理过程、设计参数、噪声等都可能产生时间相关组合复杂性。时间相关组合复杂性问题的出现是因为在很多情况下未来事件不能够被预测。很多问题都是组合问题，能够随时间无限制增大，因为未来事件依赖于过去制定的设计决策，是一种未预测的方式，因此它的复杂性与设计决策有关，是设计决策的函数。

（4）时间相关周期复杂性问题。

时间相关周期复杂性问题是在一个有限周期内，有限组合产生的时间相关复杂性[10]是一种比组合复杂性更容易消除的时间相关复杂性。时间相关周期复杂性问题示意图如图 2.10 所示，其 t_1 时刻的功能实现概率高于 t_2 时刻，t_3 时刻的功能实现概率高于 t_2 时刻（t_1

$<t_2<t_3$）。在t_1到t_2时刻，系统的功能实现概率在减小，而在t_2到t_3时刻，系统的功能实现概率在增加，且在t_3时刻系统的功能实现概率又恢复到初始状态（t_1时刻的状态）。

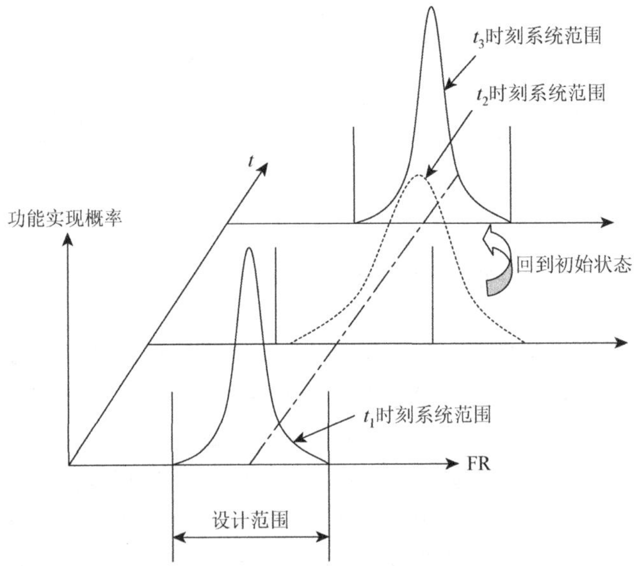

图 2.10　时间相关周期复杂性问题示意图

时间相关组合复杂性问题和时间相关周期复杂性问题的共同点为其功能实现概率随时间变化，且在t_1到t_2时刻，系统的功能实现概率均在减小。时间相关组合复杂性问题和时间相关周期复杂性问题最大的区别就在于，时间相关组合复杂性问题在t_2到t_3时刻系统的功能实现概率持续减小，而时间相关周期复杂性问题在t_3时刻能够恢复到初始状态。所以，与时间相关组合复杂性问题相比，时间相关周期复杂性问题是一种更易消除的时间相关复杂性。

如果问题的初始状态与目标状态之间的距离等于零，那么系统中所含的真实复杂性、虚构复杂性、组合复杂性和周期复杂性均等于零，整个系统的复杂性（获得复杂性）为零。复杂性为零的设计是系统永远能够满足功能需求，甚至当设计范围非常小，最终达到极限值零时，系统仍然能够满足功能需求。具有零复杂性的设计是理想设计，而实际中由于各种设计因素的限制，零复杂性的设计是不存在的，DCC 理论复杂性研究通过不断缩小问题初始状态与目标状态之间的距离，不断减小系统复杂性来解决系统中存在的问题，使系统复杂性不断趋近于零。

在一定用户需求及资源约束下实现系统所需的功能需求是一个成功设计所必需的。系统中含有时间无关复杂性问题或时间相关复杂性问题是导致设计失败的主要原因[14]。系统的设计完成后，出现在系统开始阶段的任何性能问题通常是不良设计造成的，这样的系统具有时间无关复杂性。出现长期系统性能、可靠性和安全性等问题，是由时间相关组合复杂性影响造成的。系统复杂性可能是由于工程系统的拙劣设计，或者是不了解系统造成的。规模大的系统需要同时满足多个功能需求，这就需要选择恰当的设计参数以降低复杂性。系统在给定设计范围内能够满足所有功能需求的能力决定了系统复杂性的程度，复杂性受各功能需求之间关系的影响，功能需求相互独立时的复杂性要比相互耦合时小。

依据设计过程的复杂性理论[14]可以根据功能实现概率也就是设计范围与系统范围的偏差程度对科技竞赛项目中可能遇到的问题进行分类，但是也不是存在各种类型复杂性问题都适合作为科技竞赛的选题，下面分析一下问题、矛盾、冲突和设计过程复杂性之间的关系。

2）问题、矛盾、冲突与设计过程复杂性

设计过程复杂性理论从复杂性的视角审视系统中存在的各种问题，这些问题中有一部分是通常问题，这些问题比较好解决，但是解决这些问题不能实现创新，也不适合作为科技竞赛的选题，另一部分问题是发明问题，这些问题是创新的障碍，解决了这些问题就可以达到创新的目的，而冲突是发明问题中重要的一部分，解决冲突也被视为进行创新设计的重要特征。首先需要明确问题、矛盾和冲突三个概念及其之间的关系[14]。

（1）问题、矛盾和冲突间的区别与联系。

问题是指系统当前状态和所希望的状态之间存在的距离。可以通过改变问题的一方或者两方来解决问题。与问题的概念不同，矛盾是指反映事物内部或事物之间对立和统一及其关系的基本哲学范畴。矛盾是事物之间的关系也就是双方之间的关系。系统中存在的矛盾相对较缓和，双方的矛盾客观存在或潜在，但未引发正面交锋。而冲突是矛盾激化的结果，而且达到非解决不可的地步。

通过改变事物的一方以缩短系统当前状态和所希望的状态之间的距离，且改变这一方并不影响系统的其他部分，并且解题的步骤已知，那么系统中存在的问题属于常规问题，不能称为冲突。如果解决的步骤中，至少一个步骤未知，那么这时系统中存在的问题属于发明问题。

如果系统中事物的双方存在着对立统一的关系，双方可以共处且不影响系统，那么系统中可能存在矛盾，但不是冲突。系统中存在矛盾且矛盾未被激化时不需要加以解决。冲突是矛盾激化的产物，是不可调和的矛盾。系统中存在冲突必须加以解决。消除冲突的设计是创新设计，冲突是发明问题的重要特征之一。

创新性是大学生科技竞赛需要体现的重要特征，如果大学生科技竞赛项目通过专业知识改变科技竞赛项目问题的某一个方面并且不会引起系统出现次生问题，这类选题创新性不足，不适合作为大学生科技竞赛项目选题。大学生科技竞赛项目选题能够体现事物之间的相互关系，也就是双方之间的关系，但并未激化，没有达到非解决不可的地步，如果这类题目解决的迫切性不足，创新性也就一般。冲突是矛盾激化的产物，是事物双方产生对立，导致不可调和的矛盾。并且一般在本领域中冲突的解决路径至少有一个步骤是未知的。大学生科技竞赛项目中应该解决以冲突为特征的发明问题，通过解决发明问题实现项目创新，体现大学生科技竞赛项目的创新性和独创性。哪些类型的设计过程复杂性属于发明问题，需要讨论一下设计过程复杂性与冲突的关系[14]。

（2）设计过程复杂性与冲突。

设计过程复杂性理论指出存在复杂性的系统其功能需求在某一时间或者空间无法被满足，也就是系统当前状态在某一时间或者空间与所希望的状态之间存在一定的距离。所以，所有复杂性不为零的系统均可以认为存在问题。但是，不是所有复杂性导致的问题都是发明问题，当然更不可能都是冲突。

时间无关虚构复杂性是由于设计者对系统不了解造成的复杂性，该类型的复杂性不是由于事物两方面的矛盾激化产生的，所以时间无关虚构复杂性不会造成冲突，降低系统虚构复杂性的设计不属于创新设计[15]。

时间相关周期复杂性是由于有限的组合导致的时间相关复杂性，时间相关周期复杂性会导致在有限的时刻系统范围会离开设计范围，减小系统功能的实现概率，随后系统的范围会再移入设计范围内，提高系统的功能实现概率，降低系统的复杂性。时间相关周期复杂性是由于事物两个方面相互斗争产生的，但是由于其斗争的程度有限，还没有达到激化的程度，所以时间相关周期复杂性是由系统中存在的矛盾引起的，时间相关周期复杂性不会造成冲突，降低系统时间相关周期复杂性的设计不属于创新设计[15]。

与时间无关虚构复杂性不同，时间无关真实复杂性是设计方案不能保证其系统范围总在设计范围内造成的。如果不考虑科技水平的约束，存在时间无关真实复杂性属于发明问题，功能耦合是造成系统出现时间无关真实复杂性的主要原因之一。功能耦合是指两个或者两个以上的功能相互影响导致其功能需求无法实现，功能耦合是系统中矛盾激化的表示，存在功能耦合的系统一定存在冲突。存在真实复杂性的系统可能存在冲突。

时间相关组合复杂性是指由于组合的数量随时间不断增加，系统的复杂性增加。时间相关组合复杂性体现了系统中的矛盾不断累积并最终爆发出来的过程，时间相关组合复杂性是被激发了的矛盾，即冲突。

综上所述，不同类型的设计过程，复杂性与冲突存在一定的联系，通过判定设计过程复杂性类型确定系统中存在的冲突是可行的，具备冲突特征是大学生科技竞赛选题的必要条件之一。

以设计过程复杂性理论中复杂性的概念和四种类型复杂性的定义为基础，构造设计过程复杂性描述模型并建立设计过程复杂性类型判定过程，通过进行设计过程复杂性描述及类型判定来确定系统中可能存在的冲突，进行大学生科技竞赛选题工作。

3）基于设计过程复杂性的大学生科技竞赛项目判定

（1）设计过程复杂性描述模型。

在设计过程复杂性理论中，信息含量[13,14]是衡量系统复杂性的重要指标。由于信息含量随时间的变化是区分不同种类复杂性的重要因素，需要从系统信息含量随时间的变化入手建立四类复杂性的统一描述模型[16]。用信息含量 I_{total} 对时间求和表示全时间周期总信息含量：

$$I_{\text{total}} = \sum_{t=0}^{\infty} I(t) \tag{2.7}$$

① $\forall t, I(t) = 0$，则 $I_{\text{total}} = \sum I(t) = 0$。系统不存在复杂性。

② $\forall t, 0 < I(t) < 1$，则 $I_{\text{total}} = \sum I(t) = k$（$k$ 为一个有限值）。系统存在时间相关周期复杂性。

③ $\exists t_1, I(t_1) \to \infty$，则 $I_{\text{total}} = \sum I(t) = \infty$。系统存在复杂性。

由于$I(t)=\infty$时无法区分系统中具体所含的复杂性的种类，定义了系统复杂性随时间变化的函数$C(t)$：

$$C(t)=\frac{\sum_{t=0}^{\infty}I(t)}{t} \tag{2.8}$$

（2）复杂性类型判定方法。

根据系统复杂性描述模型提出了一种“三判据”复杂性种类确定方法。

“三判据”复杂性种类确定方法是指设计者至多需要进行三次判断就可以确定系统中所含复杂性的种类，这三个判据依次是：

①判断是否存在时刻t，使$I(t)=0$。

②系统复杂性函数$C(t)$是否趋于0。

③系统复杂性函数$C(t)$是否趋于∞。对于一个存在复杂性的系统，如果不存在时刻t使得$I(t)=0$，那么系统中存在时间无关真实复杂性；如果任意时刻t使得$I(t)=0$且系统复杂性函数$C(t)$趋于零，那么系统中可能存在时间无关虚构复杂性；当系统复杂性函数$C(t)$趋于∞时，系统存在时间相关组合复杂性；当系统复杂性函数$C(t)$不趋于0也不趋于∞时，系统存在时间相关周期复杂性。系统复杂性类型判定过程如图2.11所示。通过对系统进行设计过程复杂性描述，依照“三判据”[14]可以判定系统设计过程复杂性的类型。

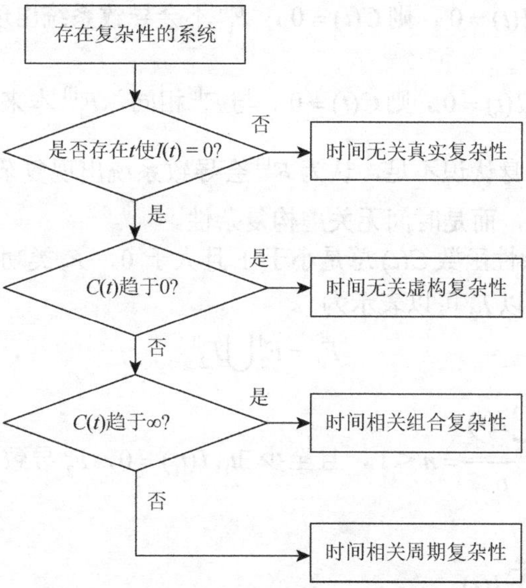

图2.11　复杂性类型判定过程

（3）系统功能与复杂性类别。

根据系统复杂性函数$C(t)$极限取值不同，将系统的功能表示为

$$F_{\text{total}}=F_1\cup F_2\cup F_3\cup F_4 \tag{2.9}$$

其中，

$$F_1:\lim_{t\to\infty}C(t)=\lim_{t\to\infty}\frac{\sum_{t=0}^{\infty}I(t)}{t}=0\text{；}$$

$$F_2:\lim_{t\to\infty}C(t)=\lim_{t\to\infty}\frac{\sum_{t=0}^{\infty}I(t)}{t}<1\text{ 且 }\lim_{t\to\infty}C(t)=\lim_{t\to\infty}\frac{\sum_{t=0}^{\infty}I(t)}{t}>0\text{；}$$

$$F_3:\lim_{t\to\infty}C(t)=\lim_{t\to\infty}\frac{\sum_{t=0}^{\infty}I(t)}{t}>1\text{；}$$

$$F_4:\lim_{t\to\infty}C(t)=\lim_{t\to\infty}\frac{\sum_{t=0}^{\infty}I(t)}{t}=\infty\text{。}$$

F_1 表示系统的复杂性函数 $C(t)$ 趋于 0，在 F_1 类功能中存在三种不同的可能，F_1 可以表示为

$$F_1=F_1^{\mathrm{I}}\bigcup F_1^{\mathrm{II}}\bigcup F_1^{\mathrm{III}}\tag{2.10}$$

F_1^{I}：至少 $\exists t_1,I(t_1)\neq 0,$ 且 $I(t_1)$ 为一个有限值，则 $\sum_{t=0}^{\infty}I(t)=m,m$ 为一个有限值，F_1^{I} 导致系统存在时间相关周期复杂性。

$F_1^{\mathrm{II}}:\forall t,I(t)=0,\sum_{t=0}^{\infty}I(t)=0$，则 $C(t)=0$，F_1^{II} 不会导致系统出现复杂性。

$F_1^{\mathrm{III}}:\forall t,I(t)=0,\sum_{t=0}^{\infty}I(t)=0$，则 $C(t)=0$，与 F_1^{II} 相同，F_1^{III} 本来不会导致系统出现复杂性，但是由于设计者自身认识不足，认为 F_1^{III} 会导致系统出现复杂性，所以 F_1^{III} 引起的复杂性不是真正的复杂性，而是时间无关虚构复杂性。

F_2 表示系统的复杂性函数 $C(t)$ 总是小于 1 且大于 0，F_2 类功能所对应的设计过程复杂性类型并不唯一，所以 F_2 可以表示为

$$F_2=F_2^{\mathrm{I}}\bigcup F_2^{\mathrm{II}}\tag{2.11}$$

$F_2^{\mathrm{I}}:\lim_{t\to\infty}C(t)=\lim_{t\to\infty}\frac{\sum_{t=0}^{\infty}I(t)}{t}=n<1$，且至少 $\exists t_1,I(t_1)=0$，F_2^{I} 导致系统存在时间相关周期复杂性；

$F_2^{\mathrm{II}}:\lim_{t\to\infty}C(t)=\lim_{t\to\infty}\frac{\sum_{t=0}^{\infty}I(t)}{t}=I<1$，且 $\forall t_1,I(t_1)\neq 0$，F_2^{II} 导致系统存在时间无关真实复杂性；

与 F_2 类似，F_3 可以表示为

$$F_3=F_3^{\mathrm{I}}\bigcup F_3^{\mathrm{II}}\tag{2.12}$$

$$F_3^{\mathrm{I}}:\lim_{t\to\infty}C(t)=\lim_{t\to\infty}\frac{\sum_{t=0}^{\infty}I(t)}{t}=p>1$$，且至少导致系统存在时间相关周期复杂性；

$$F_3^{\mathrm{II}}:\lim_{t\to\infty}C(t)=\lim_{t\to\infty}\frac{\sum_{t=0}^{\infty}I(t)}{t}=q>1$$，且 $\forall t, I(t)\neq 0$，F_3^{II} 导致系统出现时间无关真实复杂性。

与前两类功能类似，F_4 可以表示为

$$F_4=F_4^{\mathrm{I}}\bigcup F_4^{\mathrm{II}} \tag{2.13}$$

$$F_4^{\mathrm{I}}:\lim_{t\to\infty}C(t)=\lim_{t\to\infty}\frac{\sum_{t=0}^{\infty}I(t)}{t}=\infty$$，且至少 $\exists t_1, I(t_1)=0, F_4^{\mathrm{I}}$ 导致系统存在时间相关组合复杂性；

$$F_4^{\mathrm{II}}:\lim_{t\to\infty}C(t)=\lim_{t\to\infty}\frac{\sum_{t=0}^{\infty}I(t)}{t}=\infty,$$ 且 $\forall t, I(t)\neq 0$，F_4^{II} 导致系统出现时间无关真实复杂性。

通过上述分类方法，根据系统复杂性函数 $C(t)$ 的极限取值对系统功能分类与四类复杂性有如下的对应关系。

不会导致系统出现复杂性的功能类型：F_1^{II}；

导致系统出现时间无关真实复杂性的功能类型：$F_2^{\mathrm{II}}\bigcup F_3^{\mathrm{II}}\bigcup F_4^{\mathrm{II}}$；

导致系统出现时间无关虚构复杂性的功能类型：F_1^{III}；

导致系统出现时间相关组合复杂性的功能类型：F_4^{I}；

导致系统出现时间相关周期复杂性的功能类型：$F_1^{\mathrm{I}}\bigcup F_2^{\mathrm{I}}\bigcup F_3^{\mathrm{I}}$。

F_1^{II} 是能够实现功能需求的功能，可以完成设计目标的功能，是设计者所追求的功能。$F_2^{\mathrm{II}}\bigcup F_3^{\mathrm{II}}\bigcup F_4^{\mathrm{II}}$、$F_1^{\mathrm{III}}$、$F_4^{\mathrm{I}}$ 和 $F_1^{\mathrm{I}}\bigcup F_2^{\mathrm{I}}\bigcup F_3^{\mathrm{I}}$ 是无法实现系统的功能需求的，会导致系统出现复杂性。

综上所述，可以将系统的复杂性函数 $C(t)$ 作为统一的数学模型判断系统中可能含有的不同种类的复杂性。

（4）面向冲突的设计过程复杂性的大学生科技竞赛项目判定过程。

面向冲突的设计过程复杂性的大学生科技竞赛项目判定过程如图 2.12 所示，可分为以下五个步骤。

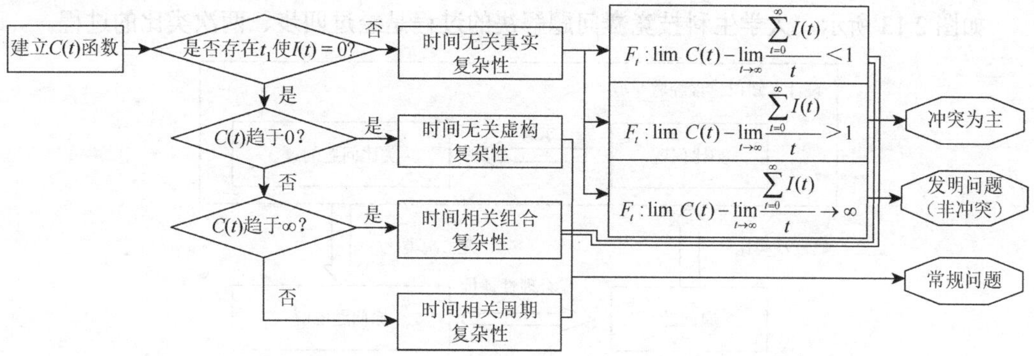

图 2.12　面向冲突的设计过程复杂性的大学生科技竞赛项目判定过程

第一步：确定问题系统，建立描述系统设计过程复杂性的 $C(t)$函数。

第二步：根据设计过程复杂性“三判据”确定系统所含设计过程复杂性类型。

第三步：若系统含有时间相关组合复杂性或者时间无关真实复杂性$\left(\lim\limits_{t\to\infty}C(t)=\lim\limits_{t\to\infty}\dfrac{\sum\limits_{t=0}^{\infty}I(t)}{t}\neq\infty\right)$，则可以确定系统含有冲突，可以使用 TRIZ 中的冲突解决工具降低系统的设计过程复杂性；若系统存在非冲突类的时间无关真实复杂性，则可以使用 TRIZ 中的非冲突解决工具，如效应、资源或者技术进化等工具降低系统的设计过程复杂性；若系统中含有时间无关虚构复杂性或者时间相关周期复杂性，则可以选用常规问题解决方法降低系统设计过程复杂性。

第四步：确定导致系统出现设计过程复杂性的关键技术参数，并用其中的一个技术参数或者一组技术参数来表示系统中所含的设计过程复杂性，以便用 TRIZ 中的冲突求解工具降低其设计过程复杂性。

第五步：对于已经应用冲突求解工具降低系统设计过程复杂性的系统完成大学生科技竞赛选题，建立其描述系统设计过程复杂性的 $C(t)$函数判断系统设计过程复杂性是否有效降低，若效果不佳，则返回第二步，重复上述步骤。

2.2.4 大学生科技竞赛问题解决的一般原理

由于大学生科技竞赛项目选题不适合选择在行业内已经有成熟方案的常规问题，选择以冲突为特征的发明问题作为大学生科技竞赛项目的课题，其创新性和独创性相对有保障，但是对于以冲突为特征的发明问题，直接求解较为困难，解决这类问题人们普遍采用“问题相似则解相似”的类比设计原理[15]，在类比设计过程中首先需要进行问题分析，其次调用设计者的知识和经验进行问题匹配并找到相似问题，然后匹配得到的相似问题一般都是有解的，最后根据相似问题的解，结合大学生科技竞赛项目的题目得到竞赛项目的解，经过方案评价选定最终解。大学生科技竞赛项目问题的解不是凭空产生的，而是自觉或不自觉地应用了类比原理和过程。虽然心理学上有“顿悟”之说，但是“顿悟”也不是凭空产生的，其本质是在某种场景下发现了需要解决的问题与某个类比物之间的相似性，进而从类比物找到了问题的解。

如图 2.13 所示，大学生科技竞赛问题解决的过程是经过四步、两次类比的过程。

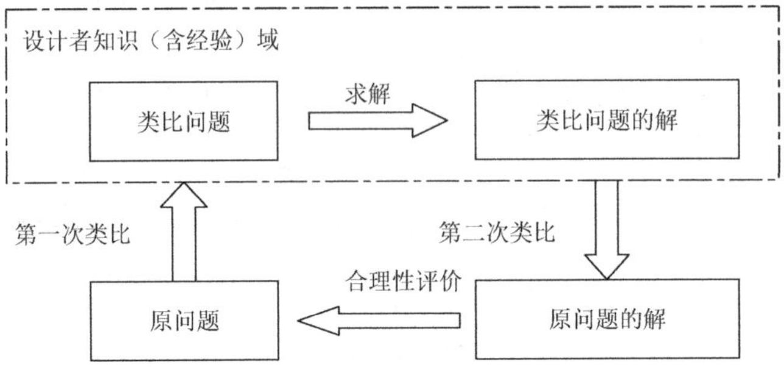

图 2.13　问题解决的类比原理

第一步：根据大学生科技竞赛主题选择适当的题目并结合个人或团队的知识和经验去类比所定义的问题，把问题转化为个人/团队知识域中的问题。

第二步：依据知识与设计经验，寻找相似问题。

第三步：根据类比设计原理得到相似问题的相似解。

第四步：把得到的解按照原问题的约束进行评价，得到原问题的最终解[16]。

按照所用知识的范围可以将问题分为以下五类。

（1）个人专业知识能解决的问题：是指通过个人对某专业经典概念知识和过程知识的学习，对该专业的经典问题运用个人的概念知识和过程知识能够求解的问题。

（2）团队或企业专业知识能解决的问题：是指通过团队或企业的知识运用与实践，在专业经典概念知识和过程知识的基础上，形成了具有团队或企业特色的过程知识，能够综合运用专业经典概念知识、经典过程知识和企业特色过程知识解决的问题。

（3）跨行业知识能解决的问题：是指运用团队或企业拥有的专业经典概念知识、经典过程知识和企业特色过程知识不足以解决该问题，而要应用跨行业的概念知识和过程知识才能解决的问题。

（4）跨学科知识能解决的问题：是指运用团队或企业拥有的专业经典概念知识、经典过程知识、跨行业概念知识、跨行业过程知识和企业特色过程知识不足以解决该问题，而要应用跨学科的概念知识和过程知识才能解决的问题。

（5）全人类知识能解决的问题：是指运用团队或企业拥有的专业经典概念知识、经典过程知识、跨行业概念知识、跨行业过程知识、跨学科概念知识、跨学科过程知识和企业特色过程知识不足以解决该问题，而要应用全人类的概念知识和过程知识，尤其是某些学科最新的概念知识和过程知识才能解决的问题。

根据所用知识的范围对问题的分类，运用类比原理进行问题求解的过程也可以分为五级类比过程[17]，如图2.14所示。

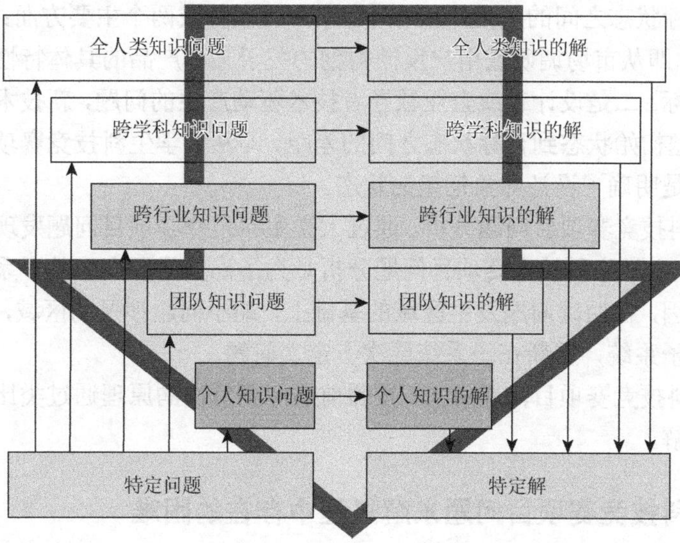

图2.14　问题解决的类比原理

（1）个人知识的一级类比：将特定问题与个人知识范围内的问题进行类比，找到个人知识范围内的相似问题，然后确定个人知识范围内相似问题的解，依照相似问题的解得到特定问题对应的特定解。

（2）团队知识的二级类比：将特定问题与团队知识范围内的问题进行类比，找到团队知识范围内的相似问题，然后确定团队知识范围内相似问题的解，依照相似问题的解得到特定问题对应的特定解。

（3）跨行业知识的三级类比：将特定问题与跨行业知识范围内的问题进行类比，找到跨行业知识范围内的相似问题，然后确定跨行业知识范围内相似问题的解，依照相似问题的解得到特定问题对应的特定解。

（4）跨学科知识的四级类比：将特定问题与跨学科知识范围内的问题进行类比，找到跨学科知识范围内的相似问题，然后确定跨学科知识范围内相似问题的解，依照相似问题的解得到特定问题对应的特定解。

（5）全人类知识的五级类比：将特定问题与全人类知识范围内的问题进行类比，找到全人类知识范围内的相似问题，然后确定全人类知识范围内相似问题的解，依照相似问题的解得到特定问题对应的特定解（画一个五环，每环代表一级类比）。

2.2.5　大学生科技竞赛项目问题求解的一般流程

大学生科技竞赛项目是在各种大学生科技竞赛主题的基础上，在指导教师的指导下由科技竞赛小组成员共同选定的。从问题的定义看，大学生科技竞赛项目解决问题的本质就是改变系统的当前状态到期望状态的过程。问题解决过程一般包括问题发现、问题分析和问题解决三个步骤，其中问题解决可以按照上述步骤经两次类比完成，并可以根据解决问题所需的知识进行五级类比过程。

（1）大学生科技竞赛项目问题发现。大学生科技竞赛项目问题发现的本质就是确定问题初始状态到目标状态之间的差距，根据问题来源可以分成两个主要方面：一是用户需求提高产生的问题，即从市场调研或用户反馈得到的关于某种产品的具体特性要求或对现有产品不满意的指标；二是设计者或企业领导者技术驱动产生的问题，新技术可以通过设计来实现，缩短问题初始状态到目标状态之间的差距。即从大学生科技竞赛项目问题定义的角度而言，也就是明确了设计对象期望的状态。

（2）大学生科技竞赛项目问题分析。通过大学生科技竞赛项目问题发现已经明确了所选项目问题所在，大学生科技竞赛项目问题分析是为了确定问题产生的子系统以及确定导致问题产生的原因，在明确问题发生区域的基础上，缩小问题涉及的区域，最终确定导致系统问题发生的子系统，重新在子系统层次上定义问题。

（3）大学生科技竞赛项目问题解决。按照前述问题解决的原理通过类比实现问题转化和具体问题的求解。

2.2.6　大学生科技竞赛项目问题求解过程中存在的困难

如上所述，大学生科技竞赛项目问题是一个问题发现、问题分析、问题解决的过程，其中问题解决是通过类比过程得以解决的。任何一个环节的任务失败都会导致问题求解的失败。

1. 大学生科技竞赛项目问题发现阶段存在的困难

（1）对所选大学生科技竞赛项目问题当前状态的不了解。由于学生年级不同掌握的专业知识参差不齐，对所选问题现状了解不深入，可能导致选题出现偏差，造成项目问题发现阶段存在困难。为了解问题的当前状态，需要项目组成员查阅大量的文献资料并进行必要的项目调研。

（2）对所选大学生科技竞赛项目问题期望状态的不确定。对于期望的目标没有实现，并且问题表象比较清楚，确定问题的当前状态比较容易。但是对于期望状态与目标状态的偏离程度不容易确定。2.3 节将介绍项目目标状态的确定方法。

2. 大学生科技竞赛项目问题分析阶段存在的困难

大学生科技竞赛项目所体现出来的往往是问题的表象，通过问题分析确定系统中与问题相关关键环节或确定问题的根原因。通过问题关键环节或问题根原因的确定，找到大学生科技竞赛项目问题不同角度的入手点，问题分析阶段也是找到相似问题，应用类比原理的关键为后续解决科技竞赛项目中的问题奠定基础。

第 3 章将介绍经典的问题分析方法，包括功能分析、根原因分析和复杂性分析等。

3. 大学生科技竞赛项目问题解决阶段存在的困难

按照问题解决的原理，需要把问题转化到个人熟悉的领域，然后根据个人的专业知识和设计经验提出解决方案，有限的知识域是大学生科技竞赛项目问题解决阶段存在的主要困难。

随着科学技术的发展，出现了不同的学科；同时随着社会分工的细化，行业划分越来越细。任何人在当今社会，不可能掌握所有学科和行业内的知识，这就导致仅凭个人经验，很难得到跨学科或跨领域的解。例如，对于某个看似机械领域的问题，有可能其最优解并不在机械领域，而是在化学领域，则仅凭着机械领域的知识，按照问题求解原理，仅靠个人的力量永远得不到最优解。

本书将介绍大学生科技竞赛问题解决工具，为设计者提供基于不同学科和领域知识的工具和知识库，可以解决大学生科技竞赛过程中，知识域有限的问题。

2.3　大学生科技竞赛项目目标确定

大学生科技竞赛项目问题确定以后，明确问题的目标状态显得十分必要，本节通过系统的理想化水平确定大学生科技竞赛项目目标，主要包括理想化水平、理想解与最终理想解、理想解特征与理想化途径[18]、理想解的确定等。

2.3.1 理想化水平

提出大学生科技竞赛项目问题解决方案的过程，也就是缩短该问题当前状态和期望状态之间距离的过程。解决方案带来效益的同时，也会产生成本和副作用。

$$\text{Ideality}=\sum\text{Benefits}/(\sum\text{Expenses}+\sum\text{Harms}) \tag{2.14}$$

式中，Ideality 为理想化水平；Benefits 为效益；Expenses 为代价；Harms 为副作用。代价包括原料的成本、系统所占用的空间、所消耗的能量及所产生的噪声等。副作用包括废弃物及污染等。

该公式的意义为大学生科技竞赛项目对应的系统及其理想化水平与其效益之和成正比，与所有代价及所有副作用之和成反比。不断地增加产品理想化水平是大学生科技竞赛项目创新的目标。

2.3.2 理想解与最终理想解

大学生科技竞赛项目一般都是由现有产品存在的实际工程问题提炼出来的，与原系统相比其项目的理想化水平应该有不同程度的提高，即系统效益提高，或者成本和副作用降低。具体可以表现为降低成本、增加功能、提高可靠性、减少污染等。对于大学生科技竞赛项目而言，低成本、高功能、高可靠性、无污染等是系统的理想解。产品处于理想状态的解称为理想解[19]。

系统的理想解实现的过程是其理想化水平提高的过程，理想化水平达到无穷大状态的理想解称为最终理想解。最终理想解很难或不可能实现，但产品进化的过程是推动理想解无限趋近最终理想解的过程。

产品进化的过程是产品由低级向高级进化的过程，进化的极限状态是最终理想解，而进化的中间状态是理想解。为了实现低成本、高效能、高可靠性、无副作用等理想状态，产品首先实现多个理想解，通过这些理想解趋近最终理想解。

通过需求分析，可确定产品的理想解集合：

$$\text{IFR}=\{\text{IFR}_1,\text{IFR}_2,\cdots,\text{IFR}_k,\cdots,\text{IFR}_l\} \tag{2.15}$$

式中，l 为理想解元素总数。

产品从目前状态或初始状态实现每一个理想解的过程需要一系列的目标实现，而每个目标的实现都存在障碍 C_{ki}，该障碍也由一个集合构成。

$$C_k=\{C_{k1}, C_{k2}, \cdots, C_{kl}\} \tag{2.16}$$

最终理想解与各理想解之间形成如下关系：

$$\text{Ideality}_\infty=[C]\{\text{IFR}\} \tag{2.17}$$

该关系可用图 2.15 描述。最终理想解 IFR 被分解为多个理想解 IFR_k，实现每个理想解需要克服多个障碍及实现多个目标。

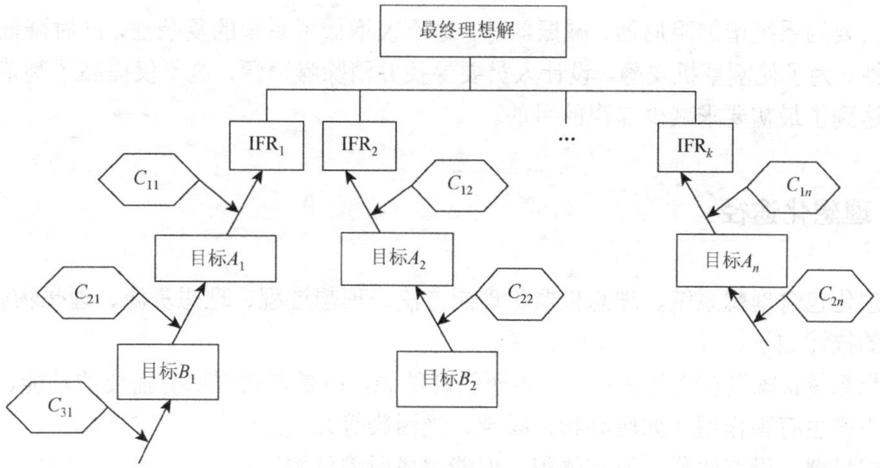

图 2.15　最终理想解实现的过程

理想解可采用与技术及实现无关的语言对需要创新的原因进行描述[20]，创新的重要进展往往由对问题深入的理解所取得。确认那些使系统不能处于理想化的元件是创新成功的关键。大学生科技竞赛项目设计过程中从一个起点向理想解过渡的过程称为理想化过程。

2.3.3　理想解特征

大学生科技竞赛项目理想解有如下四个特点：

（1）消除了原系统的不足之处；

（2）保持原系统的优点；

（3）没有引入新的缺陷；

（4）没有使系统变得更复杂（采用无成本或可用资源）。

当确定了大学生科技竞赛项目待设计产品或系统的理想解后，可用上述四个特点检查理想解是否正确。

案例 2.3　考虑割草机作为工具，草坪上的草作为被割的目标。割草机在割草时发出噪声、消耗燃料、产生空气污染、甩出的草片有时会伤害推割草机的工人。假如设计者的任务是改进已有的割草机，设计者可能会很快想到要减少噪声、提高安全性、减少燃料消耗[18]。但如果确定理想解，就会勾画出未来割草机及草坪维护工业更佳的蓝图。

用户需要的究竟是什么？是非常漂亮且不需要维护的草坪。割草机本身不是用户需要的一部分。从割草机与草坪构成的系统看，其理想解为草坪上的草长到一定的高度就停止生长。至少国际上有两家制造割草机的公司正在实验这种理想草坪的草种，该草种被称为“漂亮草种”。

假定设计者的任务不是在公司或草坪维护工业水平上考虑问题，而要求减少割草机的噪声，其理想解为安静的割草机。噪声低与安静是不同的概念。为了达到低噪声的目的，设计人员要为系统增加阻尼器、减振器等，这不仅增加了系统的复杂性，同时降低了系统的可靠性。为了使割草机安静，设计人员要寻找并消除噪声源，这不仅提高了割草机的效率，也达到了最初要求减少噪声的目的。

2.3.4　理想化途径

理想化包含理想系统、理想机器、理想方法、理想过程、理想资源、理想物质[19]等。理想化的描述如下。

理想系统：既没有实体和物质，也不消耗能源，但是能实现所有需要的功能，而且不传递、不产生有害作用（如废弃物、噪声、光污染等）。

理想机器：没有质量、没有体积，但能完成所需要的工作。

理想方法：不消耗能量及时间，但通过自身调节，能够获得所需的效应。

理想过程：只有过程的结果，而无过程本身，突然就获得了结果。

理想资源：存在无穷无尽的资源，无处不在，无时不有，取之不尽，用之不竭，随意使用，不必付费（如空气、重力、阳光、风、泥土、地热、地磁、潮汐等）。

理想物质：没有物质，功能得以实现。

理想化分为局部理想化与全局理想化两类。局部理想化是指对于选定的原理，通过不同的实现方法使其理想化；全局理想化是指对同一功能，通过选择不同的原理使之理想化。

局部理想化[19]的过程有如下四种模式。

（1）加强：通过参数优化、采用更高级的材料、引入附加调节装置等加强有用功能的作用。

（2）降低：通过对有害功能的补偿，减少或消除损失或浪费，采用更便宜的材料、标准零部件等。

（3）通用化：采用多功能技术增加有用功能的个数。如现代多媒体计算机具有电视机、电话、传真机、音响等的功能。

（4）专用化：突出功能的主次。如早期的汽车厂要生产零部件，最后将它们组装成汽车，今天的汽车厂主要是组装汽车，而零部件由很多专业配套厂生产。

全局理想化[19]有如下三种模式。

（1）功能禁止：在不影响主要功能的条件下，去掉中性的及辅助的功能。例如，采用传统的方法为金属零件刷漆后，从漆的溶剂中挥发出有害气体；采用静电场及粉末状漆可很好地解决该问题，当静电场使漆粉末均匀地覆盖到金属零件表面后，加热零件使粉末熔化，刷漆工艺完成，其间并不产生溶剂挥发。

（2）系统禁止：如果采用某种可用资源后可省掉辅助子系统，一般可降低系统的成本。如月球上的真空使得月球车上所用灯泡的玻璃罩是多余的，玻璃罩的作用是防止灯丝氧化，月球上无氧气不会氧化灯丝。

（3）原理改变：改变已有系统的工作原理，可简化系统或使过程更为方便。例如，采用电子邮件代替传统邮件，使信息交流更加方便快捷。

设计人员在设计过程开始时需要选择目标，即将问题局部理想化还是将其全局理想化。通常首先考虑局部理想化，所有的尝试都失败后才考虑全局理想化。

2.3.5　理想解的确定

对于很多的设计实例，理想解的正确描述会直接得出问题的解，其原因是与技术无关的理想解使设计者的思维跳出问题的传统解决方法。

确定理想解的步骤[20]描述如下。

（1）设计的最终目的是什么？

（2）理想解是什么？

（3）达到理想解的障碍是什么？

（4）出现这种障碍的结果是什么？

（5）不出现这种障碍的条件是什么？创造这些条件存在的可用资源是什么？

案例 2.4　农场养兔子需要新鲜的青草，农场主既不希望兔子走得太远而不易被发现，又不希望花很多时间把鲜草送到兔子旁边[21]。应用上述 5 步分析该问题并提出理想解。

（1）设计的最终目的是什么？兔子能够吃到新鲜的青草。

（2）理想解是什么？兔子永远自己吃到青草。

（3）达到理想解的障碍是什么？放兔子的笼子不能移动。

（4）出现这种障碍的结果是什么？由于笼子不能移动，可被兔子吃的草地面积不变，短时间内青草就被吃光了。

（5）不出现这种障碍的条件是什么？当兔子基本吃光笼子内的鲜草时，笼子移动到另一块有青草的地方。创造这些条件存在的可用资源是什么？笼子本身安装上轮子，兔子自己可推动其运动到有青草的地方，即兔子本身就是可用资源。

应用最终理想解[22]的基本概念解决产品设计中存在问题的第一步是最终理想解陈述：产品或系统自身具有所需要的功能，且没有有害作用及附加的复杂性。其中“自身”一词是确定方向和评价精度及质量的关键。之后，设计人员要增加效益、降低成本及减少副作用。最终理想解是设计过程的目标，明确的目标对设计工作及创新十分重要。最终理想解可用于不同层面的问题解决，初级的最终理想解所采用的问题解决方案是应用外部资源解决，而无须更多的花费，环境、超系统、副产品等都可以是外部资源。高一级最终理想解不能引入新的物质，而必须通过系统内部的变化解决问题，即采用内部资源解决问题，包括实现功能、消除副作用或降低成本等，同时不使系统变得太复杂。更高一级的最终理想解是在一个特定的区域内解决问题，该区域存在问题，例如，一个零件既要求刚度高又要求柔性好，这是一种相反的需求，产品进化的过程中该问题必须解决。

案例 2.5　高层建筑如何更有效地擦窗户是高层建筑设计必须考虑的问题[23]。目前该类窗户多是固定式的，经过专门训练及经过适合高空作业认证的工人才能从事该项工作，如图 2.16 所示。该工作危险且需要较多的花费。现应用最终理想解对该问题提出一系列的解决方案。

方案 1　在建筑物内擦窗户[23]

工人在建筑外工作是危险的，例如，在屋内擦窗户可以解决问题。定义初级最终理想解为采用外部资源解决该问题，但解决问题的成本不能太高。图 2.17 是解决方案：采用具有磁性的内外部工具擦窗户。内部工具放置在窗户的内部，外部工具放置在窗户的外部，两部分均有磁性。两工具相对，由于磁力的吸引，内部工具移动时，外部工具随之移动，不断地移动内部工具到窗户的所有位置，可实现擦窗户的功能。

图 2.16　高层建筑窗户传统外部清洁方式

图 2.17　玻璃内外层同步清洁装置

方案 2　旋转式窗户[23]

应用高一级最终理想解，利用系统自身的资源，改变系统本身实现的功能。改进窗户的设计，使其能转动，转动的结果是窗户的外面变成了里面，工人可以在屋内擦窗户，如图 2.18 所示。

图 2.18　旋转式窗户清洁过程

方案 3　免擦玻璃的应用[23]

按更高一级最终理想解，出现问题的区域为窗户外部的玻璃，玻璃必须应用以便采光，但擦去表面的污物困难又不能应用，从而出现了冲突。彻底解决该冲突，可实现最终理想解。

采用自清洁玻璃是一种选择，如图 2.19 所示。该类玻璃表面有一层纳米级涂层，不影响采光。该涂层与阳光进行反应，在雨水的作用下，其反应生成物与玻璃表面的污物脱离玻璃表面，实现自清洁，如图 2.20 所示。

图 2.19　自清洁玻璃

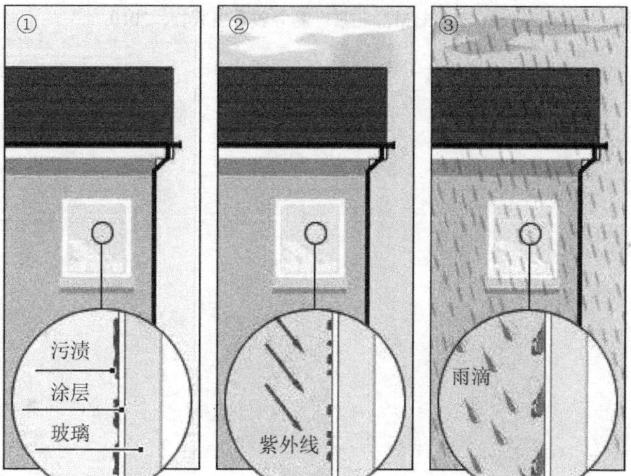

图 2.20　自清洁过程

参 考 文 献

[1] 盛安之. 受益一生的哈佛创意课[M]. 上海：立信会计出版社，2015.

[2] 周苏. 创新思维与科技创新[M]. 北京：机械工业出版社，2016.

[3] 顾真. 思维风暴[M]. 北京：北京联合出版公司，2015.

[4] 波诺. 平行思维：解读六项思考帽的深层价值[M]. 王以，吴亚滨，译. 北京：企业管理出版社，2004.

[5] 波诺. 六项思考帽[M]. 冯杨，译. 北京：北京科学技术出版社，2004.

[6] 夫正. “重组”思维的一把钥匙——推荐《六项思考帽》[J]. 中外管理，2004（3）：34-35.

[7] 牛占文，徐燕申，林岳，等. 发明创造的科学方法论——TRIZ. 中国机械工程，1999（1）：84-89.

[8] 檀润华. 发明问题解决理论[M]. 北京：科学出版社，2004.
[9] 檀润华，苑彩云，张瑞红，等. 基于技术进化的产品设计过程研究[J]. 机械工程学报，2002，38（12）：60-65.
[10] Suh N P. Complexity：Theory and Applications[M]. Oxford：Oxford University Press，2005.
[11] Suh N P. The Principles of Design[M]. Oxford：Oxford University Press，1990.
[12] Lee T. Complexity theory in axiomatic design[D]. Cambridge：Massachusetts Institute of Technology，2003.
[13] Suh N P. Complexity in engineering[J]. CIRP Annals-Manufacturing Technology，2005，54（2）：46-63.
[14] Lu S C Y，Suh N P. Complexity in design of technical systems[J]. CIRP Annals-Manufacturing Technology，2009，58（1）：157-160.
[15] 马怀宇，孟明辰. 基于TRIZ/QFD/FA的产品概念设计过程模型[J]. 清华大学学报（自然科学版），2001，41（11）：56-59.
[16] León-Rovira N，Aguayo H. A new model of the conceptual design process using QFD/FA/TRIZ[EB/OL]. https://triz-journal.com/new-model-conceptual-design-process-using-qfdfatriz[1998-07-16].
[17] Terninko J. Selecting the best direction to create the ideal product design[EB/OL]. https://triz-journal.com/selecting-best-direction-create-ideal-product-design[1998-07-16].
[18] 檀润华，马建红，张换高，等. 基于QFD及TRIZ的概念设计过程研究[J]. 机械设计，2002（9）：1-4.
[19] 乐万德，王可，陆长德. 基于TRIZ的产品概念设计研究[J]. 机械科学与设计，2003，22（4）：531-534.
[20] 檀润华，张瑞红. 基于TRIZ的产品创新设计[J]. 河北工业大学学报，2004，33（2）：90-95.
[21] León-Rovira N. A proposal to integrate TRIZ and CAD（computer aided TRIZ-based design）[EB/OL]. https://triz-journal.com/proposal-integrate-triz-cad-computer-aided-triz-based-design[2001-07-13].
[22] 檀润华，马建红，张换高，等. 技术进化驱动的产品概念设计宏观过程模型[J]. 中国机械工程，2003，14（11）：959-963.
[23] 檀润华. TRIZ及应用：技术创新过程与方法[M]. 北京：高等教育出版社，2010.

第 3 章　大学生科技竞赛项目问题分析

第 2 章中，我们通过科技竞赛主题的把握与选取，进而确定所要做的竞赛项目。在本章中，我们将竞赛项目问题进行具体分析，其中包括竞赛项目的功能分析、因果分析以及复杂工程问题的分析等。

3.1　大学生科技竞赛项目的功能分析

3.1.1　功能结构分析

功能结构分析方法是通过分析事物（或系统）的功能及其作用进而认识事物（或系统）特性及内部结构的一种科学分析方法。其主要目的是更有效地应用该事物（或系统），充分发挥其作用[1]。

功能是对技术系统或产品能完成的任务的抽象描述，反映产品所具有的特定用途及各种特性，是系统或子系统输入、输出时，参数或状态变化的一种抽象描述。它是从技术实现的角度对设计系统的一种理解，是指某一系统所具有的能量、物料、信息或其他物理量转化的特性，是其输入量和输出量间的关系[2]。

Pahl 和 Beitz 应用术语功能来表述以执行任务为目的的、系统的一般输入、输出关系，形式上以“动词+名词”结构表示[3]。所以功能可用“动词+名词”构成的简明语句来描述，分别作为谓语和宾语，具体说是“操作+对象”。例如，豆浆机的功能是“压榨豆浆”，钢笔的功能是“存送墨水”，载重汽车的功能是“运送货物”。

功能结构分析是产品或过程的一种描述，按这种描述，基本功能的组合能满足完成总功能或目的的需求。功能分析的一种图形表达方法是功能结构，这种结构对设计者简明适用。对产品总的输入、输出描述为总功能，总功能分解成若干分功能，一直分解到功能元，将系统的各个功能元用流有机地组合起来就得到功能结构[2]。产品功能用“动词+名词”形式表示，输入、输出由用户需求确定，如图 3.1 所示。将总功能分解可得到功能结构，如图 3.2 所示。

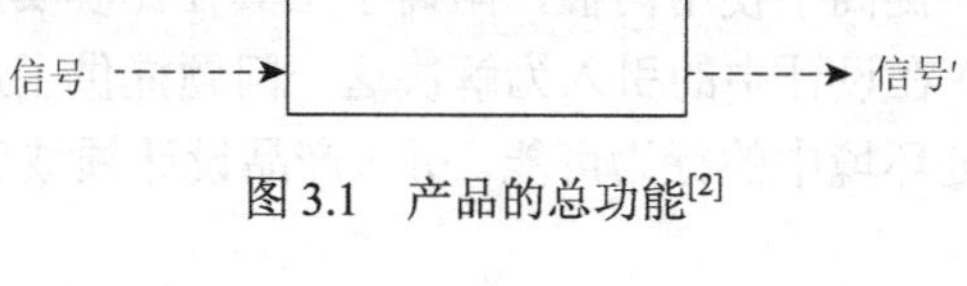

图 3.1　产品的总功能[2]

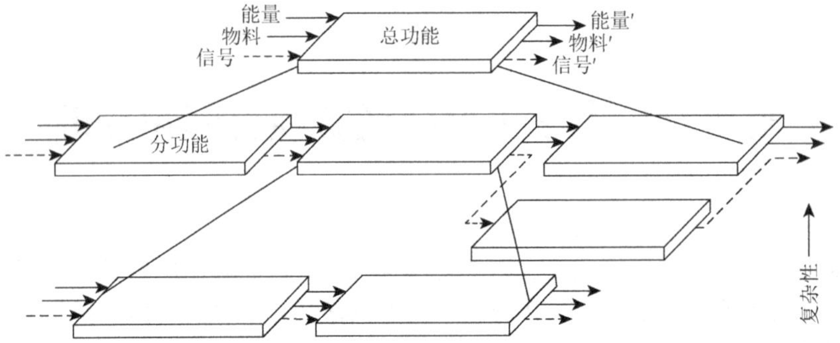

图 3.2 产品的功能结构[2]

Pahl 和 Beitz 于 1977 年在其第一版德文版的《工程设计学》中首次完整详细地提出了系统的功能结构建立方法[4]。首先根据用户需求界定所要设计的产品的系统边界，识别出跨越系统边界的输入和输出，以“流”来表示，共分为三类：物料流、能量流和信息流。以“功能”来承载对“流”的转换。通过对跨系统边界的所有输入流和输出流进行分析，得出需要对“流”进行转换的任务，即产品的整体功能[5]。然后在子系统层级重复这一过程，使得整体功能分解为若干子功能。逐级细化，直到某一层的子功能已经细致到设计人员可以凭直觉对应到已有的解决方案或原理时，结束这一过程。此时，由所有物料流、能量流、信息流和所有分解功能连接起来组成的有向网络图即功能结构图。

传统功能结构图的绘制方法步骤如下。

（1）识别对应于用户需求的“流”。将所有对应于用户需求的物料流、能量流和信息流穷举出来。

（2）生成黑箱模型。将所需设计的产品看作一个黑箱，将第一步识别出的所有“输入流”绘制在黑箱左侧，将所有“输出流”绘制在黑箱右侧。思考从“输入流”转换到“输出流”需要怎样的产品整体功能，将其以动宾短语的形式在黑箱上标明。

（3）为每个“输入流”绘制功能链。选定一条“输入流”，想象这条流从输入到离开产品系统边界整个过程所经历的各种变换，绘制由流和子功能组成的功能链。确保每一条输入流都进行了这一过程。

（4）将各条功能链聚合为网状的功能结构图。依据各条功能链间流的交互关系，将所有功能链聚合为功能结构图。这一过程中有时需要新的辅助子功能的添加。

（5）比对用户需求核实功能结构图。对功能结构图进行核查，确保每项用户需求都有至少一项子功能所对应。如果仍有部分用户需求没有得到满足，则从第（2）步开始迭代这一过程。

但是，上述功能结构图绘制的过程实际上不只从意图域的功能维度出发，同时还不自觉地杂糅了从现实域出发的考虑。两个维度同时思考容易引起思维混乱，造成复杂度耦合。这使绘制过程难以下笔，提高了使用门槛，阻碍了工具在比赛实践中的实用性。

可供性（affordance）在设计中的引入为解决这一问题提供了途径[4]。原始意义上的可供性指的是动物在其所处环境中的行为可能。引入产品设计领域后，用于表述产品或用户在其环境中的行为可能。

当前功能结构图方法需要从每条输入流出发并跟随，直至这条流离开产品系统边界。整个过程中所有流的转换（即功能），以及所带来的所有非期望效果需要同时思考和绘制。这一看似简单的过程中，设计人员却同时混杂着两种维度的思考。一方面是从用户需求出发逆向倒逼，考虑“需要有的是什么”，实质是前面所述的意图域“功能”意义维度上的思考。另一方面需要从输入流出发正向思考，考虑每一步的流转换及其与环境交互所可能产生的期望和不期望的行为，实质上是前面所述的现实域“可供性”意义维度上的思考。

因此，经由笔者研究改进的功能结构建立方法，既需要意图域“功能”意义维度上倒逼的“需要什么行为”的结构图，又需要现实域“可供性”意义维度上顺向的“环境中可能发生什么行为”的结构图，将两种思想维度予以分离。从而使得工具简单易用，符合人的同一时间只能专注于一个维度的思维特性。

首先是意图域“功能”意义维度结构图的绘制步骤：先根据用户需求确定所有针对设计的产品的系统边界，并且从用户需求先确定跨越系统边界的输出流，即为了满足用户需求，产品最后需要输出怎样的物料流、能量流和信息流。再根据所需的输出流和用户需求中已经阐明的输入流现状识别出需要什么输入流的添加和需要怎样的流的转换，即产品整体功能。然后在各子系统层级重复这一过程，使得整体功能分解为若干子功能。逐级细化，直到某一层的子功能简单到通过直觉和经验就可以想到具体方案时结束这一过程，得到了意图域“功能”维度的倒逼功能结构图。这一过程只考虑要得到最终满足用户需求的输出时，需要怎样的输入和变换过程，而不考虑输入和变换过程带来的其他效果的影响。

其次进行现实域“可供性”意义维度结构图的绘制：在功能维度结构图中已经确定了为满足用户需求的输出需要怎样的输入和转化，然而自然规律决定了这样的输入和转化不仅仅会产生所需的输出，同时必然会伴生不期望的输出流。因此现实域“可供性”维度的结构图绘制的第一步是在功能维度结构图的基础上沿着每条输入流出发考虑直至它离开系统边界整个过程中经历的每个流转换（即子功能），将所有伴生产生的流标示出来。然后考虑这些非计划产生的流与系统内其他流及子功能可产生怎样的交互作用，再考虑其与系统所处环境中其他要素可产生怎样的交互作用。若这样的交互作用是有害甚至是危险的，则需要添加新的子功能来阻止消解。另外，从这些计划外产生的流和交互作用能否被利用的角度思考来添加新的子功能以优化设计。当所有伴生的非意图行为对应的“流”都依此过程一一考虑后，可供性维度结构图即绘制完成。

以功能和可供性为共同基础的改良“功能结构图”的绘制可总结为如下步骤。

（1）倒逼识别客户所需的“流”，将对应于满足用户需求的所有所需输出流列出，由此出发找到要得出这些输出流需要怎样的输入流。

（2）生成倒逼黑箱模型，将第一步中识别出的输出流、输入流以及所需的流进行转换，即将产品主要功能绘制成图，得到倒逼黑箱模型。

（3）为每条输出流绘制倒逼功能链，选定一条输出流，考虑这条流直至它对应的输入流之间需要的各种转换，绘制由“流”和子功能组成的功能链。确保每一条输出流都进行了这一过程。与传统功能结构图方法绘制功能链环节不同的是，这里是从输出流出发，沿“要有这样的输出流需要怎样的输入和转换行为”的逻辑来绘制，而不考虑每个输入流转换会带来除所需输出流外的其他输出。

（4）在倒逼功能链基础上绘制顺向可供性功能链，从每条倒逼功能链的输入流出发，绘制出它经历的每个流转换（即子功能）得到的非计划产生的流。考虑其与系统内及系统所处环境中要素的交互。若存在的交互是有害的，绘制添加对其阻止消解的子功能。若有利用非计划产生的流提升产品主功能的方案，绘制添加此类辅助子功能。

（5）聚合倒逼功能结构图和可供性功能结构图，依据各条倒逼功能链间流的交互关系，将所有倒逼功能链聚合为网状的倒逼功能结构图，反映产品直接与用户需求挂钩的主要功能骨干架构。依据各条可供性功能链间流的交互关系，将所有可供性功能链聚合为可供性功能结构图，反映产品的全面整体架构。

（6）核实可供性功能结构图，对可供性功能结构图进行核查，确保每项用户需求都由至少一项子功能所对应。确保可能对环境或人体产生危害的非意图行为对应的流都得到了处理或再利用。若仍有部分客户、环境、安全等需求没有得到满足，则从第（2）步开始迭代这一过程。

为使以功能和可供性为共同基础的改良“功能结构图”绘制过程的各步骤更清晰易懂，并对改良方法进行充分展示，在此我们以手提式吸尘器为实例，对改良“功能结构图”的绘制过程进行详细展示。

首先从用户需求出发，最终需求是将散落的碎屑捡拾集中起来，同时“吸尘器”暗示了用户需要使用的是风能，而不是其他动力（如人力清扫）。因此得到手提式吸尘器倒逼黑箱模型如图 3.3 所示。

图 3.3　手提式吸尘器倒逼黑箱模型

从功能维度的倒逼逻辑，即需要怎样的输入和转换来实现这样的输出来思考，建立从输出物料流碎屑出发的第一条倒逼功能链如图 3.4 所示。

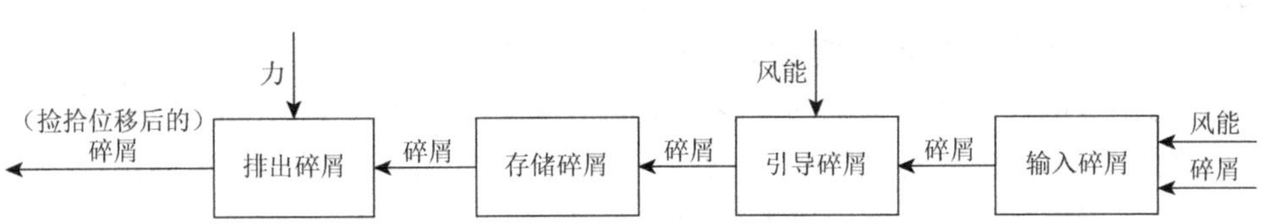

图 3.4　从输出物料流碎屑出发的第一条倒逼功能链

再在这条倒逼功能链的基础上，顺向从输入流考虑除了产生想要的行为还必将伴生哪些非计划行为。例如，风能的引入不可避免地伴生了空气物料流的引入，由此再导致了分离空气物料流和碎屑物料流的辅助子功能的需求等。由此对应的第一条倒逼功能链对应的顺向可供性功能链如图 3.5 所示。

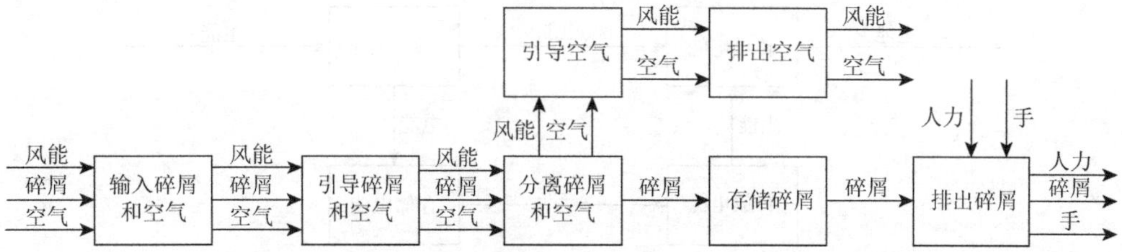

图 3.5　第一条倒逼功能链对应的顺向可供性功能链

接着从风能流出发，寻找其需要怎样的输入能源流和转换来得以实现。当前社会家庭环境中，电能是合适的来源。因此选择电能为输入流，得到图 3.6 所示的从输出风能流出发的第二条倒逼功能链。

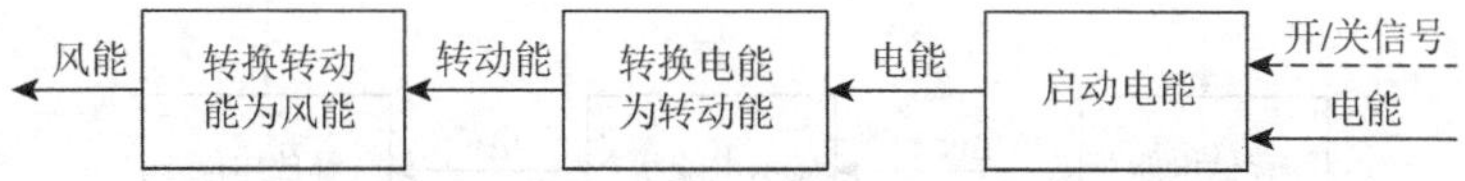

图 3.6　从输出风能流出发的第二条倒逼功能链

相应地，顺向考虑输入流经过这样的系列转换将产生怎样的非意图行为。例如，根据物理定律可知所有能量转化都不可能是百分之百的。能量转化往往带来热量或噪声，而热量和噪声可能损害产品性能，因此导致了对其处理的辅助子功能的需求。由此得到如图 3.7 所示的第二条倒逼功能链对应的顺向可供性功能链。

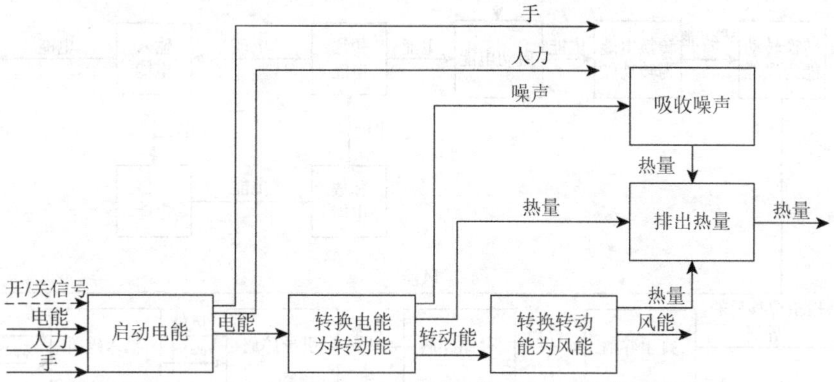

图 3.7　第二条倒逼功能链对应的顺向可供性功能链

电能的引入又带来了对电能存储输送控制的需求，得到如图 3.8 所示的电能存储输送控制的需求对应的第三条倒逼功能链。

存储电能伴生了对电量状态展示的需求，因此对应的第三条倒逼功能链对应的顺向可供性功能链如图 3.9 所示。

将所有倒逼功能链连接起来得到手提式吸尘器产品整体倒逼功能结构图如图 3.10 所示。

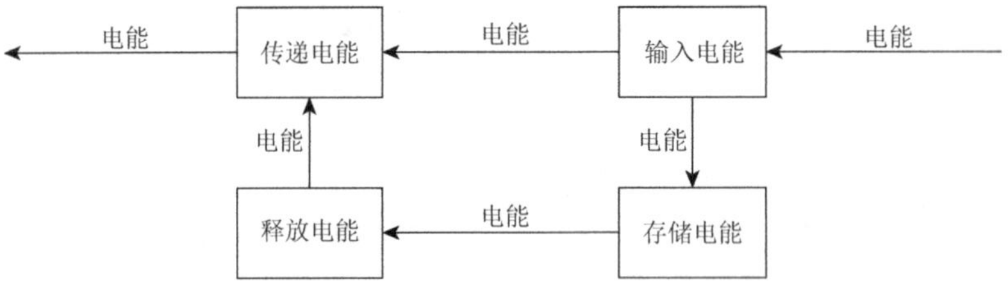

图 3.8　电能存储输送控制的需求对应的第三条倒逼功能链

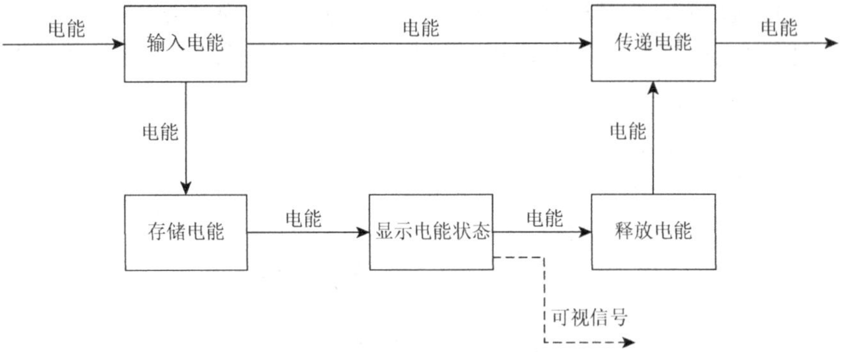

图 3.9　第三条倒逼功能链对应的顺向可供性功能链

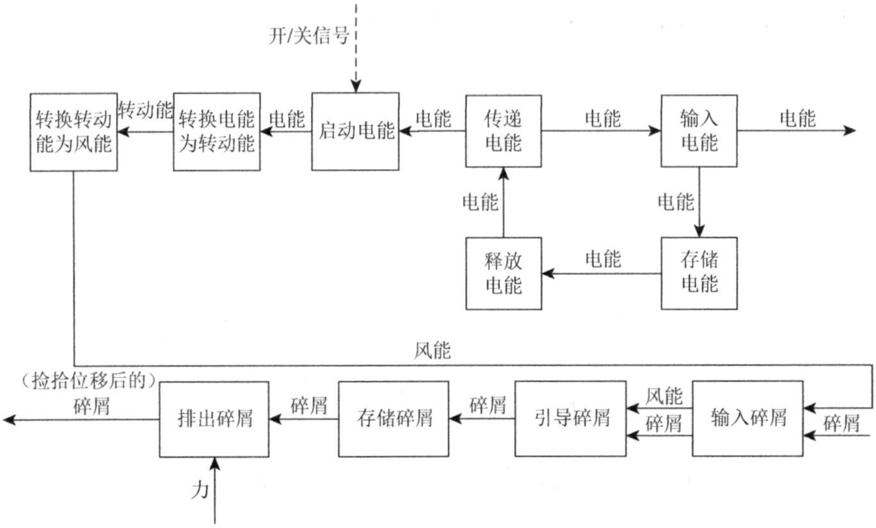

图 3.10　手提式吸尘器产品整体倒逼功能结构图

将所有可供性功能链连接起来得到手提式吸尘器产品整体可供性功能结构图如图 3.11 所示。从整个实例演示过程中可以看到，意图域“功能”维度的倒逼功能链和现实域“可供性”维度的可供性功能链的交替绘制，使得整个绘制过程思考逻辑简明清晰，绘制结果完备有序。可供性功能结构展示出产品的全面结构，而倒逼功能结构展示出产品与最终用户需求满足直接相关的主体骨干结构。与传统功能结构图方法相比，整个绘制过程逻辑更加清晰，入手门槛降低，提高了工具的实际可操作性，为比赛实践普及运用打下了基础。

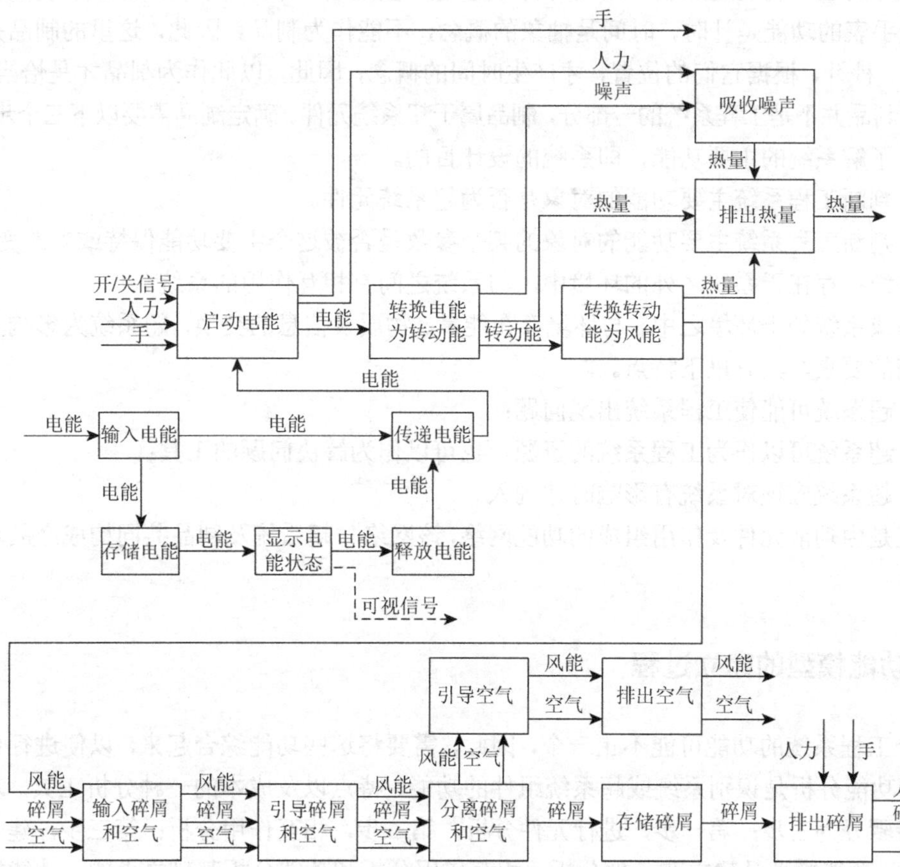

图 3.11　手提式吸尘器产品整体可供性功能结构图

3.1.2　功能模型分析

技术系统是由不同元件相互连接、相互作用组成的整体，系统的所有元件通过场连接组成复杂的系统功能模型。运用功能分析，将已有产品或基础产品，以模块化的方式，将功能（function）和元件（component）具体表达出来，成为功能元件模组（function&components）。

功能模型的图形化建立的过程分为两步：

（1）确定元件、制品（product）、超系统（super-system）；

（2）进行作用（或连接）分析。

元件：组成系统的物质单元。例如，同一个产品的组成零件，小到齿轮、螺母，大到一个由许多零件组成的系统，都可以认为是一个元件。模块化的子系统可以作为元件，不必再分。

制品：技术系统基本（主要）功能的作用对象，是系统存在的目的，是系统对环境的输出，制品属于超系统。例如，汽车的主要功能是载货或人，该系统的目的或制品是人或货物；电灯的主要功能是照明，因此，制品是光；笔的主要功能是书写，因此，制品是墨水；机械手表的功能是计时，时间是抽象的概念，不能作为制品，因此，这里的制品是时针、分针、秒针，根据它们的位置，才产生时间的概念，因此，以此作为制品才是恰当的。

由于制品并不是工程系统的一部分，制品属于超系统元件。确定制品需要以下三个步骤。

（1）了解系统的主要功能，即系统的设计目的。

（2）判断工程系统主要功能的对象是否为超系统元件。

（3）判断工程系统主要功能的对象的某个参数是否被这个主要功能保持或者改变了。

超系统：存在于系统之外的环境中，与系统之间有相互作用的系统。

产品或系统处于环境之中，与环境存在能量、物质及信息的交换，超系统为影响整个分析系统的要素，具有以下特点。

（1）超系统可能使工程系统出现问题；

（2）超系统可以作为工程系统的资源，也可以作为解决问题的工具；

（3）超系统应该对系统有影响时才列入。

系统是由功能元件及作用组成的功能网络，该网络与超系统及制品共同构成产品功能模型。

3.1.3　功能模型的建立过程

一个工程系统的功能可能不止一个，因此，需要将这些功能综合起来，以便进行直观的分析。功能分析是识别系统或超系统组件的功能、特点以及成本的一种分析工具。功能分析的步骤分为三步：第一步，进行元件分析；第二步，相互作用分析；第三步，建立功能模型[6]。功能模型是建立在元件分析、相互作用分析和功能分析基础之上的。功能模型是功能分析部分的输出。建立功能模型共包含以下七个步骤。

（1）元件分析。根据项目的目标和约束选择合适的系统边界，将系统和超系统的元件加以区分。

（2）创建相互作用矩阵，识别元件两两之间的相互作用。带“+”的单元意味着可能有作用，后续需要分析具体作用是什么。而带“－”表示两者没有作用，后续分析中将不再考虑。

（3）选取一个元件，运用相互作用矩阵，识别该元件与其他元件的相互作用，即标注有“+”的单元。然后用一个动词或场描述该作用。

（4）完成对每一个有“+”的单元的作用分析。

（5）建立功能模型表。功能模型表帮助设计者识别元件之间的具体作用，系统性地记录下工程系统中各元件所执行的功能、功能等级、功能类型等信息。初建功能模型可不考虑功能等级，功能类型可根据经验初定，最后根据分析结果进行修正。

（6）建立功能模型图，根据功能模型表所分析的功能的类别及其性能水平，绘制研究对象的功能模型图。

（7）判断元件是否全部分析。若未全部分析，则回到步骤（4）；若元件已全部分析，则功能模型分析结束，且这是最后一个步骤。

TRIZ 中的功能模型分析的主要作用是理清现有产品方案的组成部分以及各部分直接作用关系的现状，并寻找其中存在问题的区域。因此，在大学生科技竞赛中，建立功能模型并进行分析，可以帮助我们更好地理清竞赛项目中各个组成成分以及各个部分之间的作用关系等，从而更好地帮助我们找到其中存在问题的地方。

3.1.4　智能产品的功能模型建立

智能产品是嵌入了智能芯片的产品，其不断地采集数据并进行计算分析，为用户提供了各种智能应用。这些数据还可使制造、服务企业实时掌握产品的最新状态，从而为用户提供各种智能服务[7]。其运用优势就在于其管理成本低、模块化、程序化、维护简单，解决了过去人工时代难以解决的难题，实现了工作效能和安全效益的最大化[8]。随着时代的发展，越来越多的大学生科技竞赛作品不只局限于物理实体产品的结构，而是由硬件、软件甚至服务所组成的智能产品解决方案，而智能产品功能模型的建立需要更为全面的考虑。

作为一种融合了人工智能、自动化技术、先进制造技术、现代传感技术、信息技术与网络技术的先进技术，智能制造是以智能生产系统生产智能产品并提供智能服务的新型生产方式[9]。其中智能产品结合了信息域和物理域，兼具了两者的特点。智能产品持续监控自身状态和使用环境；对环境和操作条件做出反应和适应；在不同使用环境下保持最优使用状态；与用户或环境及其他智能产品和系统进行交互。智能产品可看作感知模块、交互模块、推理模块、存储模块及执行模块等五个模块共同组成的产品。智能产品模块交互关系如图 3.12 所示。

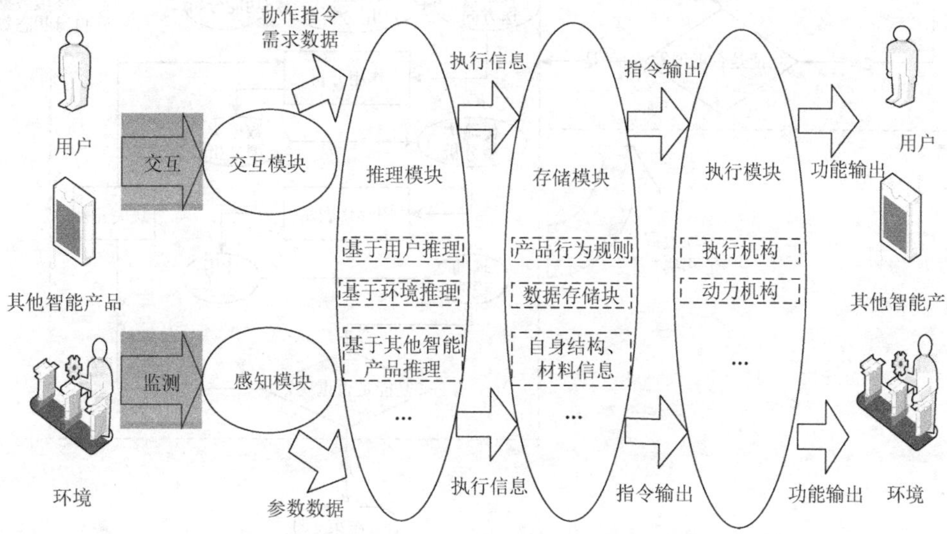

图 3.12　智能产品模块交互关系

智能产品各模块间的正常运行依赖于物理域和信息域的紧密配合。因此，建立智能产品的功能模型时，需要同时覆盖物理域和信息域以保证分析的准确性。

根据智能产品物理实体模块、虚拟实体模块和交互通道模块的特性，面向智能产品的数字孪生体功能模型构建过程如图 3.13 所示。

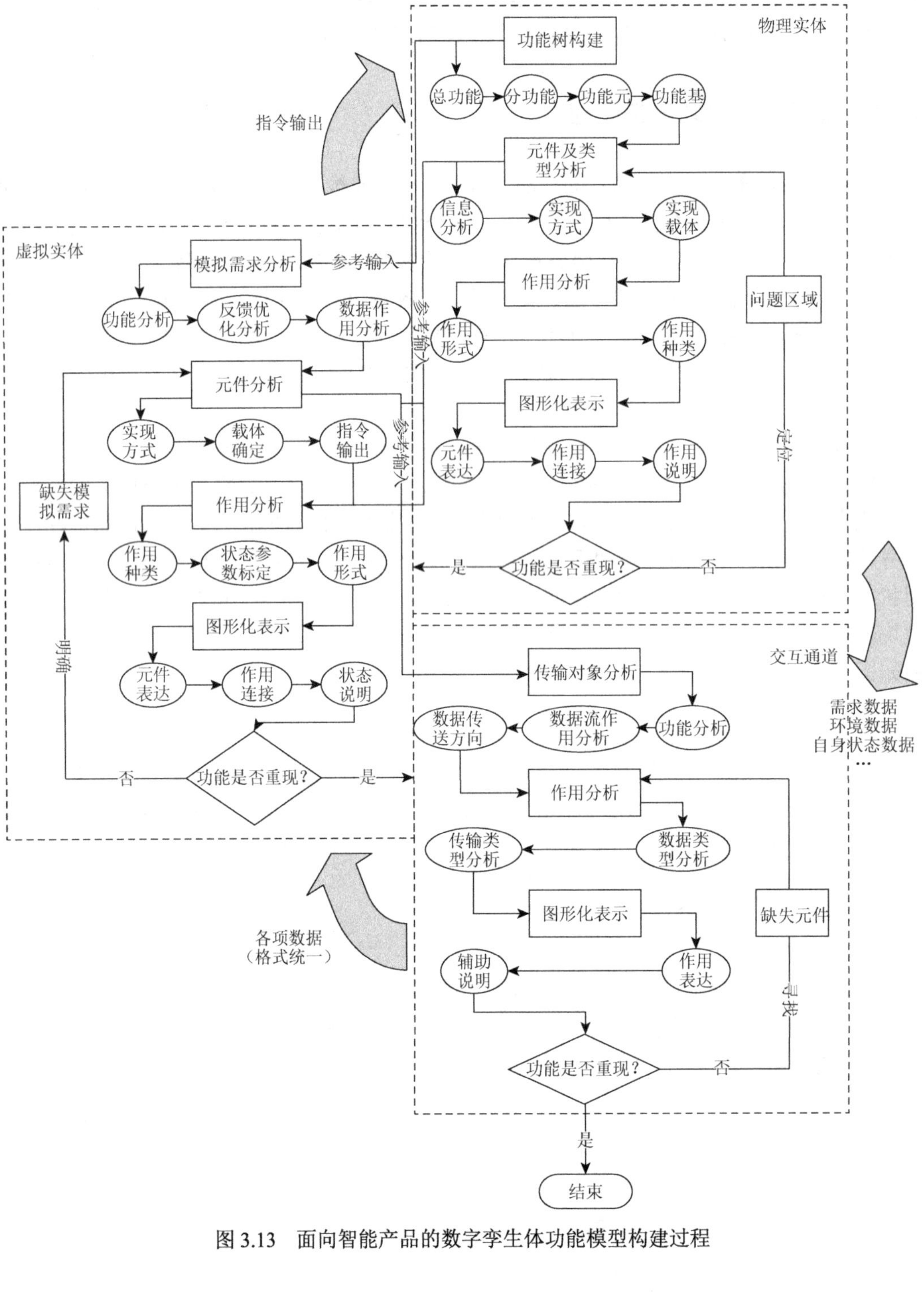

图 3.13　面向智能产品的数字孪生体功能模型构建过程

其具体构建步骤如下。

1. 构建物理实体模块功能模型

构建传统产品的功能模型时，设计人员在确定系统的元件组成后进行作用分析，这未能突出元件功能。因此，对于智能产品的物理实体模块而言，需要从模块的功能出发，利用功能来明确其元件组成及元件作用，使智能产品物理域得到全面、准确的展现。对物理实体模块功能模型的构建，提出了如下步骤。

第一步，构建智能产品的功能树。功能树是产品功能的层次化展示方法。构建功能树时，首先明确产品的总功能，即产品向用户提供的服务是什么。总功能确定后，分析总功能的实现需要哪些分功能的配合，即将总功能进一步细化为功能元。功能元划分后，明确组成功能元的功能基。功能树中，功能层次越低，所包含的信息越具体。构建功能树后，设计人员可以更有针对性地进行元件分析。

第二步，元件分析，确定智能产品的元件组成。在构建功能树后，利用功能基来确定系统的元件组成，以其所包含的功能信息为切入点，以功能实现方式为着落点，分析功能实现载体，即系统元件。元件分析所形成的产品功能-结构映射，便于设计人员掌握现有产品的技术系统。

第三步，分析元件间的相互作用。模块的元件组成确定后，便需要对元件间的相互作用进行分析。分析时，首先利用元件的功能明确元件间作用的具体形式；同时，还需要利用元件间作用的实际效果判断作用种类，即作用属于标准、有害、过度与不足等作用类型的哪一类。对于感知模块还需要分析其数据收集类型及用途。通过作用分析，设计人员可以发现系统中存在的有害或不足等作用，更有针对性地对系统进行改进设计。

第四步，图示化功能模型。元件及作用分析完成后，利用功能模型图按元件作用逻辑关系对模块元件进行重新表达，通过作用箭头将元件连接，并对作用形式进行简要说明。

第五步，检查元件是否有遗漏。对比产品的实际运行状态，判断功能模型能否将模块功能实现过程完整呈现来判断元件是否有遗漏。如果有遗漏，定位至问题区域，重新进行元件及作用分析，并修改功能模型图。

以扫地机器人为例，其实体模块功能模型构建过程如下。

对于物理实体模块，总功能是完成室内的卫生清洁工作。总功能的完成包括机器的开/关、机器的移动及吸尘等子功能。机器移动功能的实现包括输入电能、电机驱动、电量检测及障碍规避等子功能。吸尘功能的实现包括输入电能、电机驱动、灰度检测和清扫等子功能。通过分析，得到扫地机器人功能树如图 3.14 所示。

功能树构建后，便需要从功能实现方式出发，确定模块的元件组成。机器的开启需要遥控器和红外线感应器及电能的输入来共同完成。其中，遥控器和红外线感应器属于系统元件，输入的电能则属于超系统元件。对于机器移动功能而言，电机驱动功能元的完成则需要行走电机、驱动轮、万向轮的配合。障碍规避功能元需要障碍物检测系统和位置检测系统的配合实现。避障系统包括超声波传感器、红外感应器、接触和接近传感器等元件，检测室内障碍物；位置检测系统则包括编码器、线加速度计、陀螺仪等元件。其中，除室内空间为超系统元件外，其余均为系统元件。对于吸尘功能，电机驱动功能元的实现包括吸尘电机和边刷电

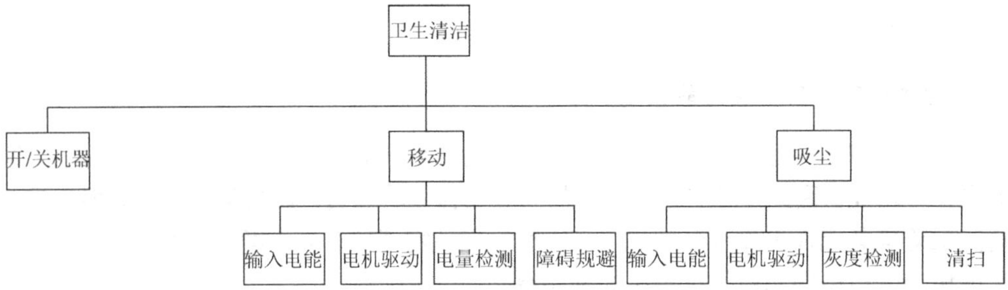

图 3.14　扫地机器人功能树

机等元件。清扫功能元的实现则包括灰尘、灰度传感器、滤尘器、集尘箱、边刷等元件。其中，灰尘为扫地机器人的作用对象，为制品，其余元件均为系统元件。

元件分析完成后，我们便可以对元件的功能进行分析。元件功能分析表如表 3.1 所示。

表 3.1　元件功能分析表

元件	功能描述	功能类型
电池	驱动真空电机	标准
	驱动行走电机	标准
	为编码器供电	标准
	为线加速度计供电	标准
	为陀螺仪供电	标准
	为外部传感器供电	标准
	为灰度传感器供电	标准
遥控器	发送信号	标准
红外感应器	接收遥控器信号	标准
行走电机	带动驱动轮	标准
驱动轮、万向轮	驱动机器人	标准
防撞护垫	降低机器人碰撞时的损害	标准
外部传感器	为软件系统提供障碍物信息	不足
编码器	为软件系统提供机器人当前位置	不足
线加速度计	为软件系统提供线加速度信息	不足
陀螺仪	为软件系统提供姿态角等信息	不足
灰度传感器	传送清洁度信息至软件系统	标准
滤尘器	过滤灰尘	标准
集尘箱	存放灰尘	标准
吸尘电机	驱动风机	标准
风机	产生瞬时真空，吸除灰尘	过剩

续表

元件	功能描述	功能类型
边刷	清扫机器周围灰尘	标准
边刷电机	驱动边刷	标准
电能	为电池供电	标准
室内空间	外部传感器检测室内空间	标准
灰尘	污染室内空间	有害
	检测室内清洁度	标准

元件相互作用分析完成后，便可以将功能模型图形化表示。物理实体功能模型如图 3.15 所示。

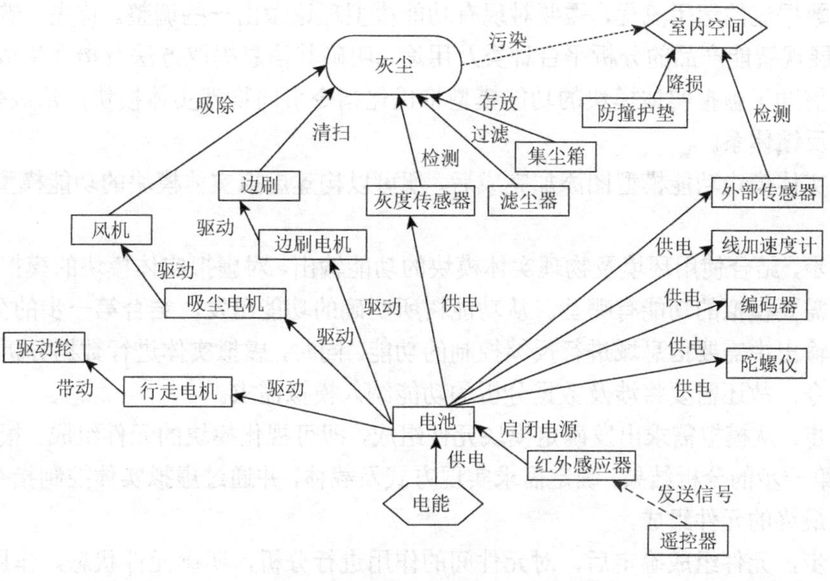

图 3.15 物理实体功能模型

2. 构建虚拟实体功能模型

虚拟实体模块是对物理实体的全要素实时模拟，是在信息空间对物理实体的全方位展示。基于数据收集和分析，虚拟实体模块不仅呈现了智能产品各功能执行状态及元件的实际运行状态，也形成了对物理实体的优化指令。因此，虚拟实体模块的功能模型不仅需要体现智能产品信息域中的元件关系，也要表现数据流的作用过程。

现有功能模型理论侧重于展现物理域，对信息域的表述效果欠佳。但智能产品的虚拟实体模块依附于信息空间，这不同于物理实体模块。因此，本节根据虚拟实体模块的特性，对功能模型理论进行了一些调整，如表 3.2 所示。

表 3.2　功能模型调整措施

特性	调整	图示
元件的虚拟性	添加新的图示	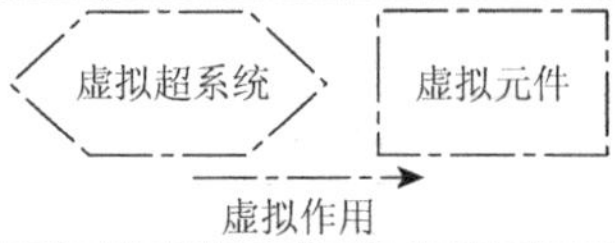
数据分析作用	添加分析平台图示	
元件的状态展示	选定参数表现元件状态	
数据流作用	添加数据作用箭头（不足/标准）	

基于数据分析和挖掘，虚拟实体模块形成了指向物理实体模块的反馈优化指令。因此，为了展现数据流的运用流程，需要对现有功能模型理论做出一些调整。首先，借助于产品功能树，展现智能产品的分析平台种类及用途，明确其信息提取方法及指令生成方式。同时，需要借助于虚拟实体模块的功能模型将优化指令引向物理实体模块，形成信息-物理域的闭环反馈体系。

虚拟实体模块功能模型图添加完成后，便可以构建虚拟实体模块的功能模型，具体步骤如下。

第一步，结合使用环境及物理实体模块的功能输出，对虚拟实体模块的模拟需求进行分析，即需要模拟的功能有哪些。从功能树所明确的功能出发，结合第一步的分析结果，确定功能输出中需要信息域进行反馈控制的功能。同时，虚拟实体进行数据分析与挖掘形成优化指令，故还需要将涉及数据分析的功能纳入模拟需求。

第二步，从模拟需求出发确定模块元件组成，即可视化模块的元件组成。根据模拟需求，结合第一步的分析结果，确定需求实现方式及载体，并通过虚拟实体控制指令的指向，明确模块最终的元件组成。

第三步，元件组成确定后，对元件间的作用进行分析，明确元件状态。作用分析时，首先，需要明确元件的具体作用，并基于作用确定某一参数以在信息域展示与监控元件的实际运行状态。同时，还需要从特定元件出发，明确元件间作用的形式，但需要注意，作用箭头需要采用新添加的数据流箭头形式。

第四步，对该模块的功能模型进行图形化表示，更加直观地展现虚拟实体模块。首先，利用新添加的作用图示按作用逻辑关系对模块元件进行重新表达，并利用作用箭头对元件进行连接。同时，对虚拟元件的作用形式进行简单说明并注明元件的状态参数信息。

第五步，检查元件是否有遗漏。通过分析功能模型是否满足模拟需求，即实际功能在信息域中是否得到重现来判断元件是否有遗漏。如果有遗漏，需要结合前述分析，对缺失模拟需求进行重新分析，确定元件组成，并修改功能模型图。

以扫地机器人为例，其虚拟实体模块功能模型构建过程如下。

第一步，根据使用环境对智能产品模拟需求进行分析：从扫地机器人的功能树可知，电量检测、障碍规避及灰度检测等功能元的实现需要借助于虚拟实体模块的数据分析和挖掘来实现。因此，将虚拟实体的分析载体细化为电量检测模块、路径规划模块、清扫模块及存储模块。

第二步，模拟需求明确后，分析虚拟实体模块的元件组成。虚拟实体模块需要完成数据的分析和挖掘，故把细化后的分析模块作为系统元件。此外，虚拟实体模块还向物理实体模块输出相应指令，由模拟要求可知，虚拟实体主要对避障及清扫功能进行控制，故该模块需要对室内空间、行走电机、吸尘电机、边刷电机及风机进行模拟。其中，室内空间为虚拟超系统，其余均为虚拟元件。

第三步，分析元件作用及状态。行走电机、吸尘电机驱动相应元件完成功能输出。吸尘电机驱动风机，通过风机产生吸力完成吸尘动作。在扫地机器人运行时，电机转速和风机吸力应维持在固定数值。因此，模拟状态便可以转速和吸力值为基准。各元件的状态分析结果如表 3.3 所示。

表 3.3　状态分析

元件	作用	状态
室内空间	信息源	
行走电机	驱动轮子	转速正常
吸尘电机	驱动风机	转速正常
边刷电机	驱动边刷	转速正常
风机	产生吸力	吸力正常

第四步，元件状态分析完成后，将功能模型图示化表示，如图 3.16 所示。

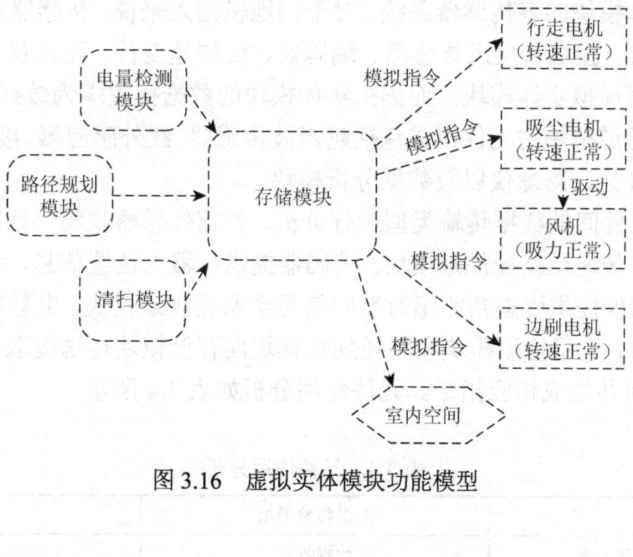

图 3.16　虚拟实体模块功能模型

3. 交互通道功能模型构建

交互通道模块的核心元素是数据，元件间相互作用的形式转变为数据的传送。但现有功能模型理论并未很好地展现数据流在产品中的作用，这使现有功能模型理论不太适用于交互通道模块。因此，需要对现有理论进行调整以适应交互通道模块特性。

智能产品不仅需要完成数据的融合、关联和存储，还需要生成、输出相应指令。所以，物理实体模块收集的数据及智能产品自身存储的数据具有不同的用途。因此，在交互通道模块的功能模型中，需要表明数据的来源。同时，功能模型中还要展现交互通道的数据传输对象及数据传送作用的方向性。对于交互通道功能模型的构建，具体步骤如下。

第一步，通过寻找交互通道的数据发送端与接收端来明确数据传输对象。传输对象的确定可以结合功能模型建立过程的分析结果，基于功能树，通过元件间的相互作用形式，确定具有数据流作用形式的元件。同时，对数据传输方向进行判定，明确数据发送端与接收端。不仅要考虑物理实体模块的数据收集端，还需要考虑智能产品自身的信息存储端以及处理端。

第二步，对元件间的数据传输类型进行分析，明确作用类型。通过元件间的作用形式，对数据传送的类型进行判断，即在功能模型中以数据传送来表达元件间的作用，明确数据作用。由于不同功能所需数据有所不同，故在功能模型中需要体现数据传送类别。同时，还需要依据数据传输作用能否满足数据分析需求，确定其传输类型为标准还是不足。

第三步，图示化功能模型，直观地展现交互通道模块。利用新添加的数据传输作用图示对模块元件间的数据流作用进行重新表达，并在功能模型中对相关数据的作用进行简短说明。数据流作用的引入在一定程度上弥补了现有功能模型对信息域展现能力较弱的缺点。

第四步，检查元件是否有遗漏。分析功能模型对具有数据流作用的元件是否实现全覆盖。如果有遗漏，对遗漏元件重新进行作用及类型分析，并修改功能模型图。

扫地机器人交互通道功能模型的构建步骤如下。

第一步，明确数据传输对象。结合功能模型建立过程的分析结果可知，交互通道的数据来源于物理实体模块的多传感器系统。对于扫地机器人来说，传感器系统包括超声波传感器、红外感应器、接触和接近传感器、编码器、线加速度计、陀螺仪。同时，交互通道的数据需要传送至虚拟实体模块，而虚拟实体模块的数据接收端为数据分析模块。因此，扫地机器人交互通道模块的元件组成包括超声波传感器、红外感应器、接触和接近传感器、编码器、线加速度计、陀螺仪以及数据分析模块。

第二步，对元件间的数据传输类型进行分析。外部传感器收集包括障碍物、灰度等在内的环境数据，并传递至路径规划模块。编码器提供机器人位置信息，线加速度计提供线加速度信息，陀螺仪提供姿态角等绝对航向信息至路径规划模块。电量检测模块对电量信息进行监控。同时，电量检测模块和路径规划模块向存储模块传送提取后的电量信息，供存储模块进行判断并生成相应指令。元件作用分析如表 3.4 所示。

表 3.4　元件作用分析

元件	数据传输类型	状态
外部传感器	数据收集	不足
编码器	提供机器人位置信息	标准
线加速度计	提供线加速度信息	标准
陀螺仪	提供姿态角等绝对航向信息	标准

第三步，元件的作用及类型分析完成后，将功能模型图形化表示，结果如图 3.17 所示。

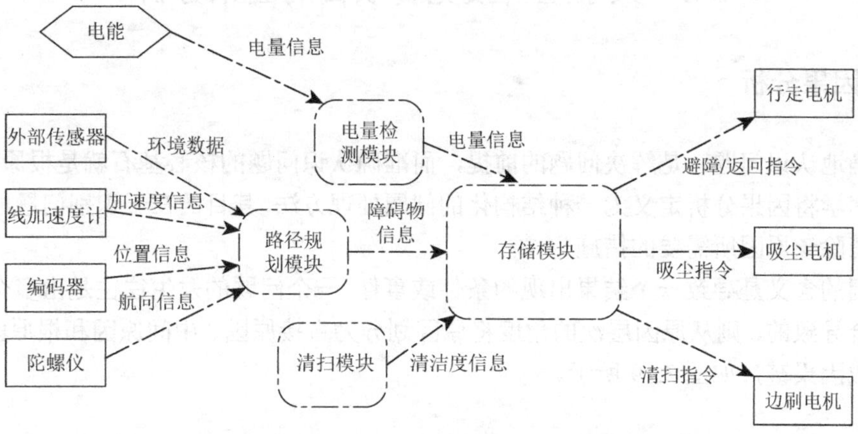

图 3.17　交互通道模块功能模型

最终，可以借助于交互通道将扫地机器人各模块功能模型结合起来，形成扫地机器人的总体功能模型，如图 3.18 所示。

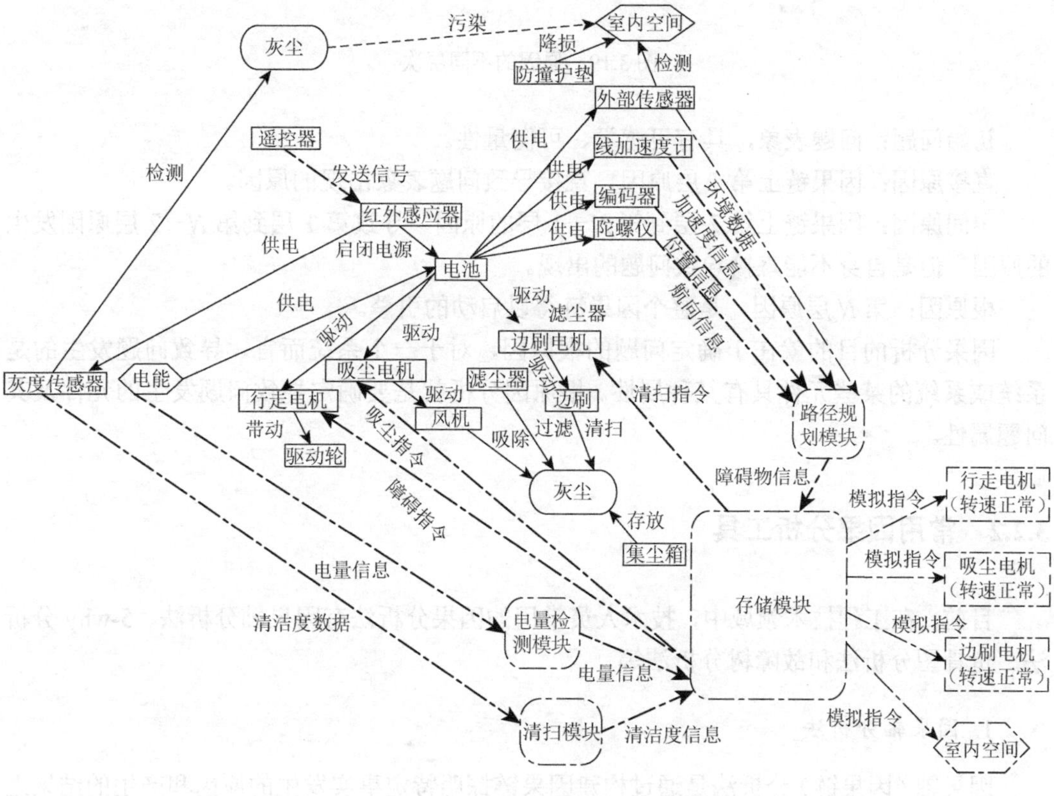

图 3.18　扫地机器人的总体功能模型

3.2 大学生科技竞赛项目的因果分析

3.2.1 因果分析

准确地认识问题，是解决问题的前提，而准确认识问题的核心基石就是根原因分析。质量管理学将因果分析定义为一种结构化的问题处理方法，其目的在于识别问题的真正原因以及消除该原因所需要的措施。

原因的含义是导致一个结果出现的条件或事件。一个问题的发生往往是由多个层次的原因综合导致的，则从原因层次的角度将原因划分为直接原因、中间原因和根原因，它们共同组成因果链，如图 3.19 所示。

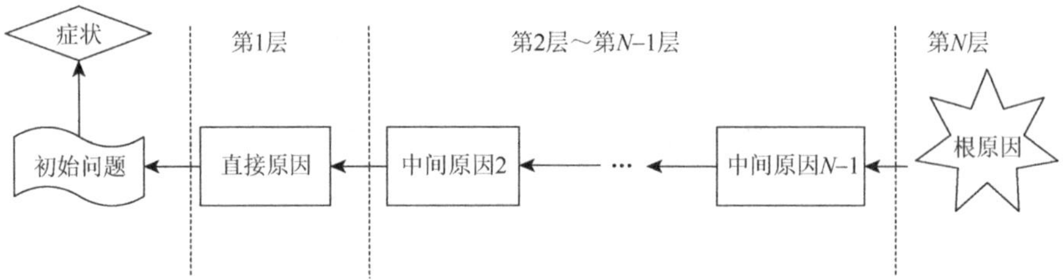

图 3.19 原因的不同层次

初始问题：问题表象，具有可感觉、可衡量性。

直接原因：因果链上第 1 层原因，直接导致问题表象出现的原因。

中间原因：因果链上第 2 层到第 $N-1$ 层的原因，导致第 1 层到第 $N-2$ 层原因发生的原因，但是自身不能直接导致问题的出现。

根原因：第 N 层原因，是整个因果链得以启动的引擎。

因果分析的目的就在于确定问题的根原因，对于一个系统而言，导致问题发生的是系统或系统的某些元件具有某种属性。根原因分析就是要确定导致问题发生的元件及其问题属性。

3.2.2 常用因果分析工具

目前，在工程技术领域中，技术人员常用的因果分析法有因果轴分析法、5-why 分析法、鱼骨图分析法和故障树分析法等。

1. 因果轴分析法

因果轴（因果链）分析法是通过构建因果链探明特定事实发生的原因和产生的结果之间关系的分析方法，以便找出问题发生的根本原因。

因果轴分析的目的：引起特定事实发生的根本原因与产生的结果之间存在一系列的因果逻辑关系，这样便可以构成一条或多条因果关系链，进而发现问题产生的根原因，寻找问题解决的切入点。

因果轴分析法的具体步骤如下。

1）原因轴分析

（1）从发现的问题出发，列出其直接原因。

（2）以这些原因为结果，进一步列出其直接原因，逐步深入分析，直至根原因。

（3）将每个原因与其结果用箭头连接，箭头从原因指向结果，从而构成原因链。

其中，根原因的判定条件是：①当不能继续找到下一层的原因时；②当达到自燃现象时；③当达到制度/法规/权利/成本等极限时。

2）结果轴分析

（1）从目前的现象出发，推测其继续发展可能会造成的各种直接问题。

（2）从每个问题出发，进一步列出其可能造成的直接问题，逐步深入分析。

（3）将每个现象与其后果用箭头连接，箭头从现象指向后果，从而构成结果链。

（4）原因链与结果链构成因果轴。

其中，结果轴分析完成节点的判定条件是：①当不能继续找到下一层的结果时；②当达到重大人员、经济、环境损失时；③当达到技术系统的可控极限时。

3）因果轴的规范化图示

（1）原因类型标准描述：缺乏、存在、有害、有用（不足、过度、不稳定和不可控）。

（2）原因格式标准描述：对象—参数—描述，即 O+P+V。

（3）原因图形标准描述：

V—（描述）
（P）—（参数）
O—（对象）

实例：装了防盗门的几家门被撬坏后失窃了。

失窃原因：防盗门—强度—不足（O+P+V）。

图形描述：

不足
强度
防盗门

4）选择要解决问题的切入点

（1）如果能从根原因上解决问题，优选根原因；

（2）如果根原因不可能改变或控制，那么沿原因链从根原因向问题逐个检查原因节点，找到第一个可以改变或控制的原因节点；

（3）如果消除不良影响的成本比消除原因节点低，那么选择结果节点；

（4）在上述操作后，如果有多个原因节点，那么可以选择其中易实现、周期较短、成本较低、技术成熟的节点。

2. 5-why 分析法

5-why 分析法是由丰田公司的大野耐一首创的，这个方法的基本思想是从特定事实入手，通过不断地询问“为什么”，穿过具体层面，逐渐深入挖掘不同抽象层面的原因，追根究底，进而寻找根原因的方法。这是一种迭代的根原因分析方法。提问次数不限于 5 次，可能低于也可能高于 5 次。此方法有两种常用工具，分别是链式图表（图 3.20）和研讨表（表 3.5）。

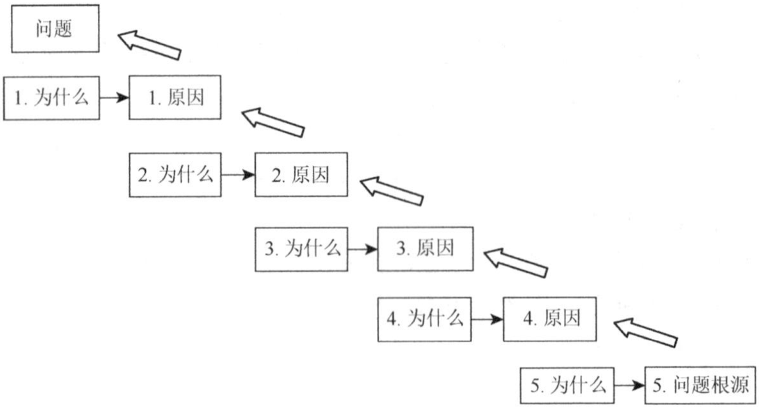

图 3.20　5-why 分析法链式图表

表 3.5　5-why 分析法研讨表

次数	为什么	原因	及时和最终解决方案
1			
2			
3			
4			
5			

应用 5-why 分析法的原则：提问时，所提问题要具体，用简洁、明确的词汇表达；另外尽量避免使用两个动词。

（1）叙述要客观，确认所描述的状态是事实，必要时用数据说明。

（2）避免涉及人的心理，找系统或超系统中的可控因素。

（3）确保问题与原因间有必然联系。

（4）问为什么的次数不限，分析要充分。

（5）要经得起反溯。

应用 5-why 分析法解决问题的基本步骤如下。

（1）把握现状：①提取问题；②澄清问题；③分析问题；④查找原因要点；⑤把握问题趋势。

（2）原因调查：①识别/确认直接原因；②问 5 个为什么以识别根原因；③问 5 个为什么以查找为什么问题没有被发现；④问 5 个为什么以查找为什么自身体系会允许问题发生。

（3）问题纠正：实施纠正措施；至少，实施临时措施。

（4）预防重现：①杜绝根原因；②吸取、接受教训。

3. 鱼骨图分析法

鱼骨图分析法是一种定性的分析方法，它是以头脑风暴法为支撑，从人、机、料、法、环、测六个方面（5M1E）寻找问题发生的根原因。

制作鱼骨图通常分为两个步骤：分析问题的原因/结构、绘制鱼骨图。

1）分析问题的原因/结构

（1）针对问题点，选择层别方法（如人、机、料、法、环等）。

（2）按头脑风暴法分别对各层别、类别找出所有可能的原因（因素）。

（3）将找出的各要素进行归类、整理，明确其从属关系。

（4）分析选取重要因素。

（5）检查各要素的描述方法，确保语法简明、意思明确。

分析要点：

（1）确定大要因（大骨）时，现场作业一般从“人、机、料、法、环”着手，管理类问题一般从“人、事、时、地、物”层别着手，应视具体情况而定。

（2）大要因必须用中性词描述，中、小要因必须使用价值判断（如……不良）。

（3）脑力激荡时，应尽可能多而全地找出所有可能的原因，而不仅限于完全掌控或正在执行的内容，对人的原因，宜从行动而非思想态度着手分析。

（4）中要因跟特性值、小要因跟中要因有直接的原因-问题关系，小要因应分析至可以直接下对策。

（5）如果某原因可同时归属于两种或两种以上因素，请以关联性最强者为准（必要时考虑三观主义，即现时到现场看现物，通过相对条件的比较，找出相关性最强的要因归类）。

（6）选取重要原因时，不要超过 7 项，且应标识最末端原因。

2）绘制鱼骨图

（1）填写鱼头（按为什么不好的方式描述），画出主骨；

（2）画出大骨，填写大原因；

（3）画出中骨、小骨，填写中、小原因；

（4）用特殊符号表示重要因素。

另外，鱼骨图的具体使用步骤如下：

（1）查找要解决的问题；

（2）把问题写在鱼骨的头上；

（3）召集同学共同讨论问题出现的可能原因，尽可能多地找出问题；

（4）把相同的问题分组，在鱼骨上标出；

（5）根据不同问题征求大家意见，总结出正确原因；

（6）拿出任何一个问题，研究会产生这样的问题的原因；

（7）针对问题答案再问为什么?这样至少深入 5 个层次（连续问 5 个问题）；

（8）当深入到第 5 个层次后，认为无法继续进行时，列出这些问题的原因，而后列出至少 20 种解决方法。

制作出的鱼骨图模板如图 3.21 所示。

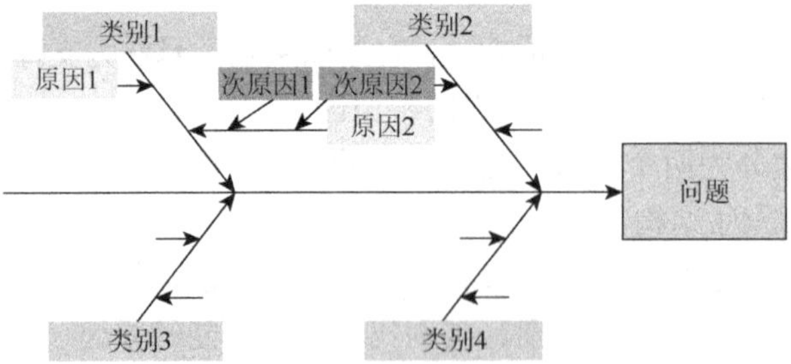

图 3.21　鱼骨图模板

4. 故障树分析法

故障树是一种特殊的倒立树状逻辑因果关系图，它用事件符号、逻辑门符号和转移符号描述系统中各种事件的因果关系。故障树分析（fault tree analysis，FTA）的特点是直观、明了、思路清晰、逻辑性强，可以做定性分析，也可以做定量分析。

事件符号和逻辑门符号如表 3.6 所示。

表 3.6　故障树分析中常用的事件符号和逻辑门符号

符号名称		定义
事件符号	底事件	底事件是故障树分析中仅导致其他事件的原因事件
	 基本事件	圆形符号是故障树中的基本事件，是分析中无须探明其发生原因的事件
	 未探明事件	菱形符号是故障树分析中的未探明事件，即原则上应进一步探明其原因但暂时不必或暂时不能探明其原因的事件。它又代表省略事件，一般表示可能发生但概率小的事件；或者对此系统到此为止不需要再进一步分析的故障事件，这些故障事件在定性分析或定量计算中一般可以忽略不计
	 结果事件	矩形符号是故障树分析中的结果事件，可以是顶事件，由其他事件或事件组合所导致的中间事件和矩形事件的下端与逻辑门连接，表示该事件是逻辑门的一个输入

续表

符号名称		定义
事件符号	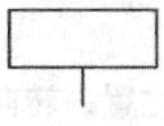 顶事件	顶事件是故障树分析中所关心的结果事件
	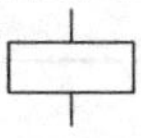 中间事件	中间事件是位于顶事件和底事件之间的结果事件
	特殊事件	特殊事件指在故障树分析中需要用特殊符号表明其特殊性或引起注意的事件
	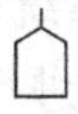 开关事件	房形符号是开关事件，是在正常工作条件下必然发生或必然不发生的事件，当房形中所给定条件满足时，房形所在门的其他输入保留，否则除去。根据故障要求，可以是正常事件，也可以是故障事件
	 条件事件	扁圆形符号是条件事件，是描述逻辑门起作用的具体限制的事件
逻辑符号	 与门	与门表示仅当所有输入事件发生时，输出事件才发生
	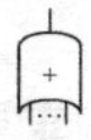 或门	或门表示至少一个输入事件发生时，输出事件就发生
	 非门	非门表示输出事件是输入事件的对立事件
	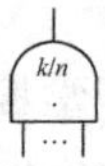 表决门	表决门表示仅当 n 个输入事件中有 k 个或 k 个以上事件发生时，输出事件才发生
	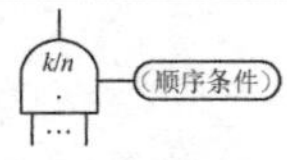 顺序与门	顺序与门表示仅当输入事件按规定顺序发生时，输出事件才发生
	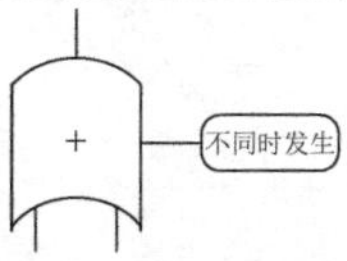 异或门	异或门表示仅当单个输入事件发生时，输出事件才发生
	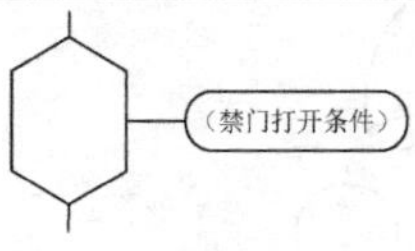 禁门	禁门表示仅当条件发生时输入事件的发生方导致输出事件的发生
	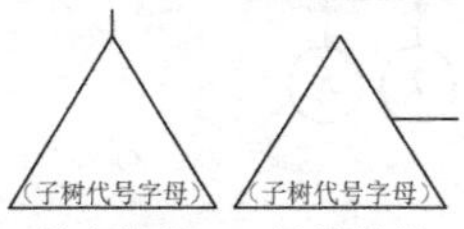 转向符号　转此符号	相同转移符号用以指明子树的位置，转向和转此字母代号相同

续表

符号名称		定义
逻辑符号	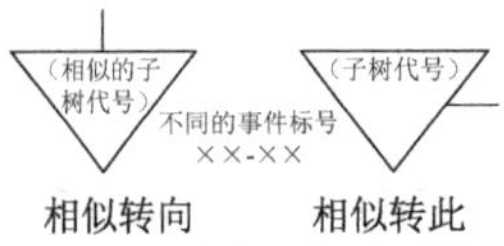	相似转移符号用以指明相似子树的位置，转向和转此字母代号相同，事件的标号不同

故障树分析法的基本程序如下。

（1）熟悉系统：要详细了解系统状态及各种参数，绘出工艺流程图或布置图。

（2）调查事故：收集事故案例，进行事故统计，设想给定系统可能发生的事故。

（3）确定顶事件：要分析的对象即顶事件。对所调查的事故进行全面分析，从中找出后果严重且较易发生的事故作为顶事件。

（4）确定目标值：根据经验教训和事故案例，经统计分析后，求解事故发生的概率，以此作为要控制的事故目标值。

（5）调查原因事件：调查与事故有关的所有原因事件和各种因素。

（6）画出故障树：从顶事件起，逐级找出直接原因的事件，直至所要分析的深度，按其逻辑关系，画出故障树。

（7）分析：按故障树结构进行简化，确定各基本事件的结构重要度。

（8）事故发生概率：确定所有事故发生概率，标在故障树上，进而求出顶事件的发生概率。

（9）比较：比较可维修系统和不可维修系统进行讨论，前者要进行对比，后者求出顶事件发生概率即可。

分析：原则上是上述九个步骤，在分析时可视具体问题灵活掌握，如果故障树规模很大，可借助计算机进行。目前我国故障树分析一般都考虑到步骤（7）的分析为止，也能取得较好的效果。

制作出的故障树模型如图 3.22 所示。

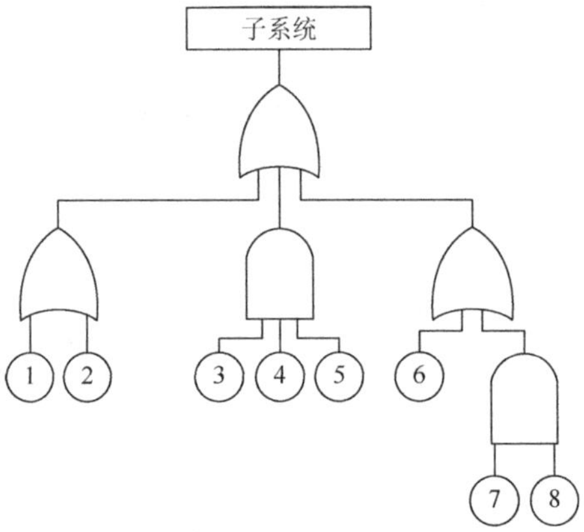

图 3.22　故障树模型

在功能模型分析中所发现的初始问题往往只是问题表象，针对该问题寻找解决方案，往往问题还会反复出现。因此需要通过因果链分析找到问题更深层次的原因，在根源上将问题解决。

3.3　基于设计过程复杂性的复杂系统功能分析过程

3.3.1　设计过程复杂性

当系统范围不完全在设计范围内时，设计无法完全满足功能需求。设计范围和系统范围之间的关系决定复杂性。系统功能需求函数与设计范围所围成的面积 A_{cr}，表示设计实现特定目标的可能，即信息含量。

$$I = \log_2 \frac{1}{A_{cr}} \tag{3.1}$$

由式（3.1）可以看出，当系统功能需求与设计范围所围面积越接近 1 时，信息含量 I 越接近 0，即系统几乎不存在设计过程复杂性。反之，当系统功能需求与设计范围所围面积越接近 0 时，信息含量 I 越接近正无穷，系统中存在较大的设计过程复杂性。

在设计过程复杂性理论中，系统的复杂性可以与时间相关，也可以与时间无关，主要在于系统范围是否随时间的变化而变化。因此复杂性分为两类，即时间相关复杂性与时间无关复杂性。复杂机电系统具有时变特性，系统范围随时间变化而变化，进而信息含量也随之变化。因此信息含量随时间变化的情况成为判定系统设计过程复杂性类别的依据。用信息含量 I 对时间求和表示系统全时间周期总信息含量：

$$I_{\text{total}} = \sum_{t=0}^{\infty} I(t) \tag{3.2}$$

其中，信息含量就是求得以 2 为底的当前时刻系统功能需求函数与共用范围所围成的面积 $A_{cr}(t)$ 倒数的对数，即

$$I(t) = \log_2 \frac{1}{A_{cr}(t)} \tag{3.3}$$

$\forall t$，当 $I = 0$ 时，$I_{\text{total}} = I(t) = 0$。系统不存在复杂性。

$\exists t_i$，当 $0 < I_i < 1$ 时，$I_{\text{total}} = I(t) = m$，其中 m 为有限值。系统存在时间相关周期复杂性。

$\exists t_i$，当 $0 < I_i < 1$ 时，$I_{\text{total}} = I(t) \to \infty$。系统存在复杂性。

复杂性是系统范围和设计范围之间的函数，可能随时间变化，也可能不随时间改变。所以在 DCC 理论中将复杂性按时间划分为时间相关复杂性和时间无关复杂性两大类[10]。

3.3.2 复杂系统的功能分解方法

功能分解是进行大学生科技竞赛的重要步骤，传统的系统功能分解是将总功能通过自顶向下的方法，将其分解为子功能，经过逐级分解，最终分解为功能的最小单元，即功能元。这样的功能分解方法对于简单系统是行之有效的。但是如何应用功能分解体现复杂机电系统的非线性、时变特性、耦合性和开放性等重要特征，成为复杂机电系统功能分解的关键。对复杂机电系统进行功能分解，不但要实现功能由抽象到具体的过程，即从总功能分解到功能元，而且应该将系统与超系统之间的相互影响、系统中的功能耦合关系、系统功能的时变特性和非线性等复杂机电系统的特征表达清晰[11]。

在新产品开发过程中，部分属于全新的设计，大多都是对已有部件进行组合重用，或是对已有零部件进行修改。因此，可以从功能层面认为新产品设计是在已有产品基础上添加新功能，由此来满足用户对产品的需求。本书将每个功能表示为一条包含执行对象、作用、被作用对象的信息，称为功能信息 f。其中 A（A_{ct}）表示作用，T（target）表示被作用对象，作用 R 的执行对象用 EO（execution object）表示。已有产品所包含的功能集合 $\{f_B\}$ 表示为

$$\{f_B\}=\{f_{B1},f_{B2},\cdots,f_{Bm}\} \tag{3.4}$$

其中，

$$f_{Bi}=\{EO_{Bi},A_{Bi},T_{Bi}\} \tag{3.5}$$

式中，$i=1,2,\cdots,m$。

新产品所增加的新功能由集合 $\{f_N\}$ 表示

$$\{f_N\}=\{f_{N1},f_{N2},\cdots,f_{Nm'}\} \tag{3.6}$$

其中，

$$f_{Nj}=\{EO_{Nj},A_{Nj},T_{Nj}\} \tag{3.7}$$

式中，$j=1,2,\cdots,m'$。

那么，新产品所包含的功能集合为

$$\{f_T\}=\{\{f_B\}+\{f_N\}\} \tag{3.8}$$

常规功能分解，是将系统本身或功能进行线性分解，符合还原论的特点，那么新产品功能 $\{f_T\}$ 将会被分解为已有产品包含的功能 $\{f_B\}$ 和新产品增加的新功能 $\{f_N\}$。但实际上新产品功能并不是简单的 $\{f_B\}$ 与 $\{f_N\}$ 两个集合的线性相加，新旧功能之间以及新功能之间相互影响，在功能分解时需要被表达出来：

$$\begin{aligned}\{f_{\mathrm{T}}\}&=\{\{f_{\mathrm{B}}\}+\{f_{\mathrm{N}}\}\}\\&=\left\{\sum_{i=1}^{n}f_{\mathrm{B}i}+\sum_{j=1}^{m}f_{\mathrm{N}j}+\sum_{i=1}^{n}\sum_{j=1}^{m}\rho_{ij}\cdot f_{\mathrm{B}i}\cdot f_{\mathrm{N}j}+\sum_{t=1}^{m}\sum_{l\neq t}^{m}\rho'_{tl}\cdot f_{\mathrm{N}t}\cdot f_{\mathrm{N}l}\right\}\\&\neq\{f_{\mathrm{N}}\}+\{f_{\mathrm{B}}\}\end{aligned}\tag{3.9}$$

式中，ρ 为新旧功能之间的耦合系数；$\rho_{ij}\cdot f_{\mathrm{B}i}\cdot f_{\mathrm{N}j}$ 为新旧功能之间的功能耦合；ρ' 为新功能之间的耦合系数；$\rho'_{tl}\cdot f_{\mathrm{N}t}\cdot f_{\mathrm{N}l}$ 为新功能之间的功能耦合。

常规功能分解，是将系统本身或功能进行线性分解，认为 $\rho=0$，$\rho'=0$，即忽略了新旧功能之间的耦合与新功能之间的耦合，这样的分解方式可能最终无法实现复杂机电系统的功能需求。因此，对新的复杂机电系统进行功能分解，要实现功能由抽象到具体的过程，即从总功能分解到功能元，考虑新增功能与旧功能之间的耦合关系以及新增功能之间的耦合关系也是必不可少的。复杂机电系统功能分解不能与简单线性系统功能分解的标准一致。

设计过程复杂性可以表征系统功能之间的耦合程度，可以利用功能元是否存在设计过程复杂性判断它是否与其他功能元存在耦合。例如，当判断第 k 个新增功能元 $f_{\mathrm{N}k}$ 的复杂性不为零时，代表新增功能元 $f_{\mathrm{N}k}$ 不能按照设计者的预期实现功能，也就证明新增功能元 $f_{\mathrm{N}k}$ 与其他功能元可能存在一定程度的耦合，即与新增功能元 $f_{\mathrm{N}k}$ 相关的耦合系数 ρ_{k*} 与 ρ'_{k*} 不全为零，即

$$\sum_{i=1}^{n}\rho_{ki}+\sum_{j=1}^{m}\rho'_{kj}\neq 0\tag{3.10}$$

因此，可以利用功能元是否存在设计过程复杂性作为功能分解是否合理的依据，对存在复杂性的功能元进行改进，增大其功能需求实现概率，减小功能元之间的耦合系数，最终得到复杂机电系统的功能分解结果。

DCC 理论中定义的重复功能集就是一组实现概率较高并且能够循环执行的功能集，它是复杂机电系统能够平稳运行并实现系统功能需求的保障。而组合集中具有随时间变化的特性，这是系统出现时间相关复杂性的根原因，也体现了复杂机电系统的时变特性。基于此，我们在进行功能分解时，将功能元进行分类。对于不存在设计过程复杂性的功能元，可以实现设计者的预期需求，直接归为重复功能集，对于设计过程复杂性不为零的功能元，其中存在时间相关复杂性的，可直接归为组合集，而后建立可以提高其功能实现概率的组合辅助功能集；而功能元所含复杂性与时间是无关的，需要经过 TRIZ 变换后归入重复功能集。TRIZ 变换的作用就是利用 TRIZ 工具提高功能的实现概率。判断组合辅助功能集中的功能元以及 TRIZ 变换后的功能元是否依然存在设计过程复杂性，若还存在，则需要重复上述步骤。直到功能分解的结果中功能元不存在设计过程复杂性，即功能之间不存在耦合。复杂机电系统功能分解过程如图 3.23 所示。

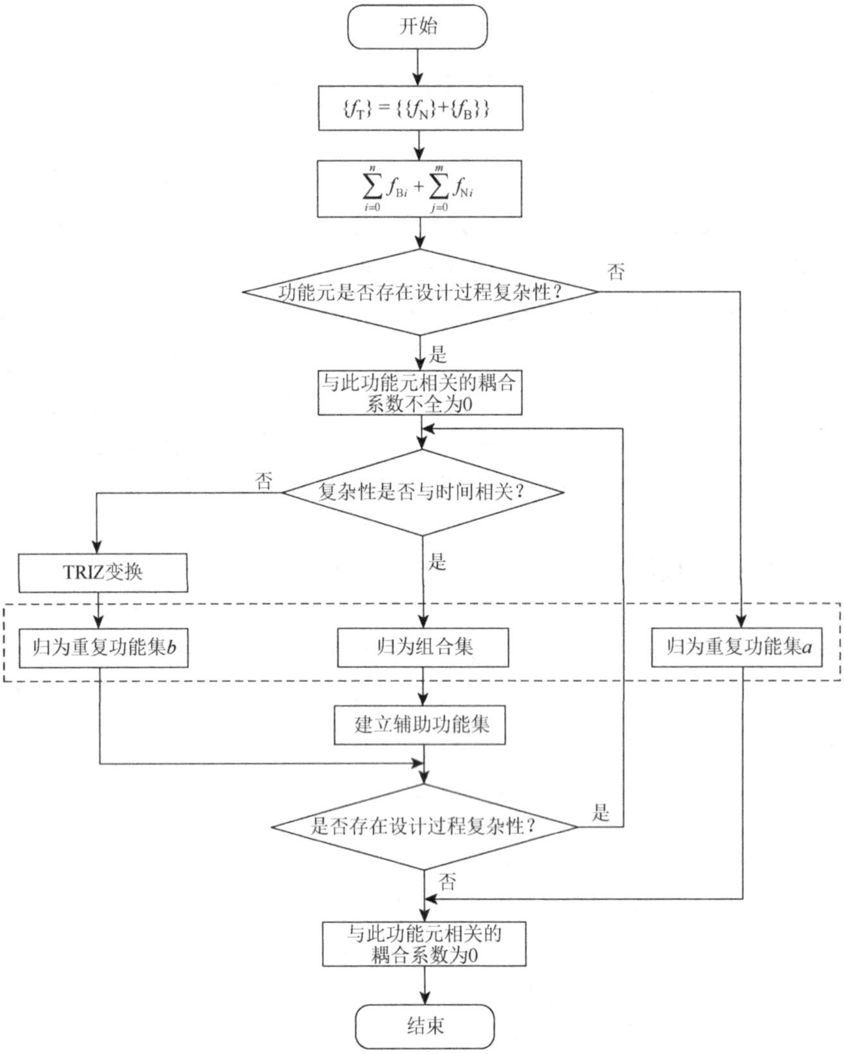

图 3.23　复杂机电系统功能分解过程

3.3.3　复杂系统的系统结构耦合判定

根据 3.3.2 节得到复杂系统的功能分解结果后，建立复杂系统的功能结构，再利用 2.1.3 节所提出的功能结构转换至功能模型的方法，建立复杂系统的功能模型，即复杂系统中包含的子系统及它们之间的作用关系。但是通过这种方式得到的子系统及它们之间的关系是否合理还需要通过其他方法判定，子系统之间如果存在耦合，那么整个复杂系统就可能存在隐患，使得产品不能符合设计者的要求。

对于这种新设计的产品，可以认为是在已有产品基础上添加了新的子系统，形成全新系统。已有产品所包含的子系统由集合 $\{S_B\}$ 表示为

$$\{S_B\} = \{S_{B1}, S_{B2}, \cdots, S_{Bx}\} \tag{3.11}$$

新子系统由集合 $\{S_N\}$ 表示为

$$\{S_{\mathrm{N}}\}=\{S_{\mathrm{N1}},S_{\mathrm{N2}},\cdots,S_{\mathrm{N}y}\} \tag{3.12}$$

那么全新系统可以由集合 $\{S_{\mathrm{T}}\}$ 表示为

$$\{S_{\mathrm{T}}\}=\{\{S_{\mathrm{B}}\}+\{S_{\mathrm{N}}\}\} \tag{3.13}$$

对于复杂机电系统而言，各子系统之间可能存在耦合，进行功能模型构建时需要考虑子系统之间的耦合关系。也就是说简单的系统线性相加无法表达出新系统与原系统之间，以及新系统之间的耦合情况。可以由式（3.14）表达。

$$\begin{aligned}\{S_{\mathrm{T}}\}&=\{\{S_{\mathrm{B}}\}+\{S_{\mathrm{N}}\}\}\\&=\left\{\sum_{i=1}^{x}S_{\mathrm{B}i}+\sum_{j=1}^{y}S_{\mathrm{N}j}+\sum_{i=1}^{x}\sum_{j=1}^{y}\omega_{ij}\cdot S_{\mathrm{B}i}\cdot S_{\mathrm{N}j}+\sum_{t=1}^{y}\sum_{l\neq t}^{y}\omega'_{tl}\cdot S_{\mathrm{N}t}\cdot S_{\mathrm{N}l}\right\}\\&\neq\{S_{\mathrm{B}}\}+\{S_{\mathrm{N}}\}\end{aligned} \tag{3.14}$$

式中，ω 为新系统与原系统之间的耦合系数；$\omega_{ij}\cdot S_{\mathrm{B}i}\cdot S_{\mathrm{N}j}$ 为新系统与原系统之间的结构耦合；ω' 为新系统之间的结构耦合系数；$\omega'_{tl}\cdot S_{\mathrm{N}t}\cdot S_{\mathrm{N}l}$ 为新系统之间的结构耦合。设计过程复杂性表征系统功能的实现概率，当系统元件之间存在耦合时，会减小元件的功能实现概率。因此结构之间的耦合同样可以利用设计过程复杂性进行判定。例如，当判断新系统 $S_{\mathrm{N}K}$ 与某个或多个子系统之间的作用存在设计过程复杂性时，代表新系统 $S_{\mathrm{N}K}$ 与其他子系统可能存在一定程度的耦合，那么新系统 $S_{\mathrm{N}K}$ 与相应子系统之间的耦合系数 ω_{K*} 与 ω'_{K*} 不全为零，即

$$\sum_{i=1}^{x}\omega_{Ki}+\sum_{j=1}^{y}\omega'_{Kj}\neq 0 \tag{3.15}$$

将子系统之间的作用是否存在设计过程复杂性作为系统分解是否合理的依据，若存在复杂性的作用，则需要改进子系统，减小子系统之间的耦合系数，最终得到复杂机电系统分解结果。

根据设计过程复杂性描述模型[11]，构建一个系统复杂性随时间变化的函数：

$$C(t)=\frac{1}{t}I_{\mathrm{total}}=\frac{1}{t}\sum_{t}^{\infty}I(t) \tag{3.16}$$

（1）首先判断子系统间的作用是否存在时刻 t_1 使得 $I_{t_1}=0$，若系统始终存在 $I_{t_1}=0$，并且 $C(t)\to 0$，则属于时间无关虚构复杂性，实际并不存在复杂性，这是由设计者不恰当的决策造成的。因此需要设计者重新寻找此作用的执行对象或承受对象，保证系统不再存在时间无关虚构复杂性。

（2）若系统始终存在并且 $C(t)\to\infty$，则属于时间相关组合复杂性，系统初期并无复杂性，能够满足设计功能要求，但随着时间的变化，系统复杂性发生变化，由于累积增大，可能对系统造成危害或产生不足作用。

（3）若随着时间变化，系统复杂性先增大后减小，最终复杂性为 0，则属于时间相关周期复杂性，可能在系统复杂性最大时刻，系统存在不足或危害作用。

（4）若不存在时刻 t_1 使得 $I_{t_1}=0$，则系统存在的复杂性为时间无关真实复杂性，系统可能存在功能缺失，或者系统中存在危害或不足作用。

不存在复杂性的则为标准作用，对于检测和测量类问题采用第 4 类标准解；对于不足作

用，构建对应的物质-场模型，根据 76 个标准解决流程找出相应的解决方案，增大作用实现概率，减小系统复杂性，那么子系统之间耦合系数就会减小，系统功能模型更加合理。子系统复杂性判定过程如图 3.24 所示。

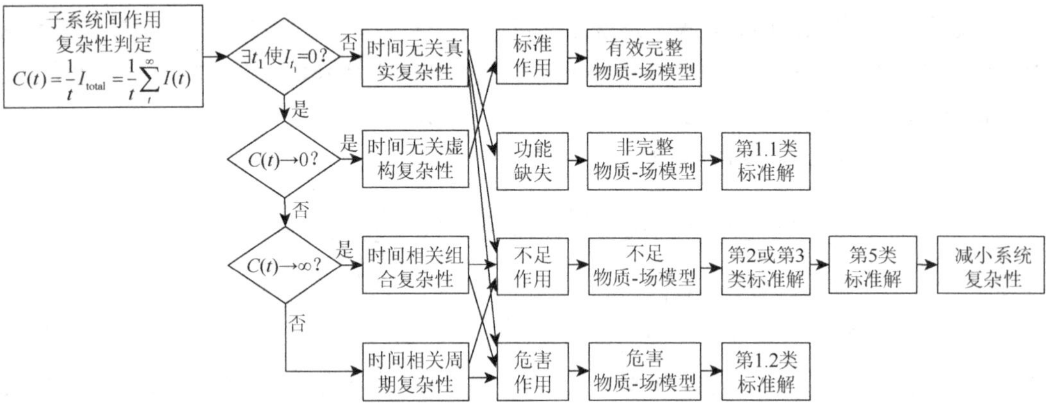

图 3.24　子系统复杂性判定过程

综上所述，基于设计过程复杂性的复杂系统功能分析过程主要包括以下几个步骤。

（1）确定新产品的总功能，利用 DCC 理论进行功能分解，建立功能结构，得到功能元，利用相似产品找到功能元对应的原理解，得到 $f_s=\sum_{i=0}^{n}f_i$。

（2）结合资源分析，找出缺失的制品与超系统，以及它们与系统元件之间的作用关系，用 $f_s'=\sum_{i=0}^{n'}f_i'$ 表示。

（3）整合 f_s 与 f_s'。

（4）利用图形化的表达方式进行构建，最终完成新产品功能模型的建立。

（5）基于 DCC 理论判断各子系统之间的耦合关系，利用物质-场模型减小耦合。

3.4　面向计算机辅助创新软件的功能分析与设计过程复杂性集成新产品设计过程模型

3.4.1　计算机辅助创新技术

计算机辅助创新技术是以发明问题解决理论 TRIZ 和本体论为核心理论，由网络技术、知识库技术、现代设计方法学、语义处理技术、搜索引擎技术以及图形交互等先进技术所组成，是一种先进的创新技术软件[12]。而且由于计算机技术和各种创新理论的不断发展，计算机辅助教学（computer assisted instruction，CAI）已经广泛用于企业新产品的研发、制造系统和流程优化的设计过程，并成为企业产品创新设计中一项必要的技术工具。

近些年，非常多的企业、学者都支持利用 CAI 技术工具帮助设计者更好地解决产品设计中深层次的冲突。许多国内外机构研发出了许多 CAI 软件，这些软件大都是以 TRIZ 理论为基础，结合相关的创新设计理论知识，形成不同的问题分析模块，完成整个创新设计过程。常见的 CAI 软件主要有 Pro/Innovator、Goldfire Innovator、Invention Tool、Innovation Workbench（IWB）、CREAX Innovation Suite。关于 CAI 技术工具，国内外许多研究学者都进行了研究。

Leon[13]总结了一些 CAI 技术工具的现状前景，将市场分析及求解问题的方法和产品优化设计与 CAI 技术工具集成，形成一种新的创新模式。文章还预测了未来的 CAI 技术工具会增加许多新的信息和理论知识，如进化算法、混沌理论等。

Zanni-Merk 等[14]提出了与知识获取相关的概念体系本体论，并以此开发了基于本体论的知识获取和问题求解方法的软件体系，认定基于知识获取和资本化对创新进化的重要意义。后期开发要求我们与工业实践紧密相连，开发更系统化的创新软件。

Hüsig 和 Kohn[15]介绍了以新产品开发的视角评判 CAI 技术的发展水平，凭借创新设计和信息技术的支持，提出在新产品开发过程中 CAI 技术的应用、分类、潜在作用以及发展趋势，还阐述了 CAI 技术可以结合其他领域的技术，为新产品开发提供更全面的信息，为未来 CAI 技术的发展指明了方向。

Cugini 等[16]提出将 CAI 优化和 PLM 系统集成通过优化系统互补来改进产品的开发周期，并在 PROSIT 项目中使用了此方法，通过塑料车轮设计实例进行了验证。

张建辉等[17]针对 CAI 技术提出的概念设计方案不能顺利地输出给计算机辅助设计（computer aided design，CAD）系统的问题，形成从构思创新方案产生—形成知识—驱动结构设计的有机创新过程，初步实现了概念设计与详细设计的集成。

赵宏和黄洪钟[18]考虑到机械产品创新过程中环境、市场等因素的变化对产品概念的重大影响，建立了四条创新链，建立数学模型，为创建完整的计算机辅助概念设计推理系统提供了必要的支持。

现阶段 CAI 软件如 IWB，是利用 TRIZ 理论与全球最完整的专利资料库集成，将 TRIZ 理论的力量发挥至极致。在工程方面进行创新应用，协助工程研发人员透过软体的模拟与引导解决专业技能的矛盾。可以发现，这类软件主要针对存在缺陷的产品进行改进创新，而对于新产品或引入新功能的产品设计，并不能直接运用 CAI 软件。这时设计人员往往先拟订一个初步方案，将可能存在问题的方案运用 CAI 软件进行分析，解决初步方案存在的问题，产生最终的方案。但这样的方法，初步方案的设计会受到设计者知识的限制约束并且设计周期较长，并且产生的最终方案可能并不是最合理的。但如果通过 3.3 节与 3.4 节的内容得到新产品的功能模型，就可以直接输入计算机辅助创新软件中，进行后续创新设计，这种方式比设计人员自行拟订初步方案的方法更合理。

3.4.2　面向计算机辅助创新的大学生科技竞赛设计流程

目前在大学生科技竞赛设计过程中，仍有许多学生是依靠直觉来进行设计的，并采用大量的试错法，这造成了不必要的设计迭代，使得设计过程非常耗时。但实际在新产品开发中，只有少数产品是全新的设计，大部分是重用已有的部件，或对过去的零部件进行修改[19]。很多产品的设计是通过借鉴相似产品实现产品创新的。不同产品之间可能具有多种表现形式，主要表现在哲理和方法、关系、机理或行为、性质、功能和组织结构等六个方面[19]。其中功能相似是一个进行研究、开发进而创新的重要领域，它表明，功能的实现形式并不唯一，不同产品的设计可以实现相似的功能，这对于产品设计和创新具有重要意义。组织结构相似是在工程设计中应用较为广泛的一个领域，在工程结构问题中较为常见。由此可见，对于相似性的研究有深远的意义。周美立教授建立了相似学（iSimology），相似学系统地研究了相似现象的本质、原理以及在工程上的应用，其中相似系统设计是相似学在工程设计上的具体应用，是新产品设计的一种新的有效的方法。

产品和过程中的相似性有各种不同的形式，主要分为以下几类[20]，如表 3.7 所示。

表 3.7　产品相似案例

相似类型	描述	案例
几何相似性	零件的几何形状之间的相似性	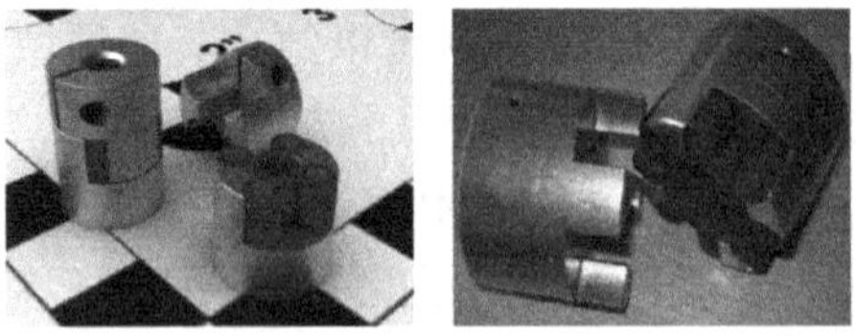 形状相似的联轴器
结构相似性	产品结构之间的相似性	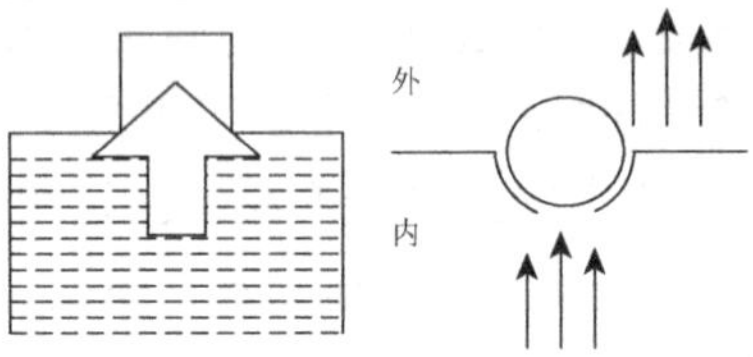 例如，汽车油箱和抽油烟机，两者在结构上都要求有一个阀来控制开关和防止泄漏，都是通过逆止阀的开关来控制加油和抽油烟，同时限制了汽油外漏和室外空气进入屋内
功能相似性	部件或产品功能之间的相似性	 例如，豆浆机和水泥搅拌机，主要的功能都是让物料和水充分混合搅拌
过程相似性	事务处理过程之间的相似性	 例如，打印机和过塑机工作过程都是从前向后将白纸或照片文件送入机器中，白纸在打印机中经过喷墨后从打印机出口出来，过塑机使胶膜和资料页等物品黏合牢固，并从过塑机后出料口出来

通过归纳方法，利用基于零件或产品的几何形状、结构、功能以及事件处理过程之间

的相似性，构建形成标准的零部件模块、产品结构模块和事件处理过程，以供日后使用。如果能快速找出新产品的相似产品，可以辅助设计人员进行新产品设计。功能相似产品的功能模型与结构相似产品的功能模型都可以为设计者提供思路，或者根据 3.3 节的内容直接建立新产品功能模型，直接输入计算机辅助创新软件中，进行后续创新设计。以下从功能相似和结构相似两方面入手，帮助设计人员根据设计需求寻找功能相似产品或结构相似产品，进而得到它们的功能模型。

在功能相似方面，设计人员可以首先明确新产品的功能需求，通过寻找与其相似的功能推理出相似功能产品，建立相似功能产品的功能结构，或是直接建立新产品的功能结构，进而映射出其相似产品功能模型，最后推理出新产品的功能模型。设计人员通过参考新产品的功能模型，得出最终设计方案，如图 3.25 所示。

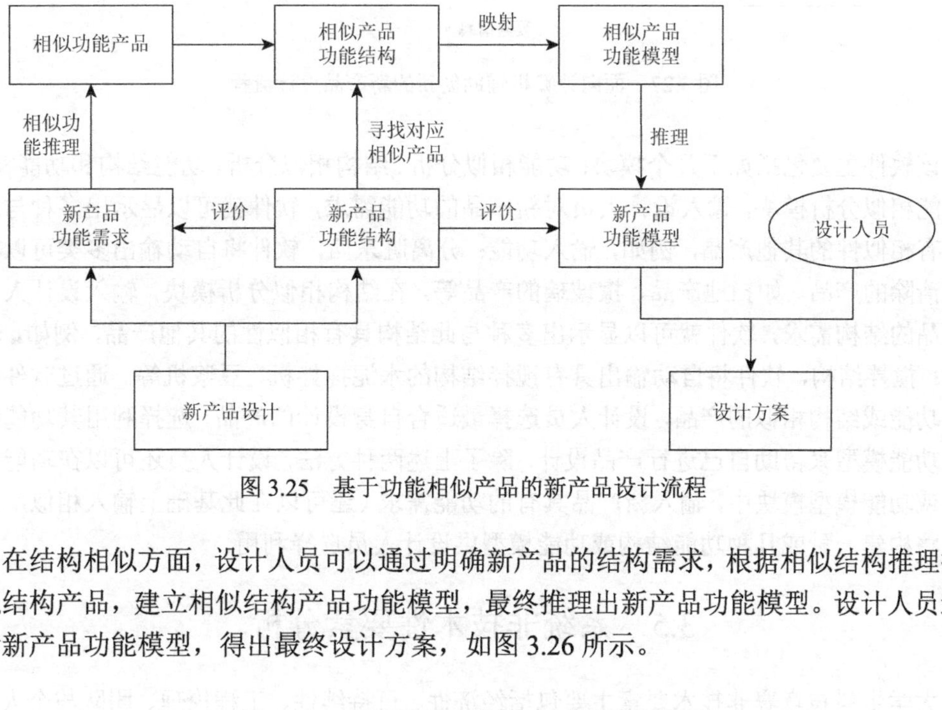

图 3.25　基于功能相似产品的新产品设计流程

在结构相似方面，设计人员可以通过明确新产品的结构需求，根据相似结构推理找到相似结构产品，建立相似结构产品功能模型，最终推理出新产品功能模型。设计人员通过参考新产品功能模型，得出最终设计方案，如图 3.26 所示。

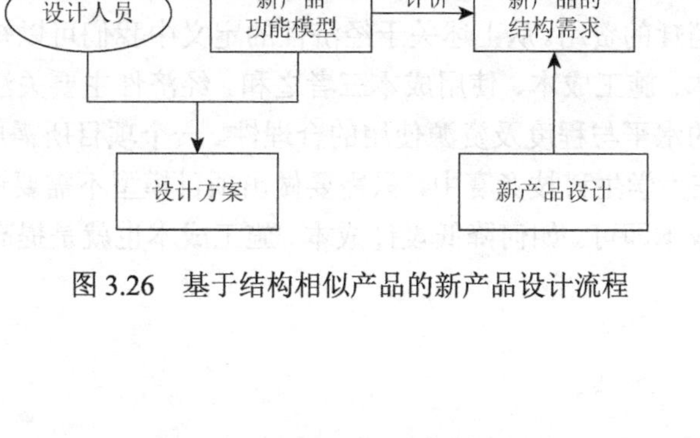

图 3.26　基于结构相似产品的新产品设计流程

建立大量相关产品数据库并将上述方法开发成软件，该软件作为 CAI 软件使用前的一个辅助软件，就可以辅助设计人员进行新产品设计，如图 3.27 所示。

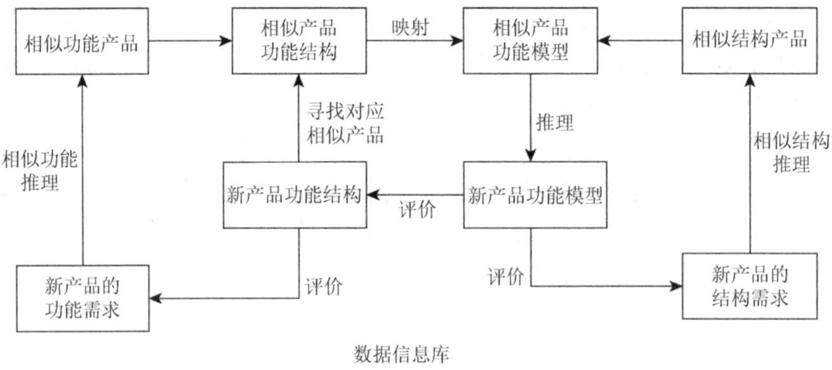

图 3.27　面向计算机辅助创新的新产品设计流程

该软件主要包括如下几个模块：功能相似分析、结构相似分析、功能结构和功能模型。在功能相似分析模块，输入设计人员对新产品的功能需求，软件就可以显示出多种与此功能具有相似性的其他产品，例如，输入功能：分离脏东西，软件将自动输出多类可以将脏东西清除的产品。如扫地产品、擦玻璃的产品等。在结构相似分析模块，输入设计人员对新产品的结构需求，软件就可以显示出多种与此结构具有相似性的其他产品，例如，输入结构：搅拌结构，软件将自动输出具有搅拌结构的水泥搅拌机、豆浆机等。通过软件列出这些功能或结构相似的产品，设计人员选择最适合自身设计的产品，选择利用其功能结构或者功能模型来帮助自己进行产品设计。除了上述两种方法，设计人员还可以在功能结构模块或功能模型模块中，输入新产品具有的功能需求（还可以在此基础上输入相似产品），软件将构建一种或几种功能结构或功能模型供设计人员选择利用。

3.5　系统非技术性要素分析

大学生科技竞赛非技术要素主要包括经济性、可持续性、工程伦理、团队与个人。本节将针对以上几方面进行详细的阐述。

1. 经济性

经济性是指工程或者项目从开始规划、勘察、设计、施工到之后整个产品使用寿命周期内所需的成本和消耗的费用。从上述关于经济性的定义中我们可以知道它在一个项目中具体表现为设计成本、施工成本、使用成本三者之和。经济性主要关注的是资源投入和使用过程中成本节约的水平与程度及资源使用的合理性。一个项目所需成本越少，那么它的经济性也就越高。在大学生科技竞赛中，只需要做出项目模型不需要进行生产，所以只考虑设计成本和施工成本即可。如何降低设计成本、施工成本也就是提高一个项目经济性的关键所在。

1）控制设计成本

产品设计成本的控制是成本控制的首要环节，是成本控制的重中之重。设计阶段的成本控制就是运用价值工程分析等技术对产品的功能需求、设计和定型、设备和材料的选用等进行技术经济分析和成本功能分析，选出最佳方案，其重点是首先做好项目产品的调查研究，通过查阅资料，明确完成此项目所需的大概成本，并根据成本制定出合理的目标成本，这样做可以避免盲目的设计消费，以最少的人力、物力和财力达到所需的最佳方案设计要求。

设计方案完成后要进行成本论证，将可以实现本设计方案所需的各种材料进行比较，从中选择性价比最高的一种材料定为目标选材。在项目处于设计阶段时仍应该注意新的等质的替代材料的出现和及时应用，保持其前瞻性、持续性、动态性。之后将设计方案进行改进，尽量将成本控制在目标成本之下。

2）控制施工成本

施工成本控制就是在项目实施过程中控制对资源的投入，对施工过程及结果进行监督和控制、衡量和检查，并采取措施确保工程施工项目成本目标的实现。工程施工成本控制的对象是工程项目，其控制主体则是人，其手段主要是通过合理使用人力、物力、财力，降低工程施工成本，提高效率。控制好施工成本应该做好以下几点。

（1）在购买材料及所需工具时，要考虑性价比，能省则省。

（2）保证质量，减少返工损失。

（3）提高组内成员的责任感，互相督促，控制成本。

一个项目的计划和实施过程中，遵循以上原则，其经济性会得到提高。

2. 可持续性

可持续性是指一种可以长久维持的过程或状态。我们经常可以听到经济可持续性发展、环境可持续性发展等名词。任何事物的发展过程都是一个持续的过程，大学生科技竞赛也具有可持续性。具体体现在以下两方面。

（1）可持续性发展是指既满足当代人的需求，又不损害后代人满足其需求的能力的发展。使经济、社会、资源和环境协调发展，它们是一个密不可分的系统，既要达到设计的项目应有的功能，又要保护好人类赖以生存的大气、淡水、海洋、土地和森林等自然资源与环境。所以在进行科技竞赛的过程中，要把握好这一点。

（2）使所选的项目具有一条长的生命线，使项目本身具有可持续性。好的项目不会一蹴而就，而是通过一批又一批的竞赛人员集思广益，在之前项目的基础上进行创新和改革，才会使这个项目越来越成熟，内容越来越丰富。

为了使一个项目有可持续性，项目的选题是关键。项目的选题应该遵循以下三点：

（1）紧扣比赛主题，与主题相互呼应。

（2）关注时事热点，提倡节能环保。

（3）尽量不要涉及有学术争议的领域。

可持续性在科技竞赛中是非技术要素的重要组成部分，想要取得竞赛的成功，还应重点关注它。

3. 工程伦理

工程伦理指在工程中获得辩护的道德价值。简单来说，工程伦理就是在工程领域的研究和开发中不要违背社会伦理道德。下面举一个违背工程伦理的例子，让同学们理解工程伦理的含义。

工程伦理学的诞生也是出自对引起社会高度关注的著名案例的研究。在 20 世纪 70 年代，有两起引起全世界关注的案件：一是斑马车油箱事件，二是 DC-10 飞机坠毁事件。这两起事件造成了巨大的人员伤亡。而其原因在于从事研发活动的科学家和工程师将利润与效率放在了首位，而忽略了对公众的安全、幸福及福祉的关注。

可见工程伦理对于比赛项目能否顺利进行起到了决定性作用。如果竞赛项目违背了工程伦理，就失去了科技竞赛原有的意义。

那么在工程和伦理之间应该如何权衡呢？方法主要有决疑法（casuistry）、划界法（line-drawing）和创造性的中间方式解决方法（类似于“中庸之道”）。方法的多元化是可取的。哲学方法和自然科学方法均可运用于工程伦理学的研究中，不存在方法的统一性。另外，工程伦理学方法应该是一个方法论集合，其中，至少有五种研究的方式（或方法）：哲学的、决疑的、技术的、社会的和职业的。

4. 团队与个人

在大学生科技竞赛中，每个项目都需要一个团队来完成。每位成员又是组成这个团队的一部分。处理好团队与个人之间的关系，对竞赛项目的完成起着事半功倍的作用。

（1）对于团队来讲，一个好的团队应该有五大组成元素：人员、目标、定位、权限、计划。

①人员：是构成一个团队最基础的要素，也是形成团队力量的基本要素。

②目标：是为团队成员指引行动的方向，让团队成员明确存在的价值。

③定位：是指在比赛项目中应该明确团队处于什么位置、团队接受谁的领导、接受谁下达的命令。

④权限：是指项目的活动范围以及项目的组织规模。

⑤计划：总体目标通常是一个个阶段性的计划积累的结果，阶段性的计划是总体目标的里程碑。

（2）对于个人来说，在一个项目组中，每个成员都应该具备以下三个特性：自主性、思考性、协作性。

①自主性：团队成员应该有自主、自发去做事的习惯，把每一件事都当成自己的事，并且需要有一定的自我约束能力、自我认知能力。

②思考性：对于团队中面临的问题，每个成员都应该开动脑筋去思考问题。集体的智慧是无穷的。所以，参与竞赛的成员一定要具有思考性。这样的团队才更有竞争力。

③协作性：团队行动的速度有多快，并不是取决于团队中走得最快的那个人，而是走得最慢的那个人。同样，团队的效率有多高，并不是取决于团队中干得最好的那个人，而是干得最差的那个人。每个人的能力都不相同，每个人擅长的领域也不一样。所以互相帮

助，取长补短才可以将团队的价值最好地体现出来。把握好上述团队与个人的五大组成元素和三个特性，将每个成员的长处发挥出来，分工合作，是竞赛的成功之道。

参考文献

[1] 李庆臻. 科学技术方法大辞典[M]. 北京：科学出版社，1999.

[2] 檀润华. TRIZ 及应用：技术创新过程与方法[M]. 北京：高等教育出版社，2010.

[3] Pahl G，Beitz W. Engineering Design：A Systematic Approach[M]. 2nd ed. Berlin：Springer-Verlag，1996.

[4] Pahl G，Beitz W. Konstruktionslehre[M]. Berlin：Springer-Verlag，1977.

[5] 武春龙，纪杨建，祁国宁，等. 以 Affordance 和功能为共同基础的功能结构图方法拓展[J]. 计算机集成制造系统，2015，21（4）：924-933.

[6] 孙永伟，谢尔盖·伊克万科. TRIZ：打开创新之门的金钥匙 I [M]. 北京：科学出版社，2015.

[7] 陶飞，戚庆林. 面向服务的智能制造[J]. 机械工程学报，2018，54（16）：11-23.

[8] 张金勇. 智能制造支撑引领安全发展[N]. 中国航天报，2019-04-10（003）.

[9] 吕文晶，陈劲，刘进. 智能制造与全球价值链升级—海尔 COSMOPlat 案例研究[J]. 科研管理，2019，40（4）：145-156.

[10] 张鹏，檀润华. 组和复杂性消除过程模型[J]. 农业机械学报，2010，3（38）：182-188.

[11] 张鹏，董娅凡，张换高，等. 设计过程复杂性理论与 TRIZ 理论集成复杂机电系统功能分解过程模型[J].机械工程学报，2016，52（23）：17-24.

[12] 成思源，周金平，郭钟宁. 技术创新方法——TRIZ 理论与应用[M]. 北京：清华大学出版社，2014.

[13] Leon N. The future of computer-aided innovation[J]. Computers in Industry，2009，60（8）：539-550.

[14] Zanni-Merk C，Cavallucci D，Rousselot F. An ontological basis for computer aided innovation[J]. Computers in Industry，2009，60（8）：563-574.

[15] Hüsig S, Kohn S. Computer aided innovation-state of the art from a new product development perspective[J].Computer in Industry，2009，60（8）：551-562.

[16] Cugini U，Cascini G，Muzzupappa M，et al. Integrated computer-aided innovation：The PROSIT approach[J]. Computers in Industry，2009，60（8）：629-641.

[17] 张建辉，檀润华，张争艳，等. 计算机辅助创新术驱动的产品概念设计与详细设计集成研究[J]. 机械工程学报，2016，52（5）：47.

[18] 赵宏，黄洪钟. 支持计算机辅助概念设计的机械产品创新过程动态建模[J]. 机械工程学报，2006，42（10）：190-196.

[19] 康与云，唐敦兵. 基于矩阵的多功能产品概念方法求解[J]. 计算机集成制造系统，2014，20（12）：2915-2925.

[20] 祁国宁，顾新建，杨青，等. 大批量定制原理及关键技术研究[J]. 计算机集成制造系统，2003，9（9）：776-783.

第 4 章　大学生科技竞赛项目方案确定与评价

在上述章节中，讲述了如何确定竞赛选题以及如何进行问题分析。选题决定了设计作品的立意，问题分析过程奠定了解决问题的方向和基础。问题分析过后，最重要的就是如何解决问题，确定作品设计方案。且实际上，在解决问题的过程中，往往得到的初步概念方案有多个，在这些初步概念方案中选择出最具价值和潜力的方案进行完善与作品试制是非常重要的。因此，在这一章中，主要论述两种解决发明问题的方法和设计方案评价的方法。

4.1　基于冲突的方案求解

如果说好的作品立意是成功的第一步，那么在设计原型的基础上解决问题，获取高水平的创新设计方案则是成功的关键。在第 3 章，对问题进行初始分析后，能够确定较为具体的问题。在这些问题中，有一些问题直接求解十分困难，因为这些问题不能借助已有的公式和书本上的知识直接解决，需要借助一些方法来获取更加高级的解决方案。TRIZ（发明问题解决理论）中的冲突解决方法能够帮助设计者突破思维惯性，高质量地解决这些问题[1]，其求解过程原理如图 4.1 所示。

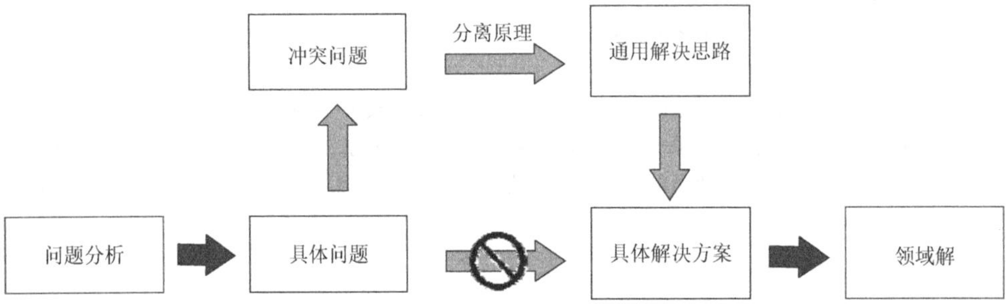

图 4.1　TRIZ 冲突求解过程原理

问题确定的关键在于发现技术系统中存在的冲突，所谓冲突是指我们为了实现不同的功能或性能，对技术系统中某个或某些参数提出了相反的要求[2]。例如，我们喝水的水杯，我们希望水杯能够容纳更多的水，这就要求水杯的体积大；同时我们希望水杯具有便携性，这就要求水杯小巧，即体积小。这样一来为了满足不同的需求，对水杯的体积提出了相反的要求：既要大，又要小，这就是典型的冲突问题。解决技术系统中存在的问题，第一步就是要确定技术系统的冲突。

4.1.1　构建冲突

由前述已知，系统冲突是技术系统中参数的不同属性间的冲突。要确定系统的冲突，首先要找到与我们期望实现的系统功能和性能相关的主要参数，若为了实现不同的功能或达到不同的性能，出现了对同一个参数的不同要求，那么这时冲突就确定了。例如，雨伞的改进设计。我们希望加强雨伞的防风性能，则需要增加伞骨架辐条的直径；我们同时希望雨伞具有便携性，这就要求伞重量轻，此时需要减小伞骨架辐条的直径。这样系统的冲突就确定了，即为了加强伞的防风性能和便携性，我们既希望伞骨架的直径小，又希望直径大。

为便于理解和应用，用图 4.2 表示该冲突。

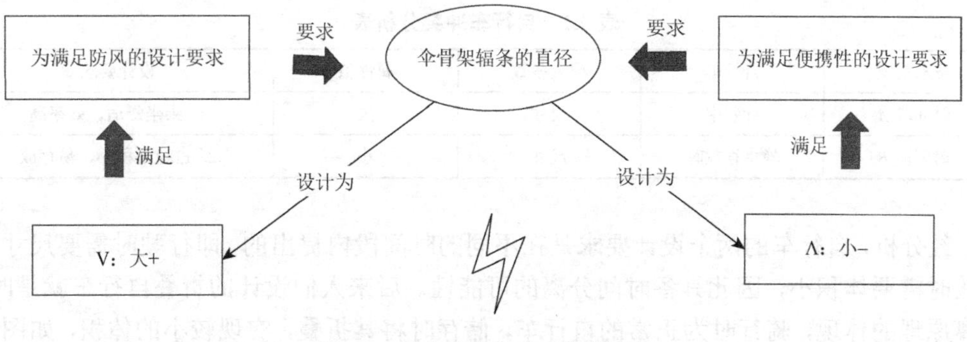

图 4.2　雨伞改进设计过程的冲突

4.1.2　基于分离原理解决冲突

为满足不同的设计要求，对系统某参数提出了相反的属性值要求。仔细分析上述冲突，可以发现相反的属性值所满足的这些不同设计要求，往往是在不同时间段、不同空间、不同条件、不同系统层次下提出的。因此，要解决该类冲突，TRIZ 中提供了四条分离原理：时间分离、空间分离、条件分离、整体与部分分离[2]。分别介绍如下。

1. 时间分离原理

在不同时间段分离冲突双方，以降低解决问题的难度。

实施时间分离原理的条件：对系统的不同设计要求在不同时间段内或系统在不同时间段实现不同设计要求是可行的。

时间分离原理具体思路：在时间段 A 使冲突参数属性为正，以满足设计要求 1；在时间段 B 使冲突参数属性为负，以满足设计要求 2。

例 4.1　对成年人而言，为了骑行舒适和骑行效率，自行车需要加大尺寸；但为了便于存放，自行车的尺寸则是越小越好。自行车冲突分析图如图 4.3 所示。

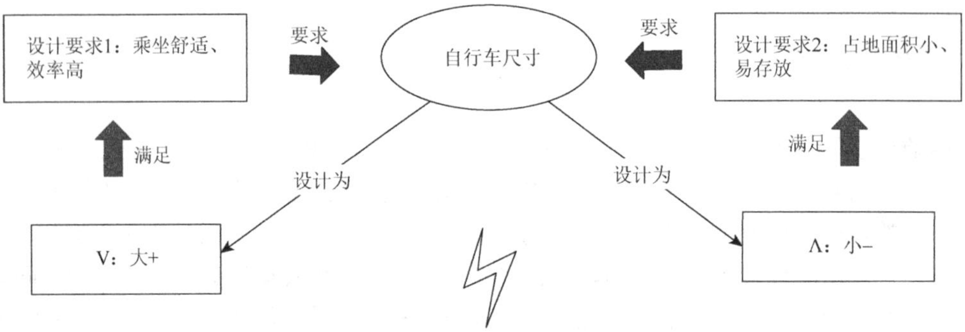

图 4.3　自行车冲突分析图

将自行车冲突记录于冲突分析表中，如表 4.1 所示。

表 4.1　自行车冲突分析表

技术系统	自行车	冲突参数	属性值	设计要求
时间段 *A*	行驶中	尺寸	大	1. 乘坐舒适、效率高
时间段 *B*	静止存放时	尺寸	小	2. 占地面积小、易存放

经分析，自行车的两个设计要求是在不同的时间段内提出的，即行驶时需要尺寸大，存放时需要体积小，因此具备时间分离的可能性。后来人们设计的折叠自行车就是时间分离原理的体现，骑行时为正常的自行车，储存时将其折叠，实现较小的体积，如图 4.4 所示。

图 4.4　折叠自行车

2. 空间分离原理

冲突双方在不同的空间分离，以降低解决问题的难度。

实施空间分离原理的条件：冲突双方不都在系统整个空间内具有正向和负向属性值。

空间分离原理的具体思路：在空间 *A* 使冲突参数属性为正，以满足设计要求 1；在空间 *B* 使冲突参数属性为负，以满足设计要求 2。

例 4.2　皮肤是人体的第一道防线，当皮肤被割伤受损时，需要医用针线进行缝合，促进皮肤生长愈合，但这种缝合方式会使皮肤留下蜈蚣状疤痕。所以这时冲突出现了，为了促进皮肤愈合，需要针线缝合拉紧皮肤；但为了不留下疤痕，则不希望针线刺入皮肤。冲突分析表如表 4.2 所示。

表 4.2　缝合伤口冲突分析表

技术系统	医用针线	冲突参数	属性值	设计要求
空间 *A*	皮肤内	线	有	1. 抓住皮肤 2. 拉紧皮肤
空间 *A*	皮肤内	线	无	3. 减少疤痕 4. 减少疼痛

采用空间分离原理，尝试将不同设计要求在不同的空间实现，以分离冲突双方。使皮肤内无线以保证设计要求 3（减少疤痕）和设计要求 4（减少疼痛），而设计要求 1（抓住皮肤）和设计要求 2（拉紧皮肤）则在另一空间皮肤外实现。可使用黏胶实现设计要求 1（抓住皮肤），使用拉线实现设计要求 2（拉紧皮肤）。空间分离后的系统描述表如表 4.3 所示，利用缝合贴可实现该冲突的空间分离，如图 4.5 所示。

表 4.3　空间分离后的系统描述表

技术系统	医用针线	冲突参数	属性值	设计要求
空间 *A*	皮肤内	线	无	3. 减少疤痕
空间 *B*	皮肤外	线	有	1. 抓住皮肤 2. 拉紧皮肤

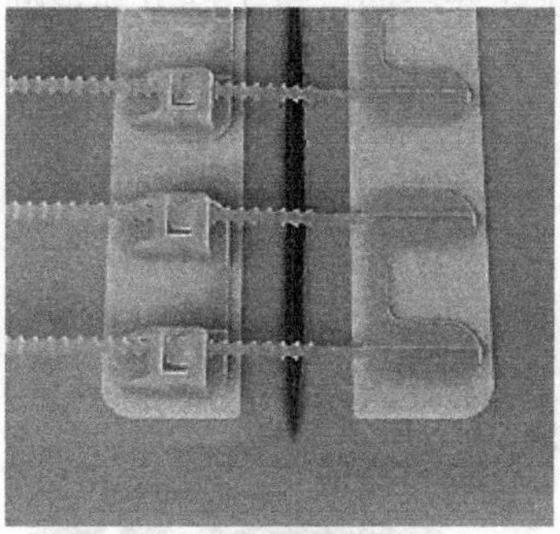

图 4.5　缝合贴

3. 条件分离原理

冲突双方在不同的条件下分离，以降低解决问题的难度。

实施条件分离原理的条件：冲突双方并不是在所有操作条件下都需要满足正向或负向属性值。

条件分离原理的具体思路：在条件 *A* 下使冲突参数属性为正，以满足设计要求 1；在条件 *B* 下使冲突参数属性为负，以满足设计要求 2。

例 4.3　轿车的外挂拖车就是采用了条件分离的原理。在正常代步需求条件下，轿车无须拖车；在需要大量载物运输条件下，轿车可外挂拖车以满足相应需求，如图 4.6 所示。

图 4.6　轿车的外挂拖车设计

4. 整体与部分分离原理

冲突双方在不同的系统层次分离，以降低解决问题的难度。具体来说可以分为两种情况。

（1）在系统和子系统级别分离，以分离冲突双方；

（2）在系统和超系统级别分离，以分离冲突双方。

实施整体与部分分离原理的条件：冲突双方并不是在所有系统层级“元件、子系统、系统、超系统”都需要满足正向或负向属性值。

整体与部分分离原理的具体思路：在系统 A 层级下使冲突参数属性为正，以满足设计要求 1；在系统 B 层级下使冲突参数属性为负，以满足设计要求 2。

例 4.4　自行车链条在系统元件层面，每个链节都是刚性的，以满足强度要求；但在系统层级，链条整体是柔性的，以满足传动要求。如图 4.7 所示。自行车链条的设计就体现了整体与部分分离原理。

图 4.7　链条

4.1.3　冲突构建及求解流程

基于上述分析，总结冲突求解方法进行技术系统改进设计的流程如图 4.8 所示。

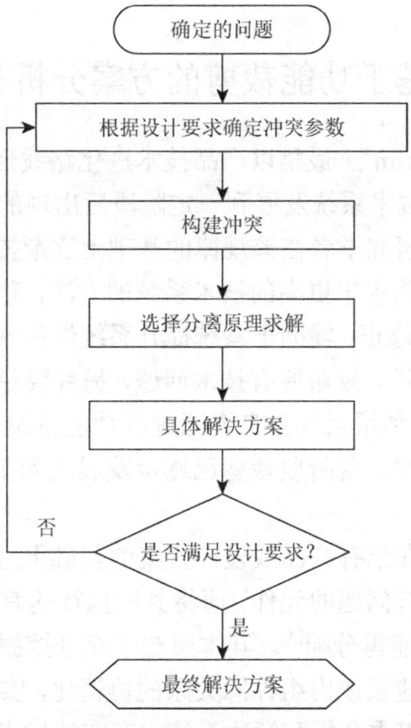

图 4.8　冲突问题求解流程

（1）经过问题分析，已经确定了当前技术系统存在的具体问题。根据技术系统的设计要求，确定技术系统的冲突参数。

（2）依据确定的冲突参数，利用图 4.9 构建技术系统冲突。

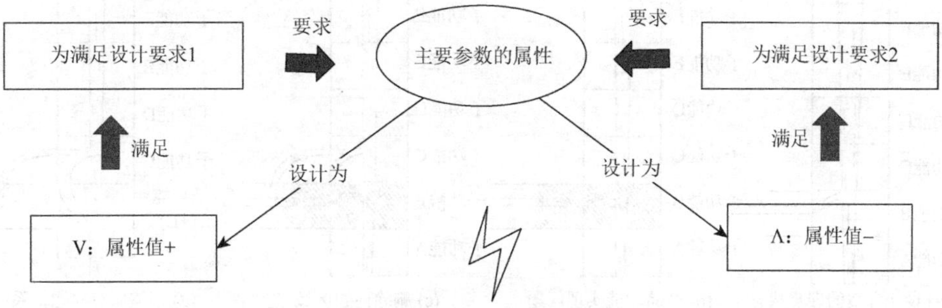

图 4.9　系统冲突构建

（3）根据分离原理适用条件，选择合适的分离原理，构建冲突解决思路。

（4）在冲突解决思路引导下，确定解决问题的具体方案。

（5）判断问题解决方案是否完全满足所有设计要求，而且没有引起其他新问题。若是，则该解决方案可作为最终解决方案。若否，则返回步骤（1），重新确定冲突参数。

4.2　基于功能裁剪的方案分析与求解

裁剪（“trimming” or“trim”）最早以产品技术进化路线形式出现在TRIZ理论的技术进化模块中[3]，其描述的是技术系统发展到一定阶段后出现的系统结构简化、成本降低但功能提升的一种发展规律。研究学者在该规律的基础上逐渐提炼、归纳出一种通过去掉部分系统元件得到新的、理想化水平更高的技术系统的方法，称为“裁剪方法”。相比较现有解决问题过程中通过增加修正、辅助子系统提升系统性能水平的做法，裁剪方法一方面能够有效地突破固有思维惯性，规避原有技术问题，另辟蹊径获取创新解决方案；另一方面通过去掉系统冗余组件，利用系统自身资源进行功能重组的过程能够有效简化系统结构，提升技术系统理想化水平。现阶段裁剪已逐步发展成为TRIZ扩展理论中非常重要的发明问题的分析和解决方法。

由上可知，裁剪方法是在已有产品或设计方案的基础上进行改进设计的方法，其通过去除系统内的一些冗余的、有问题的元件，而将其所执行的有用功能利用系统或超系统的其他元件替代执行，实行功能再分配[4]。其本质在于充分挖掘系统组件的剩余价值，增加各组件的资源利用程度，加速系统内组件间关系的协调化，实现系统理想化水平的不断提升。因此，裁剪方法既可以用来分析和解决系统中存在的技术问题，也可以优化现有技术系统，提升系统的理想化水平。裁剪方法的原理如图4.10所示。

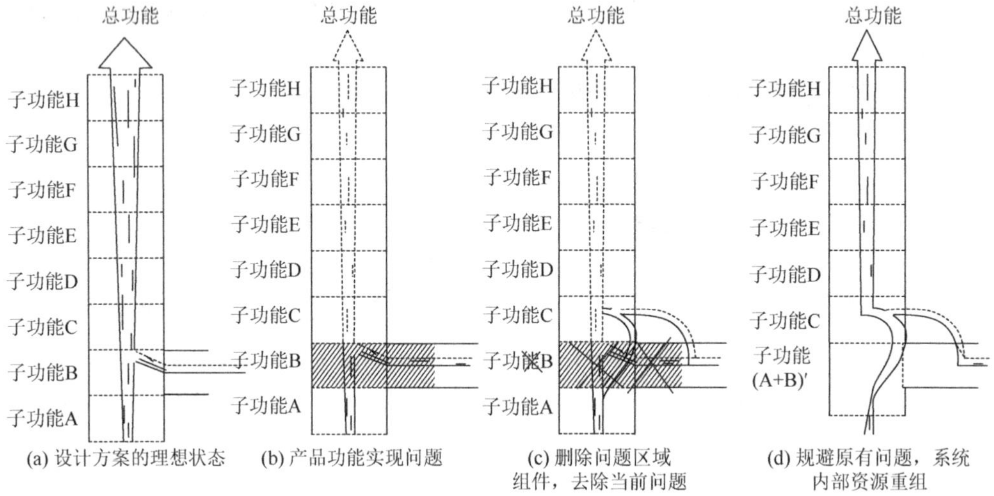

图4.10　裁剪方法的原理

4.2.1　裁剪目标主体及设计要求

裁剪方法的应用是面向问题的，而问题由需求界定。在对不同的目标主体进行改进设计时，不同的情况下，人们对其需求不同，那么对使用者而言，产品的问题就不尽相同，这就使得我们应用裁剪方法分析解决问题的设计要求不同。总结归纳这些设计要求可以分为以下几类[4,5]。

（1）降低成本。裁剪的本质在于最大限度地挖掘系统元件的价值，从而降低系统自身的总体资源消耗，可使系统在组成元件最少的情况下实现预期的功能，相对原系统，可大幅减少元件数量以及由此引起的成本支出。

（2）降低系统复杂性。即系统的结构简化，裁剪可减少零件数目，降低使用、操作、保养的复杂性，简化操作界面，减少操作失误，最终降低系统的复杂性。

（3）解决系统技术问题。即去除对系统有负面影响的功能，包括提升系统性能、减少对系统本身及超系统的损害等。裁剪通过去除系统内技术问题对应组成元件，重新分配被裁剪元件的有用功能，实现系统技术问题的解决。

（4）提升系统运行效率。裁剪通过去除增值效率低的操作环节来提升系统整体运行效率。

（5）专利规避与专利布局。裁剪通过去除规避对象/技术保护对象的部分特征或改变部分技术特征达到专利规避/专利布局的目的。

（6）开拓新市场。通过对产品功能和技术的裁剪与集成变换实现产品域的扩展及变换，例如，功能增加/性能提升以拓展主流市场边界的新产品、功能裁剪适应某利基市场等。

裁剪方法最终的目的是提高系统的理想化水平，可运用于产品、流程、专利规避及新市场四种目标主体，其分类如图 4.11 所示。裁剪方法面向的目标主体与设计要求不同，执行的裁剪方法与策略也不同。

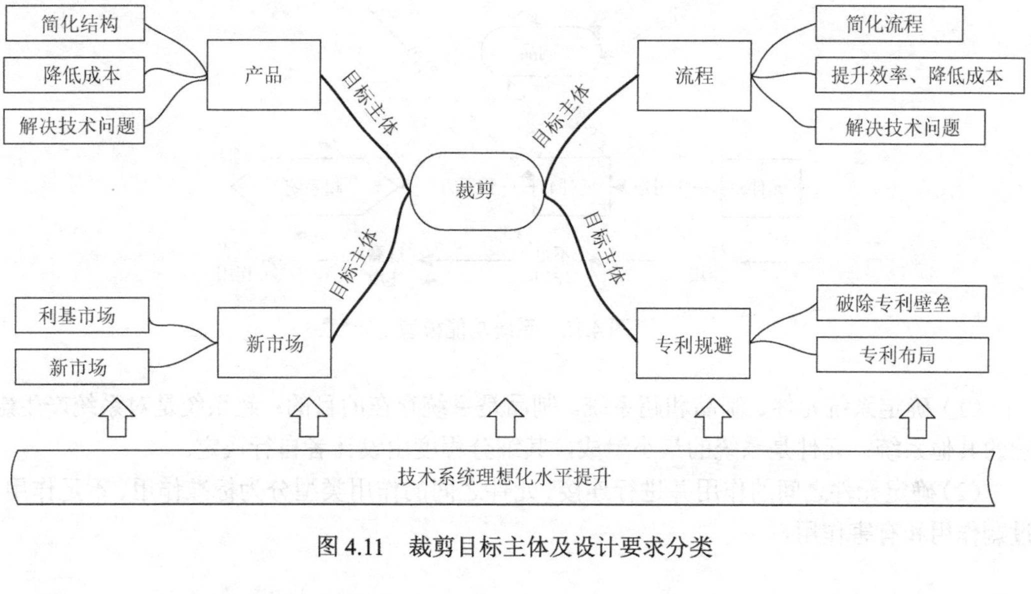

图 4.11 裁剪目标主体及设计要求分类

4.2.2 构建技术系统功能模型

裁剪方法的应用建立在对系统功能分析的基础之上[6]，选定设计原型后，通过对系统组成元件的功能分析，确定系统裁剪元件并完成系统有用功能的分配。建立系统功能模型能够有效确定系统元件及元件间功能作用的关系，是有效的功能分析手段，是裁剪方法实施的基础。

1. 系统层级定义

如果技术客体由两个或多个部分组成，而这个客体所具有的某种特殊性能，不能压缩为任何组成部分的性能，那么这个客体称为技术系统[7]。技术系统是由一组相互作用的、相互关联或相互依赖的元素形成的一个复杂整体[8]。在 TRIZ 中所说的系统一般指技术系统。在 TRIZ 中，系统的每一部分都可以称为子系统，一般设计者将对于解决问题有意义的系统的一部分称为子系统。系统外部的、与系统有能量物质交换的系统称为超系统，超系统是设计者可以选择利用或者不利用但却无法改变的[8]。在裁剪过程中，划分系统、超系统和子系统层级能更好地实施裁剪并进行创新设计。

2. 系统功能模型建立

系统是由元件及作用组成的功能网络，该网络与超系统及制品共同构成系统功能模型[6]，如图 4.12 所示。其建立过程分为以下两个步骤[7]。

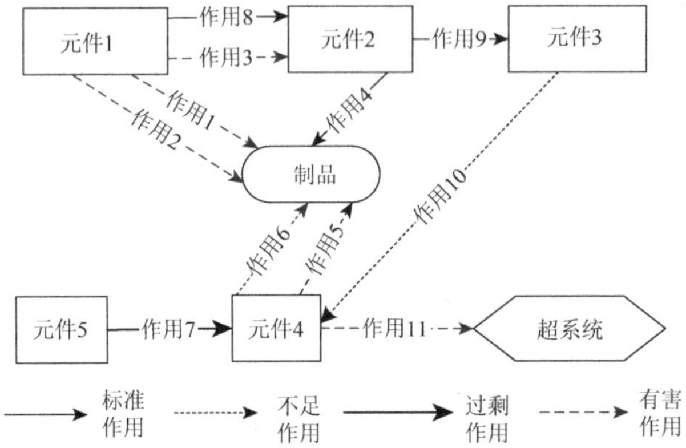

图 4.12　系统功能模型

（1）确定系统元件、制品和超系统。制品是系统存在的目的；超系统是对系统产生影响的其他系统；元件是系统的最小组成，其细分程度由设计者自行决定。

（2）确定元件之间的作用并进行连接。元件之间的作用类型分为标准作用、不足作用、过剩作用和有害作用。

4.2.3　元件裁剪优先权确定

元件裁剪优先权确定是在系统功能模型的基础上选择裁剪对象的过程。产品的设计要求不同，裁剪对象确定的判断准则也不同。在产品改进设计中，若设计要求是降低成本，则可应用成本分析方法，确定造成技术系统成本高的主要组成元件作为候选裁剪元件；若设计要求是解决技术问题，则解题的关键在于去除造成问题的关键负面因素，将造成问题的关键冲突区域及冲突组成元件作为候选裁剪元件。不同设计要求下裁剪元件优先权确定方法及依据如表 4.4 所示。

表 4.4　不同设计要求下裁剪元件优先权确定方法及依据

设计要求	评判准则	主流方法	元件裁剪优先权
降低成本	成本要素高低	成本分析	E-F-C/D-A···
解决技术问题	冲突区域内关键负面因素	因果链分析	D-F-E-A-B/C/H
···	···	···	···

不同的裁剪对象判定准则有相应的判定分析方法作为支撑。

1. 成本分析，确定最高成本元件

利用成本分析可裁去成本昂贵、价值不高的元件，这样可以大幅降低系统的制造及运行成本。成本是指系统功能模型中元件的成本，不同设计环境所要考虑的因素不同，元件成本包括自身成本、装配成本等产品全生命周期内的成本消耗；除此之外，还要考虑产品功能实现过程中的元件相对价值成本。成本的评价值由设计者根据实际的设计系统给定。在裁剪优先权判定中，元件成本评价值的确定是为了比较元件间相对成本的高低，故只需要考虑成本差异点较大的环节的成本分析。

2. 因果链分析，确定关键负面因素[2]

因果链分析基于系统表象问题，追踪分析产生问题的根本原因。分析起始于系统技术问题表现，即产品功能实现过程中不期望出现的结果，后逐层推导导致该问题存在的原因。理论上讲，原因可无穷尽地挖掘下去，但对于具体的工程领域，无穷尽的挖掘毫无意义，故因果链分析需要有终点，即末端原因。确定末端原因有如下一些基本原则。

（1）达到物理、化学、生物或集合领域的极限；

（2）达到自然现象；

（3）达到法规、国家或行业标准的限制；

（4）不能继续找到下一层原因；

（5）达到成本极限或人的本性；

（6）根据技术系统的具体情况，继续深挖原因已经与本系统无关。

在因果链分析中，下层原因是基于上层结果的因果关系分析，若一个底层级原因对应的不期望结果是由一个高层级中的两个或多个原因造成的，那么就必须定义这些原因之间的关系，使其形成合理的逻辑关系。同层级水平方向的原因关系包括与（And）、或（Or）、综合（Combine）三种。

与：用符号 A 表示，表示上层不期望的结果是由下层两个或两个以上的原因共同造成的，去掉一个原因，不期望的结果将不再存在。

或：用符号 O 来表示，表示不期望的结果是由两个或两个以上的原因造成的，这些原因独立存在，且单独一个原因存在就会导致不期望的结果发生。在解决问题时，该类原因必须全部消除。

综合：用符号 C 来表示，表示不期望的结果受两个或两个以上的原因综合影响。这些原因综合作用达到一定程度或其中部分原因综合存在才会导致不期望的结果发生。

因果链分析结束后，用因果关系图的形式表达出来，如图 4.13 所示。

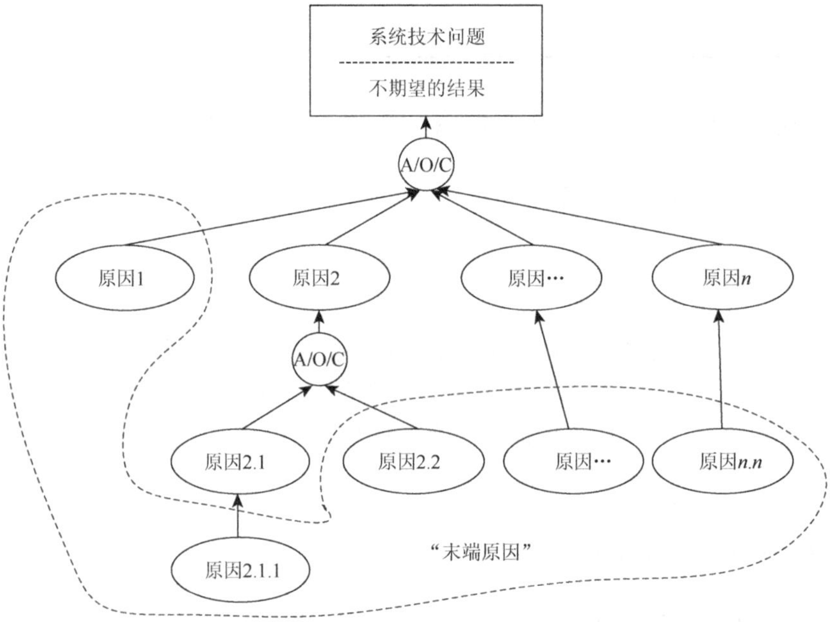

图 4.13　基于因果链分析的系统技术问题因果关系图

在因果关系图中，最下层的末端原因是造成系统问题存在的根原因。在这些末端的根原因中，有些原因较容易通过技术措施予以改进消除，有些则较难消除；有些是消除不期望结果所必须予以消除的根原因，有些则不是必须要消除的。因此，“必须消除的原因”和“较容易消除的原因”是系统问题存在的关键负面因素，设计者解决问题时可优先予以消除。

每一个导致上层结果出现的原因都与该原因直接相关的元件或作用属性有关，这些属性没有沿着期望的方向发展，才导致了上层结果的出现。然而，这些属性又与下层原因直接相关的元件或作用属性的非期望变化有关，基于这种思想，构建基于系统功能模型的功能模型网络图，通过转换冲突区域，识别不同区域内元件或功能属性之间的相互影响和依赖的内在关系。基于属性因果分析的冲突区域的转换如图 4.14 所示。

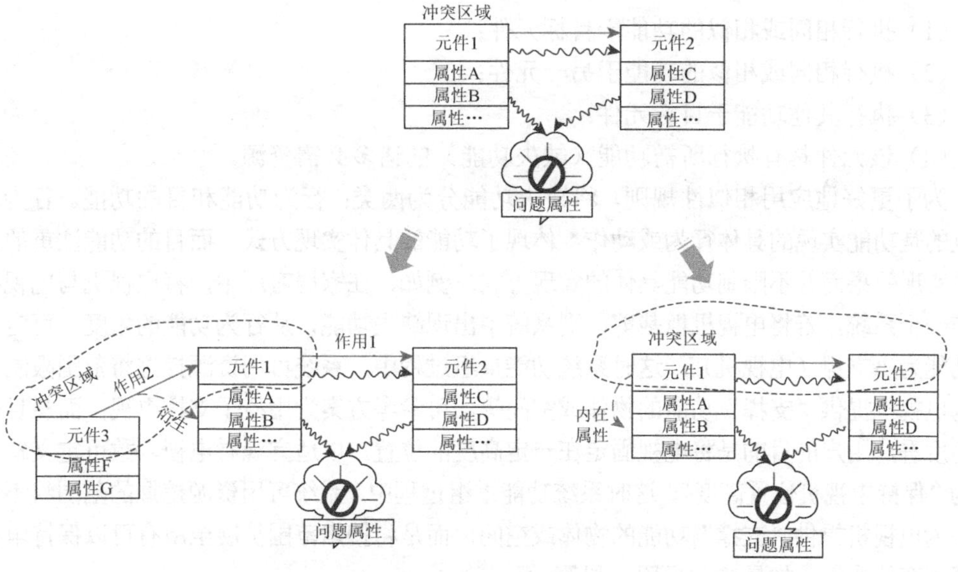

图 4.14　基于属性因果分析的冲突区域的转换

（1）初步建立系统功能模型，根据问题表象在功能模型上确定初始冲突区域。

（2）分析冲突区域内最小功能组合三元件，以及元件中与问题表象相关的属性。直接导致问题发生的是初始冲突区域的元件具有某种或某几种属性（或达到一定属性值），这些属性称为问题属性。

（3）对问题属性进行分析，若问题属性是由冲突区域外的作用导致的，则以问题属性为结果，重新构建冲突区域，冲突区域转移至问题属性的上级产生区域；若问题属性是元件的内部属性，不受外部因素影响，则冲突区域不变。

（4）转换冲突区域，重复以上两步骤的过程，并根据每次分析结果修改功能模型，直到确定所有冲突区域。

（5）根据分析过程，构建因果逻辑图，逐级分析所有备选根原因的关系。

（6）根据冲突区域内备选根原因的关系和根原因的可控性，确定必须消除的根原因，这是系统问题存在的关键负面因素，将其所在冲突区域内的元件作为优先候选裁剪元件。

在确定裁剪优先权时，设计者可根据不同的设计要求选择对应的评判准则来确定。但在实践应用中，设计需求往往不是单一的，是多方面的综合需求，因此可以以单一标准为主导，多方综合考虑来确定裁剪元件优先权。

4.2.4　基于“行为功能”和“目的功能”相似性的功能重组

裁剪方法的实施步骤主要分为确定裁剪元件和有用功能重新组合两个步骤[9]。通过系统裁剪优先权的判定确定初始裁剪元件，进而执行元件裁剪。执行裁剪后，系统功能缺失，需要找到新的功能载体执行缺失功能，完成系统有用功能重组。新的功能载体必须具备执行缺失功能的能力，通过相似性搜索新的功能载体，其必须与目标元件或缺失功能相关，在此基础上提出搜索新的功能载体的四条相似性规则[10]：

（1）执行相同或相似的功能于目标元件；

（2）执行相同或相似的功能于另一元件；

（3）执行其他功能于目标元件；

（4）该元件具有执行所需功能（缺失功能）的诸多必需资源。

为了更好地应用相似性规则，将缺失功能分为两类：行为功能和目的功能。行为功能注重的是功能实现的具体行为或动作，体现了功能的具体实现方式，而目的功能注重的是功能的实现效果而并不限制功能具体的实现方式。例如，在家居客厅中，将电视机与电视机柜看作一个系统，若将电视机柜裁剪，则系统中出现缺失功能，从行为功能的角度，可定义缺失功能为“支撑（电视机）”，这时系统功能重组过程中，系统可用资源挖掘将范围限制在可以为电视机提供“支撑”功能的物体或空间等，可参考方案为用椅子支撑电视；而从目的功能角度看，用户的目的是将电视固定在一定高度的位置，以适宜观看电视，故可定义缺失功能为“保持电视机位置高度”，这时系统功能重组过程中，系统可用资源挖掘的范围将不再限制在为电视机提供“支撑”功能的物体或空间，而是将搜索范围扩展至所有可以保持电视机位置不变的资源，如悬挂、吸附、投影等。

“行为功能”和“目的功能”的定义明确了实现缺失功能的形式，为功能重组过程中可用资源的搜索提供了规范的引导方法，为设计者的操作和使用提供了便利。定义“行为功能”虽然限制了系统功能的实现原理，使可用资源有了一定的局限性，从而限制了创新方法的产生，但该种方式的功能描述对设计者的启发最为直接，且该种方式下产生的系统解决方案，对系统改变最小，即对技术系统的改造成本及衍生改造成本最低。相反，定义“目的功能”则拓展了系功能的实现原理，打破了资源利用的局限性，可以产生众多创新方法以及众多的系统解决方案，但系统可用资源挖掘难度增大，且对功能实现原理的不限制使得此方式对系统改变较大，对技术系统的改造成本及衍生改造成本可能会很大。

在此基础上，基于相似性规则从行为功能相似性和目的功能相似性两个角度搜寻新的功能载体，首先在系统内搜索可利用资源，之后再到超系统和系统外进行搜索。首先基于行为功能相似性搜索可利用资源，若不能挖掘到系统中的可用资源，则将资源搜索范围扩大，依据目的功能相似性搜索可用资源。前已述及，依据行为功能搜索可用资源进行功能重组，对系统改动较小，成本也较低，对实际生产最为有益，依据目的功能相似性搜索可用资源进行功能重组，虽然创新等级可能会提高，但对系统改动较大，成本也相对较高[9]。对于大学生科技竞赛而言，创新性至关重要，所以可依据设计者的需求，重点利用目的功能相似性搜索可用资源。

4.2.5 面向系统功能重组的裁剪引导规则

元件裁剪和功能重组是不断递进与迭代的过程，通过前述裁剪优先权可确定初始裁剪元件，后续裁剪元件的确定和系统有用功能重组则可在裁剪引导规则的基础上进行。常用的裁剪引导规则有如下三条[11]。

（1）如果有用功能的对象被裁剪，那么功能的载体可以被裁剪，如图 4.15 所示。

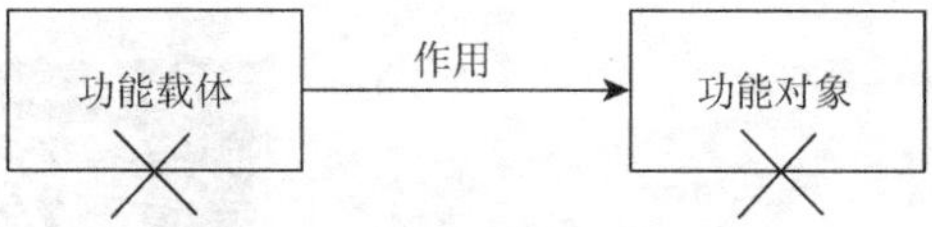

图 4.15 裁剪规则 1

例 4.5 白炽灯灯罩的作用是阻隔外界氧气，以防止灯丝被氧化。但若白炽灯的应用场景是在月球上，月球上无氧气存在，那么这时灯罩也可以直接裁剪了，如图 4.16 所示。

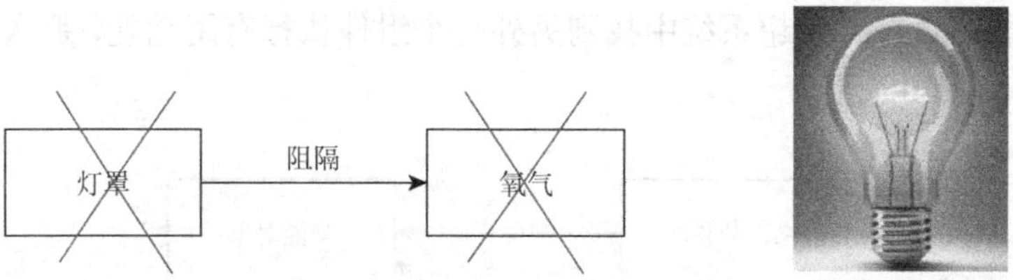

图 4.16 在月球上应用的白炽灯

（2）如果有用功能的对象自己可以执行这个有用功能，那么功能的载体可以被裁剪，如图 4.17 所示。

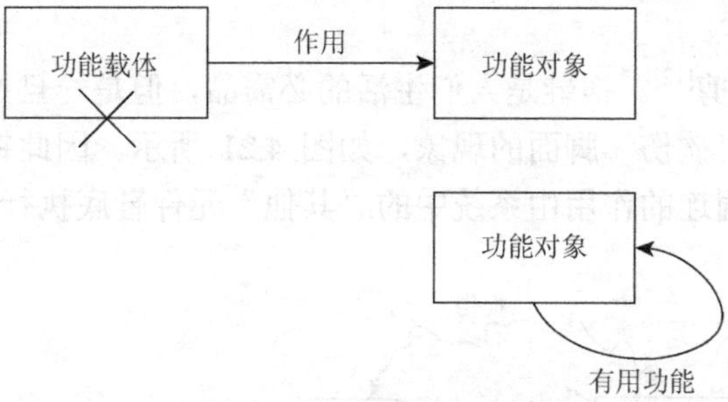

图 4.17 裁剪规则 2

例 4.6 砧板架裁剪[4]。一般厨房常用的砧板使用完毕后需要晾干，此时就需要砧板架来晾干砧板，但砧板架是需要占用空间的，这对住房面积紧张的人们而言是非常不便的，砧板架及其系统功能模型如图 4.18 所示。当裁剪砧板架后，其支撑功能可由砧板自身执行。裁剪模型及由其得到的自支立砧板产品如图 4.19 所示。

图 4.18 砧板架及其系统功能模型

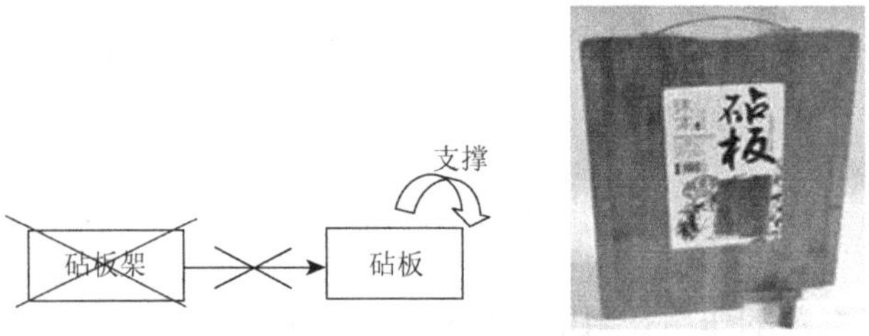

图 4.19　砧板架系统裁剪模型及自支立砧板

（3）如果能从系统或者超系统中找到另外一个组件执行有用功能，那么功能的载体可以被裁剪，如图 4.20 所示。

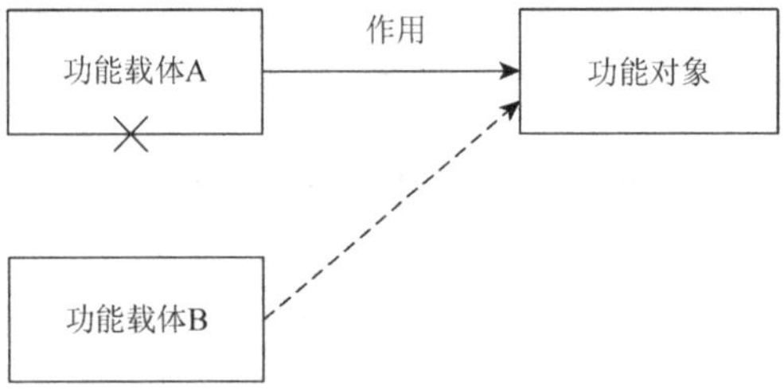

图 4.20　裁剪规则 3

例 4.7　拖鞋的裁剪[12]。拖鞋是人们生活的必需品，但是一旦拖鞋的鞋面和穿着者的脚型不符就可能出现“砍伤”脚面的现象，如图 4.21 所示。因此针对此问题，一项专利将鞋面裁剪，而与脚固连的作用由系统中的“其他”元件鞋底执行[13]，如图 4.22 所示。

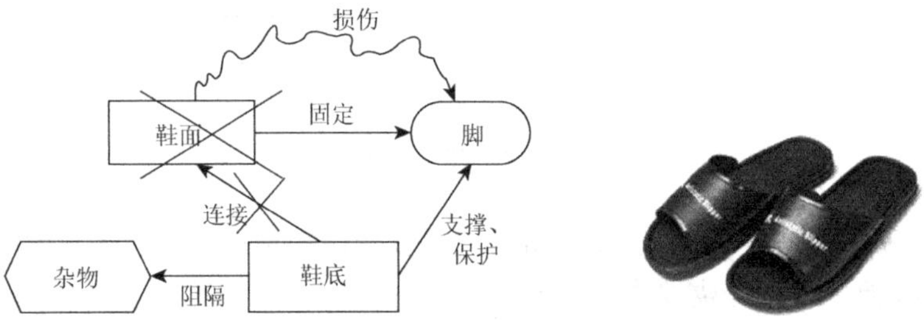

图 4.21　人穿着“不合适”拖鞋的系统功能模型与拖鞋示意图

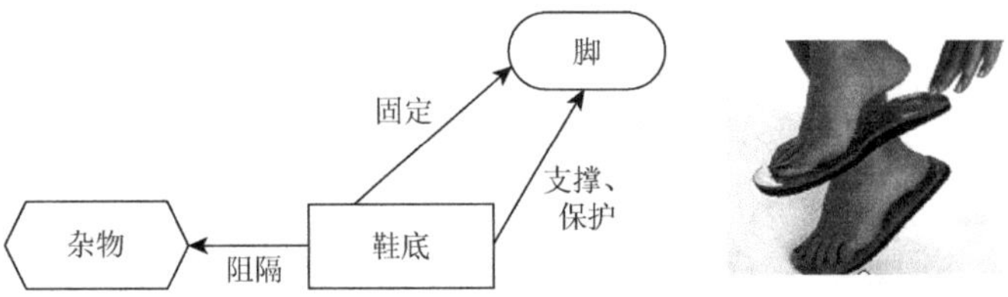

图 4.22　裁剪后系统功能模型与新型“真空吸附”拖鞋

上述裁剪引导规则能够帮助设计者快速缕清裁剪设计思路并辅助裁剪过程的顺利实施。但是，上述裁剪规则是建立在设计者自身知识经验基础上的思路引导规则，由于个人知识的局限性以及思维惯性的存在，有时仅靠上述裁剪规则难以完成系统功能重组，获取高质量的创新设计方案。TRIZ 中的发明原理是在巨大知识库基础上总结出来的解决发明问题的具体措施，这时，可以基于发明原理实现系统有用功能重组过程中的可用资源挖掘。

4.2.6 系统功能重组过程的可用资源分析

解决问题的过程可以看作确定解决问题所需可用资源的过程，资源分析的目的是挖掘解决问题所需要的可用资源。解决问题所需资源按照存在区域可以分为系统内部资源、外部资源以及超系统资源[2]。按照资源形式可以分为物质资源、能量资源、信息资源、空间资源、时间资源和功能资源。按照资源的可用状态可以分为直接可用资源和衍生资源。直接可用资源是指不需要做额外的处理或改变即可直接应用的资源；衍生资源是指需要对其进行一定的处理和变换才能应用的资源[2]。

裁剪过程中资源分析的目的是发现系统内外可用资源以完成裁剪后系统有用功能重组。

1. 基于资源列表的可用资源分析

设计人员可以通过如下资源列表对系统内部资源、外部资源及超系统资源进行可用资源分析。分析的过程和结果可记录于资源列表中，如表 4.5 所示。

表 4.5　资源列表[14]

资源类别	物质资源	能量资源	信息资源	空间资源	时间资源	功能资源
内部资源						
外部资源						
超系统资源						

对设计者而言，较容易发现和利用系统中的直接可用资源，但是资源的衍生和导出过程往往需要跨领域甚至跨学科的知识，由于设计者自身存在思维惯性和知识的局限性，其较难发现系统及周围环境中的衍生资源。

2. 基于发明原理的可用资源衍生分析

当基于资源列表的资源分析法无法找到解决问题所需的资源时，可以基于发明原理进行可用资源衍生分析。

TRIZ 中发明原理是对大量发明专利进行研究、分析、归纳的解决问题的一些原理和规律[2]。其总结了前人各个行业、不同领域之间的知识，不同的发明原理或每条发明原理的不同措施均从不同的角度引导设计者从不同的方向（时间、空间等）对资源进行变换利用，从而发现系统中能够解决问题的潜在可用资源，进而有效地解决问题，启发设计者跳出思维惯性范围，弥补设计者的知识局限性。因发明原理正是对资源的变换和运用的具体措施，发明原理启发设计者解决问题的实质就在于其启发设计者对资源进行发现、变换和利用。故其可作为裁剪元件后挖掘系统及超系统资源进行系统有用功能重新分配过程的客观启发知识，有效弥补裁剪元件确定后，系统有用功能分配过程中对于系统及超系统内已有资源发现和变换的客观启发知识缺乏的现状。

在系统功能模型中，实施裁剪操作后，裁剪元件所执行的有用功能由于失去了裁剪元件作为载体，其在裁剪模型中无法实现，称为缺失功能。在系统缺失功能确定后，可利用发明原理在功能实现过程中对于资源的利用形式及其功能实现方式，引导设计者针对系统或者超系统资源实施相应的操作，使其具有该系统所缺失的有用功能，进而完成裁剪操作实施后系统有用功能的分配过程，如图 4.23 所示。

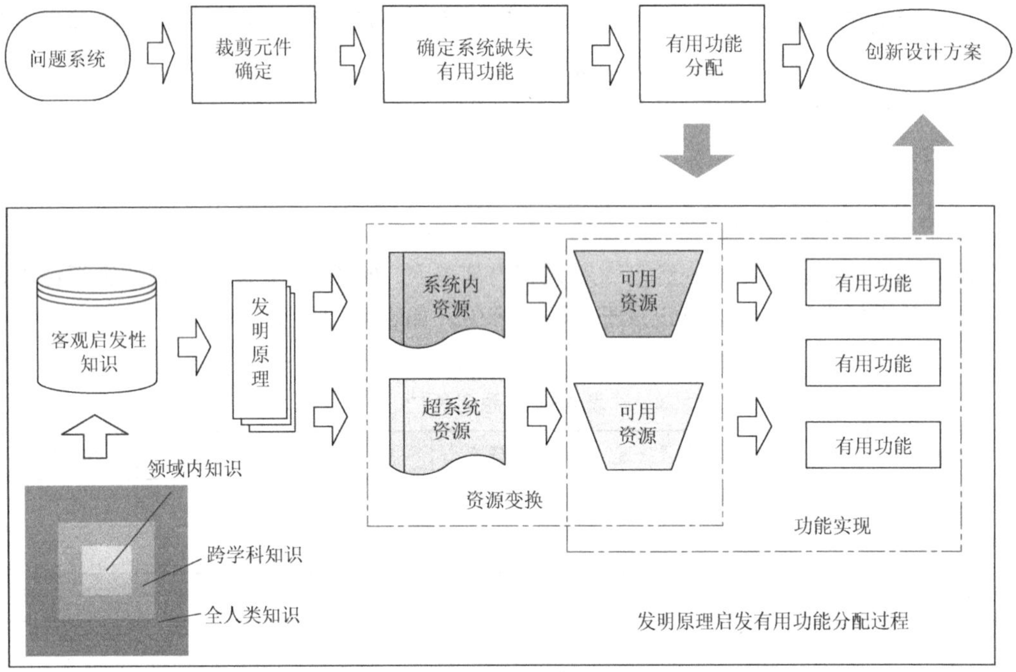

图 4.23　发明原理启发裁剪问题解决流程

功能可用改变属性的动作（M）+属性参数（P）的形式进行描述，故发明原理可用动作+属性参数或动作+属性参数的组合进行描述[15,16]。以“分割”发明原理为例说明发明原理的 MP 语义表达形式。“分割”发明原理包括：①将一个物体分成相互独立的部分；②使物体分成容易组装及拆卸的部分；③增加物体相互独立部分的程度。前两个措施均通过改变目标元件的结构，即改变形状、长度、表面积、体积和位置标准属性参数，第三个措施改变目标元件的均匀度标准属性参数。结合上述方法，得到其他发明原理的功能语义表达如表 4.6 所示。

表 4.6　发明原理的 MP 功能语义表达[16]

编号	名称	MP 功能描述
No.1	分割	M（改变）+P（形状+长度+表面积+体积+位置） M（增加）+P（均匀度）
No.2	分离	M（改变）+P（位置+形状+方向+体积）
No.3	局部质量	M（改变）+P（形状+均匀度）
No.4	不对称	M（改变）+P（形状）
No.5	合并	M（改变）+P（时间+位置+形状） M（减少）+P（体积）
No.6	多用性	M（改变）+P（形状+体积+重量）
No.7	套装	M（改变）+P（位置+方向） M（减少）+P（体积）
No.8	重量补偿	M（改变）+P（力+压力） M（减少）+P（重量）
No.9	预加反作用	M（改变）+P（力+时间） M（增加）+P（压力）
No.10	预操作	M（改变）+P（时间+形状+力+位置）
No.11	预补偿	M（改变）+P（力+时间） M（增加）+P（强度）
No.12	等势性	M（稳定/改变）+P（位置+力）
No.13	反向	M（改变）+P（方向+时间+位置+速度）
No.14	曲面化	M（改变）+P（形状+方向+力）
No.15	动态化	M（改变）+P（时间+方向+均匀度） M（减少）+P（刚度）
No.16	未达到或超过的作用	M（改变）+P（能量+力+压力+摩擦+表面粗糙度+体积+重量）
No.17	维数变化	M（改变）+P（长度+位置+方向+形状） M（增加）+P（表面积+体积）
No.18	振动	M（增加）+P（力+频率+磁性能）
No.19	周期性作用	M（改变）+P（时间+频率） M（增加）+P（力）
No.20	有效作用的连续性	M（稳定）+P（力） M（改变）+P（时间+方向）
No.21	紧急行动	M（增加）+P（速度+力） M（减少）+P（时间）
No.22	变有害为有益	M（改变）+P（力+方向+能量）
No.23	反馈	M（测量）+P（力+方向+时间）
No.24	中介物	M（改变）+P（力+时间+能量）
No.25	自服务	M（改变）+P（力+能量）
No.26	复制	M（改变）+P（颜色+透明度+亮度+偏振率+表面积+体积+重量）
No.27	用低成本、不耐用的物体代替昂贵、耐用的物体	M（降低）+P（强度+硬度+密度+纯度+黏度+刚度）

续表

编号	名称	MP 功能描述
No.28	机械系统的替代	M（改变）+P（声音+亮度+偏振率+电导率+力+速度+磁性能+时间） M（降低）+P（重量）
No.29	气动与液压结构	M（改变）+P（力+强度+压力+能量）
No.30	柔性壳体或薄膜	M（改变）+P（密度+强度+硬度+刚度+位置）
No.31	多孔材料	M（改变）+P（压力） M（增加）+P（孔隙率+均匀度） M（减少）+P（密度）
No.32	改变颜色	M（改变）+P（亮度+颜色+透明度+偏振率）
No.33	同质性	M（改变）+P（硬度+强度+刚度+密度+浓度+纯度+黏度）
No.34	抛弃与修复	M（改变）+P（形状+体积+重量）
No.35	参数变化	M（改变）+P（密度+刚度+浓度+黏度+温度+压力）
No.36	状态变化	M（改变）+P（温度+密度+位置+形状+体积+压力+硬度+刚度+强度）
No.37	热膨胀	M（改变）+P（温度+密度+体积+形状+位置+压力）
No.38	加速强氧化	M（改变）+P（纯度+密度+浓度） M（增加）+P（能量+力）
No.39	惰性环境	M（改变）+P（纯度+密度+浓度） M（减少）+P（能量+力）
No.40	复合材料	M（改变）+P（硬度+密度+强度+刚度）

发明原理条数众多，且每条发明原理下还有多条具体措施，如何在众多发明原理中快速、准确地检索出有效的发明原理作为裁剪过程的启发知识非常关键。发明原理选择不准确，则会导致设计者花费大量的时间做无用功，导致事倍功半的结果。从问题的本质出发，结合所建立的发明原理与功能的关系以及问题与功能的关系，建立发明原理的选择过程。故裁剪元件确定后，可确定出其系统相应缺失的有用功能，对当前系统及超系统资源进行分析，将系统问题转化为系统缺失有用功能的问题。由缺失的有用功能出发，结合缺失功能与发明原理能够提供的功能之间的相似度对比，在相似度较高的发明原理中选择适合当前问题的发明原理，应用该发明原理启发设计者实现有用功能的重新分配，得到创新方案，如图 4.24 所示[16]。

4.2.7　裁剪创新设计系统化流程

裁剪创新设计系统化流程如图 4.25 所示，具体步骤如下。

（1）确定设计需求。根据设计原型，确定创新设计的设计需求，用以引导后续裁剪方法的执行。

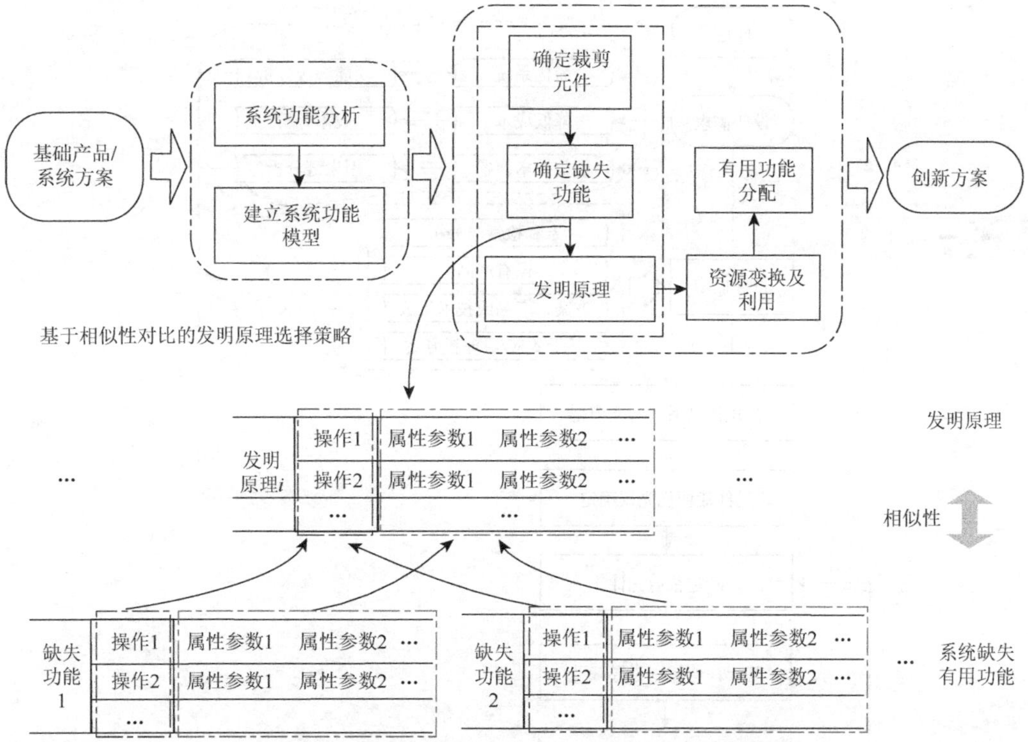

图 4.24　基于相似性分析的发明原理选择过程模型

（2）确定设计原型。通过“专利检索与分析”“已有产品”“方案、产品或技术集成”“基于效应/原理新方案”确定初始设计原型。

（3）构建技术系统功能模型。依据功能模型建立步骤，建立技术系统功能模型，明确系统初始冲突区域。

（4）确定裁剪元件。根据不同的设计需求，运用相应的判断准则确定元件裁剪优先权。

（5）基于裁剪规则引导裁剪。依据三条裁剪规则执行裁剪操作，在基于“行为功能”和“目的功能”相似性前提下，尝试进行系统有用功能重新分配。

（6）判断有用功能能否成功重组，若能，则跳转至步骤（10），若不能，则跳转至步骤（7）。

（7）进行资源列表，基于功能和期望属性进行可用资源分析，寻找潜在可用资源完成功能重组。

（8）判断有用功能能否成功重组，若能，则跳转至步骤（10），若不能，则跳转至步骤（9）。

（9）基于发明原理的可用资源衍生，利用发明原理挖掘系统及超系统资源。若有用功能能够成功重组，则跳转至步骤（10），若不能成功重组，判断系统是否仍然存在可裁剪元件，若存在，则跳转至步骤（4），若不存在，则裁剪失败，转而应用冲突解题方法获取解决方案。

（10）判断是否所有问题已解决，若未全部解决，则继续裁剪元件，若全部解决，则得到最终创新设计方案。

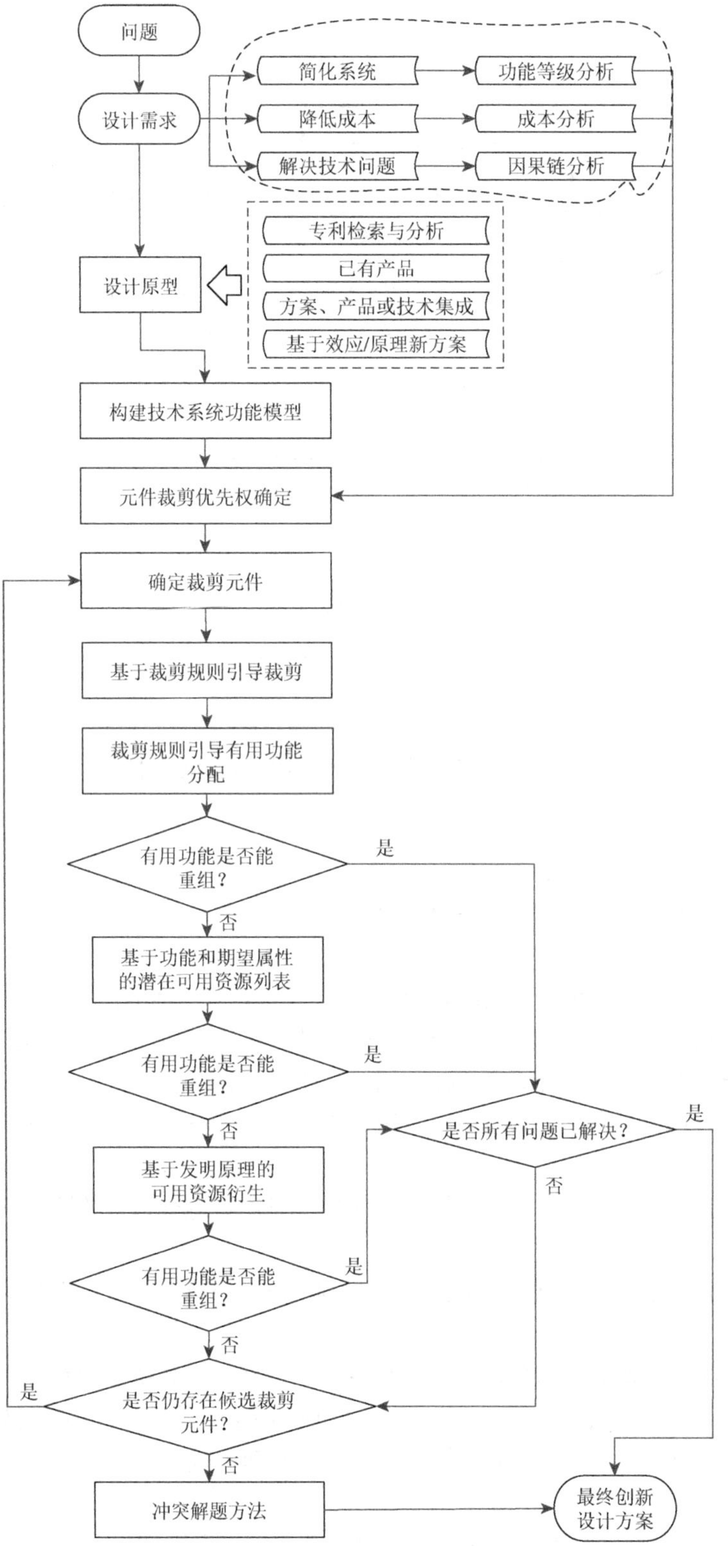

图 4.25　裁剪创新设计系统化流程

4.3 方案评价要素与方法

在作品的设计过程中，往往会得出不止一个设计方案，这时方案的评估与筛选对于集中有限的资源和精力去完善与制作科技成品，以及自我评估与审视作品，进行必要的作品改进都是非常必要的。

对于大学生科技创新竞赛而言，不同的赛事其宗旨有所不同，每种赛事都有自己对作品的综合评价标准。但总体而言，大学生科技竞赛设置的根本目的还是对学生创新能力的培养。综合分析多项大学生科技创新赛事，参赛作品的创新性和实用性是最为主要的作品评价要素。除此之外，发明创作类竞赛可能还会关注作品本身的结构及工艺合理性、先进技术的应用等方面，用以正向促进大学生对专业基础知识的掌握和应用，以及对技术发展前沿的了解。

4.3.1 创新性方面

培养学生的创新能力是大学生科技创新竞赛的重要宗旨之一，因此创新性是大学生科技竞赛作品的重要考评指标，也是各项赛事评委考评的重点。创新性的评价一般综合考虑以下四个方面[17]。

（1）所设计的作品在功能和性能上的新颖性。

（2）所设计的作品在性能上提高的程度，性能提升越多，新颖性越强。

（3）所设计作品功能实现是否采用了新的原理、效应，新的行为方式或者新的功能实现结构，这往往需要学科知识的综合应用。

（4）有些时候，设计作品较相同功能产品的成本显著降低也是设计作品新颖性的一种体现。

4.3.2 实用性方面

实用性主要体现在作品能够满足目标用户的实际需求。产品是功能的载体，任何产品的设计都是为了实现一定的功能，这也是作品设计的最直接目的。用户的实际需求除了功能以外，功能的实现效果，如便携性、操作方便性等也是非常重要的因素。因此，实用性的评价需要首先明确用户的实际需求，然后评价作品本身的功能及性能与用户需求的一致性。

基于上述原则，具体的评价方法众多，下面介绍一种简单实用的主观评价方法——“基于失效预测的需求满足度评价矩阵”，具体步骤如下。

1. 设计作品所面向的用户需求

设计者在设计作品之初，就应该首先明确用户需求，并根据用户需求确定设计要求；

但有时这些被设计者确定的用户需求并未被准确表达出来，因此，在评价前应重新审视这些用户需求，并加以完善。该过程可以通过下列问句来完成。

（1）是否正确定义了需求？

（2）这些需求的表达方式是否适合“衡量”相关需求的满足程度？

（3）是否需要添加或删除需求？

（4）这些需求之间是否存在表达意义上的交叉？若是，则进行合并。

（5）在需求合并后，您的需求列表是否仍然过长？若是，则去掉一些无关紧要的需求，保留最主要部分。

（6）这些需求的重要性都相同吗？如果不是，请为其分配权重，可采用如“层次分析法”等分析方法。

2. 打分评价概念方案对上述各项需求的满足程度

设计方案必须能够满足已确定的用户需求。将各备选设计方案列表，根据设计方案与第一步中明确的用户需求的一致性程度对方案进行评估。

根据概念方案与第一步中明确的用户需求的一致性程度，将分数分为 0-完全不满足，1-较差满足，2-一般满足，3-较好满足，4-完全满足五个等级。方案评价矩阵如表 4.7 所示。

表 4.7　方案评价矩阵

方案	需求 1	需求 2	需求 3	需求 4
方案一	2	2	3	4
方案二				
方案三				

该过程的困难在于，所有作品的设计都是基于成功情景导向的设计，即设计人员在设计作品过程中，大脑中所构造的是产品在一般情境下的成功情景。这就造成了设计人员对设计作品的盲目自信，大脑会自动“规避”或“掩盖”产品的潜在缺点，从而造成对方案评价的不客观。

为避免上述情况的发生，这里引入扩展的失效预测方法辅助设计者分析设计作品的潜在问题，保证方案评价的客观性和准确性。失效预测（antucupatory failure determination，AFD）是基于“颠倒分析”的概念提出的潜在的失效分析及预测理论[18,19]。AFD 方法的应用主要有两个：AFD-1 和 AFD-2。AFD-1 应用于已有失效发生的场合，在这种情况下 AFD-1 可称为失效分析；AFD-2 应用于识别可能发生但还没有发生失效的场合，这时称为失效预测。

应用 AFD-2 可有效分析出新产品概念设计方案的潜在失效可能，从而确定系统潜在的技术问题。在常规的 AFD-2 应用步骤中，初始可能失效是设计者凭借自身的知识和经验提出的，这就可能造成某些重要失效的遗漏或者找出很多不可能失效。扩展的 AFD-2[20]

相对常规 AFD-2 应用步骤在确定初始失效前加入了功能实现过程的分解步骤，根据功能实现过程的成功情景确定所有可能失效，大大提高了初始失效确定的效率和准确性。故引入扩展的 AFD-2 分析法进行新产品概念方案潜在问题的分析。

扩展失效预测步骤如图 4.26 所示，具体实施步骤如下。

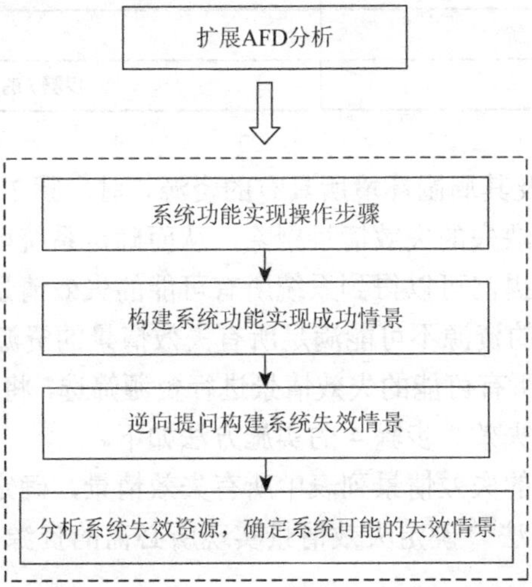

图 4.26 扩展失效预测步骤

步骤 1：确定系统功能实现过程，将功能实现过程分解，确定系统功能实现过程的每个元件/部件单一的操作步骤。

步骤 2：按照步骤 1 中分解的系统功能实现过程中的每个操作步骤，构建每个操作步骤的成功情景，如表 4.8 所示。

表 4.8 功能实现过程中系统元件操作步骤的成功情景

元件操作步骤		成功情景
1	步骤 1	步骤 1 的成功情景 s1
2	步骤 2	步骤 2 的成功情景 s2
3	步骤 3	步骤 3 的成功情景 s3
…	…	…
i	步骤 *i*	步骤 *i* 的成功情景 s*i*

步骤 3：对步骤 2 中构造的成功情景，进行成功情景的逆向提问，确定系统失效情景："如果系统的任务是使成功情景失败，应该如何去做"，如表 4.9 所示。

表 4.9　功能实现过程中系统元件操作步骤的失效情景

元件操作步骤		失效情景
1	步骤 1	步骤 1 的失效情景 S1
2	步骤 2	步骤 2 的失效情景 S2
3	步骤 3	步骤 3 的失效情景 S3
…	…	…
i	步骤 *i*	步骤 *i* 的失效情景 S*i*

步骤 4：分析系统内及其周围环境所具有的资源，对步骤 3 中所有得到的失效情景进行资源筛选，将所有资源缺失的失效情景剔除，从而确定系统可能的失效情景。

通过步骤 3 中的逆向提问可以得到系统所有可能的失效情景，但这些失效情景并不都会发生，因为系统中存在的资源不可能满足所有失效情景的资源需求。因此，在得到系统失效情景列表后，需要对所有可能的失效情景进行资源筛选，将所有资源缺失的失效情景剔除，从而确定系统可能失效。步骤 4 的实施方法如下。

（1）逐一分析步骤 3 的失效情景列表中所有失效情景，确定其失效所必需的资源。

（2）根据资源查找算法[14]确定失效情景实现所必需的资源是否存在于系统或其周围环境之中。

（3）通过系统内外资源筛查，确定系统可能失效的情景。

①若该失效情景必需的资源存在，则该失效情景保留在系统失效情景列表中；

②反之，如果该失效所必需的资源在系统及其周围环境中不存在，表明该失效不会发生，将其从系统失效情景列表中剔除，以此得到系统中的潜在失效。

结合作品具体的应用环境，对各方案进行失效预测分析之后，能够确定出设计作品的潜在问题。基于作品的功能及该潜在问题，综合进行方案矩阵评价。

3. 确定各项需求权重，计算设计方案的实用性价值[21]

在实际的设计过程中，设计方案会满足多项用户需求，但这些需求的重要程度往往是不同的，所以，在采用上述方法对方案进行打分评价时，还需要考虑这些需求的权重。权重的确定可参考层次分析法，对于该方法已经有很多参考资料，这里不再赘述。

因此，方案评价结果可用表 4.10 的表述。

表 4.10　设计方案评价矩阵

用户需求	设计方案的评价变量				
	权重/%	方案一	方案二	方案三	…
需求 1	…				
需求 2	…				
需求 3	…				
…	…				
总评分	100				

注意，该方法在使用过程中也存在一定的缺陷。

（1）在概念设计阶段，作品在实际性能等方面仍然有一定的不确定性，但对于概念方案的初步筛选仍然是可行的。

（2）评价的主体不同，对于评价结果可能存在一定的差异性。因此在使用该方法时，最好能综合多人的评价结果。

4. 评估设计方案的总体价值

综合上述实用性评价过程，以此类推，在必要情况下，结合具体竞赛的评价准则，综合评价设计方案总体价值。评价矩阵表如表 4.11 所示。

表 4.11　设计方案综合评价矩阵表

评价指标	设计方案的评价变量				
	权重（100%）	方案一	方案二	方案三	…
创新性	…				
实用性	…				
结构合理性	…				
…	…				
总评分	100				

评价过程是方案筛选的过程，也是方案中潜在问题发现的过程，对于发现的潜在问题，应进行持续改进，以使方案达到最优。

参 考 文 献

[1]　刘志峰，高洋，胡迪，等. 基于 TRIZ 与实例推理原理的产品绿色创新设计方法[J].中国机械工程，2012，23(9)：1105-1111，1116.

[2]　张换高，张建辉，张鹏. 创新设计：TRIZ 系统化创新教程[M]. 北京：机械工业出版社，2017.

[3]　尼古拉·什帕科夫斯基. 进化树-技术信息分析及新方案的产生[M]. 郭越红，孔晓琴，译.北京：中国科学技术出版，2010.

[4]　许栋梁. 萃智创新工具精通[M]. 台北：鼎茂图书出版股份有限公司，2010.

[5]　林芸蔓. 基于萃智的电脑辅助之修建流程与工具[D]. 新竹：台湾“清华大学”，2009.

[6]　于菲，刘芳，檀润华，等. TRIZ 辅助多层次裁剪方法集构建[J]. 机械工程学报，2015，51（21）：156-164.

[7]　Fey V，Rivin E. Innovation on Demand[M]. Cambridge：Cambridge University Press，2005：14-20.

[8]　阿纳托利亚·亚历山大洛维奇，亚历山大·费拉基米洛维奇. TRIZ-发明问题解决理论一级教材[M]. 韩春伟，姜华，等，译. 哈尔滨：黑龙江科学技术出版社，2010：12-25.

[9]　于菲，檀润华，曹国忠，等. 基于系统功能模型的元件裁剪优先权研究[J]. 计算机集成制造系统，2013，19(2)：338-347.

[10]　石卫刚，杨伯军，于菲. 基于技术进化趋势的裁剪方法研究[J]. 工程设计学报，2016，23（4）：301-308.

[11]　Yeoh T S，Yeoh T J，Song C L. TRIZ-Systematic Innovation in Manufacturing[M]. Selangor Darul Ehsan：Firstfruits Sdn. Bhd.，2009.

[12]　于菲. 基于系统裁剪的创新设计研究[D]. 天津：河北工业大学，2013.

[13]　崔颖. 一种无鞋面的拖鞋：中国，2012220100218.0[P]. 2012-03-16.

[14] Zlotin B，Zusman A. The concept of resources in TRIZ：Past，present and future[C]. Altshuller Institute's TRIZCON 2006，Milwaukee，2006.

[15] 赵敏，张武城，王冠殊. TRIZ 进阶及实战：大道至简的发明方法[M]. 北京：机械工业出版社，2015.

[16] 张二甲. 面向设计需求的知识启发裁剪方法研究[D]. 天津：河北工业大学，2017.

[17] Leifer R. Radical Innovation：How Mature Companies Can Outsmart Upstarts[M]. Massachusetts：Harvard Business School Press, 2000.

[18] Stamaticd H. Failure Mode and Effect Analysis：FMEA from Theory to Execution[M]. Milwaukee：ASQ Quality Press，1995.

[19] Zlotin B， Zusman A. Directed Evolution，Philosophy Theory and Practice[M]. Southfield：Ideation International Inc，2001.

[20] 许波，檀润华. 资源在机电一体化系统失效筛选中的应用[J]. 机械设计，2013，30（11）：1-4.

[21] Cascini G. Hands on design task clarification[D]. Lappeenranta：Lappeenranta University of Technology，2016.

第5章　案例——机械式高枝单果采摘器

第八届（2018 年）全国大学生机械创新设计大赛的主题是“关注民生，美好家园”，内容为：①解决城市小区中家庭用车停车难问题的小型停车机械装置的设计与制作；②辅助人工采摘，包括采摘苹果、柑橘、草莓等 10 种水果的小型机械装置或工具的设计与制作。

以第八届（2018 年）全国大学生机械创新设计大赛中，河北工业大学获得全国一等奖的“机械式高枝单果采摘器”为例，来简要说明设计过程。

5.1　项 目 调 研

选择研究课题一定要选择自己相对熟悉的问题，对问题背景、实施工况了解才能准确抓住特定用户的实际需求，这样设计出的产品才可能具有实用性。

水果采摘作业是水果生产作业中最耗时、费力的一个环节[1,2]。由于我国果树种植株距较为密集，难以借鉴国外大型机械化作业采摘。目前，在我国绝大多数地区苹果科类果实的采摘依然依赖人工，对于高枝生长的果实需要借助货车或高梯采摘，在平原地区果实密集情况下尚可接受，但我国苹果类果实种植中，山区占据了较大比重，果树多呈分散种植，此种情况下采用高梯作业劳动强度大、作业效率低、危险系数大、采摘成本高，尤其是在山区果树高枝果实不密集的情况下尤为严重。该问题尚无良好的解决方法，且解决问题存在一定障碍，因此将其作为此次竞赛的选题。

由此，明确了要解决的具体问题，即主要解决山区分散种植苹果类果实的高枝单果采摘问题。

5.2　项目初步方案确定

查阅了关于苹果类果实采摘相关的专利和市场上已有的产品，为应对山区高枝水果采摘问题，可用相关方案，如 CN109451987A[3]、CN202374719U[4]、CN108668627A[5]、CN103548495B[6]及市场上的高空摘果器（图 5.1）。综合对比这些方案，在便携性、经济性、可操作性等多方面比较后，发现市场上的摘果器具有明显优势，且多个方案在采摘方式上具有一定相似性。割断果蒂式采摘杆较为常用和优越。使用者识别果蒂，利用采摘杆的固定刀刃对准果蒂，人按压手柄，牵动拉线，拉线拉动活动刀刃固定端带动活动刀刃使之张开接近果蒂，放开手柄，活动刀刃与固定刀刃聚合并接触，切断果蒂，松开手柄，弹簧使活动刀刃复位，如图 5.1 所示。对于选题而言，该产品具有一定的优越性，也存在一些明显缺陷，将其选为基础产品，在此基础上进行方案改进。

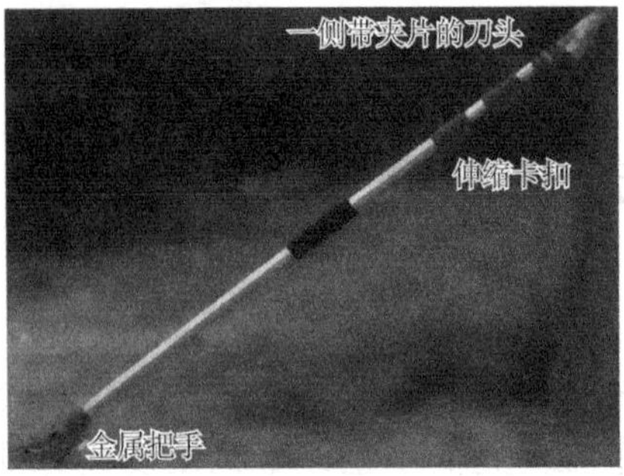

图 5.1　目前市场上适用于山地高枝单果采摘的器具

5.3　项目问题分析与问题解决

5.3.1　设计要求确定

上述割断果蒂式采摘杆使用过程中遇到的问题为：刀刃难以准确对准果蒂，容易造成果实损伤，操作效率较低，而且损坏率高，且采摘杆现有结构和材质使得采摘杆较重，操作较费力，长时间持杆工作时，工作强度较大。现对这类采摘杆进行改进，改进要求如下：

（1）避免锋利元件损伤果实，降低伤果率；

（2）降低采摘难度，提高可操作性和采摘效率，降低劳动强度；

（3）降低或至少不升高成本。

5.3.2　建立系统功能模型

对市场上现有割断果蒂式采摘杆进行功能分析，建立产品功能模型，找到系统存在的问题。首先，确定相关超系统资源为人、果蒂、水果；其次，确定采摘杆的各功能元件；最后，明确各元件相互作用的关系、作用类型并绘制系统功能模型，如图 5.2 所示。

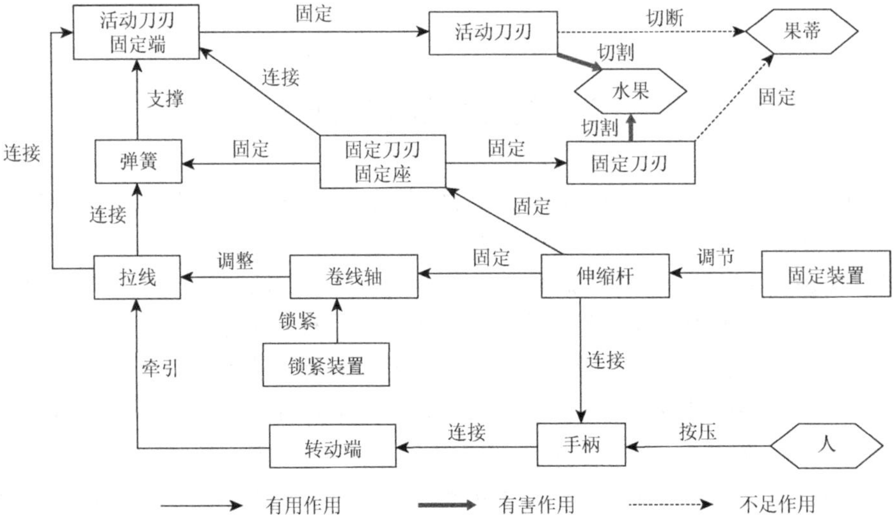

图 5.2　割断果蒂式采摘杆系统功能分析模型

从图 5.2 中可知，系统问题主要存在于活动刀刃、固定刀刃、水果、果蒂之间。

5.3.3　确定系统裁剪元件

利用因果链分析找出最关键的负面因素，如图 5.3 所示，确定元件的裁剪优先顺序。

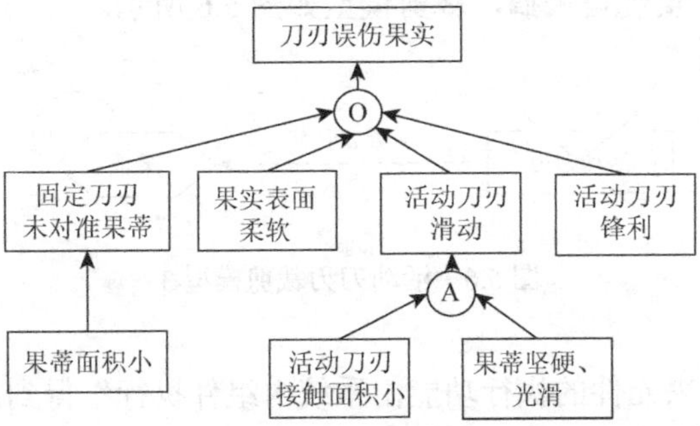

图 5.3　割断果蒂式采摘杆系统问题因果链分析图

基于因果链分析可知，由于果蒂的面积小，果实位置较高时，V 形刃口不容易对准果蒂，容易损伤果实；而且切断果蒂的过程中，果实容易沿剪刀滑动，误伤果实，由此导致刀刃对果蒂存在不足作用、对果实存在有害作用。由于“固定刀刃未对准果蒂”属于人为因素，“果实表面柔软”为超系统因素无法改变，“活动刀刃滑动”为首先需要解决的负面因素。“活动刀刃滑动”的根本原因为刀刃的接触面积小易滑动、刀刃锋利，而且果蒂坚硬光滑，但果蒂为超系统资源，无法删除，因此确定首要裁剪的目标元件为活动刀刃。

在摘取水果的过程中，活动刀刃的主要功能为在拉线的带动下接近并切断果蒂，有用功能为活动刀刃切断果蒂摘取水果，有害功能为刀刃破坏果实。希望消除刀刃破坏果实的功能，保留摘取水果的功能。由此产生新问题：如何实施摘取水果这一动作。

5.3.4　系统有用功能重组

在采摘杆问题系统中，刀刃切断果蒂实现采摘水果这一有用功能，功能提供者为“活动刀刃”，功能接受者为“果蒂”。

由裁剪规则 1“删除原来的执行功能的作用对象”得到，刀刃的切割功能直接导致误伤水果的有害功能，若刀刃的切割功能不再需要，考虑以“其他方式采摘水果”取代刀刃切割果蒂的采摘方式，裁剪模型如图 5.4 所示。

图 5.4　活动刀刃裁剪模型 1

由裁剪规则 1“删除原来的执行功能的作用对象”得到启发，裁剪果蒂。果蒂为超系统资源，若想删除果蒂，但仍保留采摘水果功能，需要使系统其他元件“直接作用于水果本身”，通过与水果的直接或间接接触完成采摘作业，裁剪模型如图 5.5 所示。

图 5.5　活动刀刃裁剪模型 2

由裁剪规则 2“原来元件的执行功能由系统内组件执行”得到启发，考虑能否使水果成熟即“自动掉落”，实现自采摘，裁剪模型如图 5.6 所示。

图 5.6　活动刀刃裁剪模型 3

由裁剪规则 2“原来元件的执行功能由系统内组件执行”得到启发，考虑利用采摘杆“系统内元件”提供采摘水果功能，裁剪模型如图 5.7 所示。

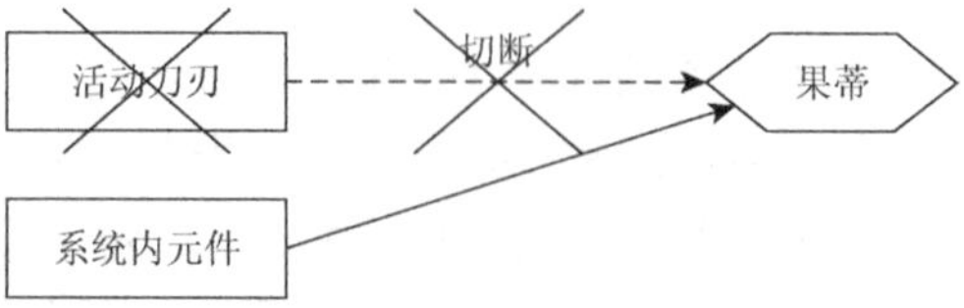

图 5.7　活动刀刃裁剪模型 4

由裁剪规则 3“原来元件的执行功能由系统外组件执行”得到启发，考虑利用采摘杆“系统外元件”提供采摘水果功能，裁剪模型如图 5.8 所示。

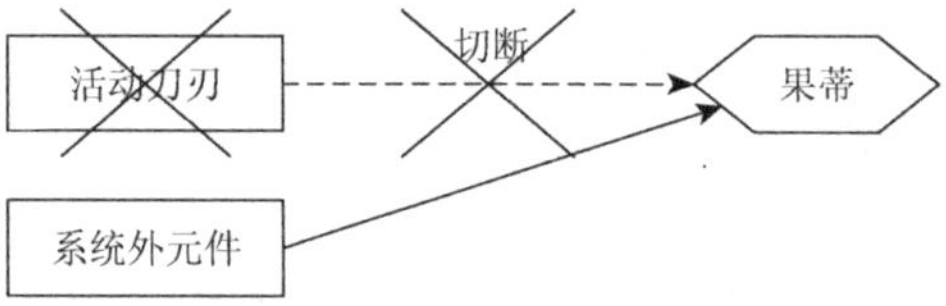

图 5.8　活动刀刃裁剪模型 5

基于以上裁剪规则，得到以下思路：

（1）综合裁剪规则 2 和裁剪规则 3，删除活动刀刃及果蒂，利用超系统资源实现水果自采摘，例如，水果成熟期通过风力或振荡等方式使水果自然掉落。

（2）综合裁剪规则 1 和裁剪规则 2，删除活动刀刃及其切割功能，利用系统内的其他元件直接作用于水果，例如，利用刀刃固定端直接抓握水果本身并扭转，实现水果采摘作业。根据采摘杆的内部资源、外部资源及超系统资源建立资源列表，如表 5.1 所示。通过资源列表寻找可用资源。

表 5.1　采摘杆资源列表

资源类型	物质资源	能量资源	信息资源	空间资源	时间资源	功能资源
内部资源	活动刀刃	机械场（重力、直接接触作用）	刀刃角度、果实成熟程度、果蒂的硬度	两刀刃之间的空间	—	—
	固定刀刃					
外部资源	手柄	机械场（重力、直接接触作用、压缩、形变）	施力程度	伸缩杆内空间、活动杆内空间	拉线拉动刀刃的时间	伸缩功能、锁紧功能、拉线传导力的功能、固定座的支撑功能、固定端的保护功能
	伸缩杆					
	固定装置					
	转动端					
	卷线轴					
	锁紧装置					
	固定刀刃固定座					
	弹簧					
	拉线					
	活动刀刃固定端					
超系统资源	空气	风力、重力	—	果园	—	—
	果蒂					

受裁剪规则启发，裁剪活动刀刃，可以利用冲突区域外部资源“活动刀刃固定端”执行被裁剪元件的有用功能，即采摘果实且不损伤果实。同理，裁剪固定刀刃，利用冲突区域外部资源“固定刀刃固定座”执行被裁剪元件“固定果实、辅助活动刀刃固定端摘下果实”的有用功能。

裁剪后采摘杆功能模型(部分)，如图 5.9 所示。由于元件刀刃被裁剪，活动刀刃固定端及固定刀刃固定座代替被裁剪元件执行采摘水果的过程为先夹持水果，通过人力扭转采摘杆摘下水果，该过程虽然能够执行夹持水果的功能，但由于扭转功能不足(虚线)，不能直接摘下水果，而且消耗人力不满足设计目标，因此引出新问题：如何实现采摘杆的扭转功能。由于“活动刀刃固定端”及“固定刀刃固定座”执行夹持功能，以下分别简称“活动夹爪”及“固定夹爪座”。

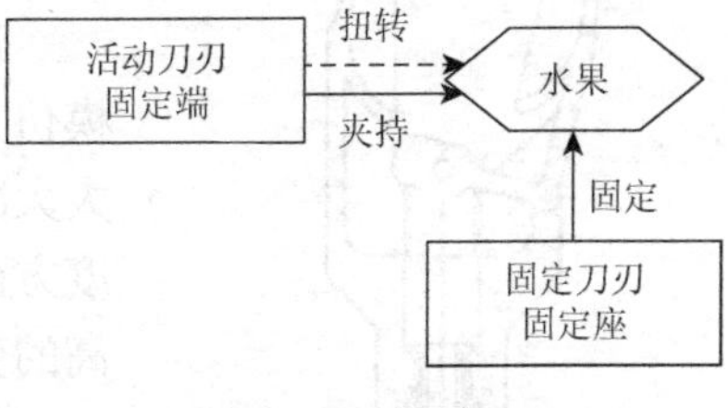

图 5.9　裁剪后采摘杆功能模型（部分）

在新的问题系统中，活动夹爪夹持并扭转实现采摘水果这一有用功能，功能提供者为“活动夹爪”，功能接受者为“水果”。由裁剪规则 2“原来元件的执行功能由系统内组件执行”得到启发，将固定夹爪座分割为固定夹爪、套筒两部分，使固定夹爪能在拉线的牵动下沿套筒旋转，实现扭转功能。

由此，提出利用螺旋副结构实现活动夹爪与固定夹爪的扭转功能。伸缩杆与套筒固定连接，为完成夹爪扭转运动，套筒为螺纹套筒，固定夹爪及副弹簧嵌套在套筒上，当人按压手柄时，手柄带动转动端垂直向上运动，牵动拉线，拉线拉动活动夹爪，活动夹爪与果实表面接触，果实被夹紧时，即爪头的力克服弹簧预紧力后，活动夹爪带动固定夹爪沿螺纹套筒旋转下降，果实在扭转的作用下与树枝脱离。

建立有用功能重组后的系统功能模型，如图 5.10 所示。

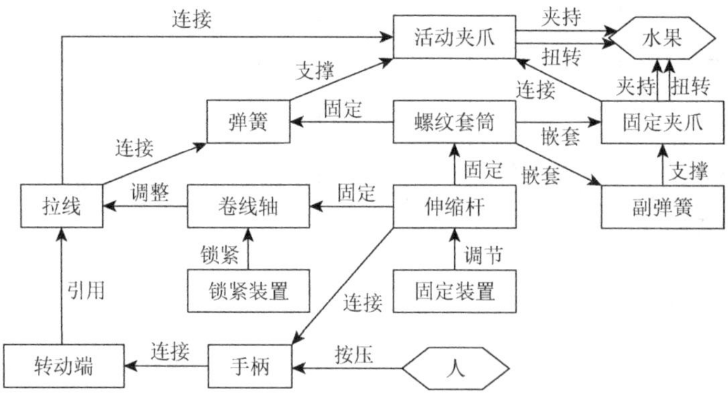

图 5.10　裁剪后的采摘杆系统功能模型

5.4　项目方案确定与方案评价

5.4.1　项目方案确定

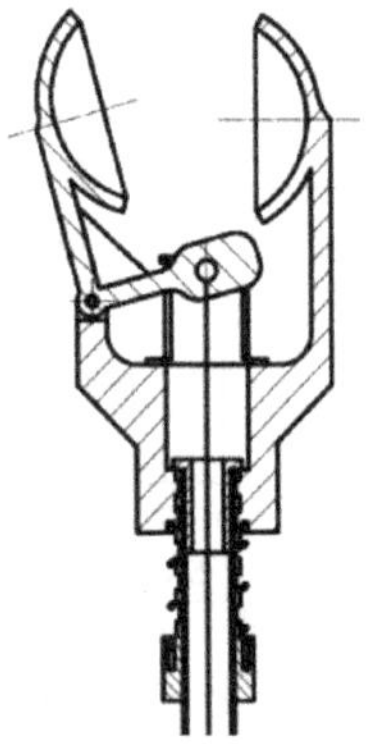

图 5.11　采摘杆爪头部分结构

根据上述过程设计出采摘杆爪头部分结构如图 5.11 所示。

经分析，该方式去掉了修剪头，实现了先夹紧后扭转的模仿人手采摘的方式，理论上在操作步骤不增加的前提下，大大减小了伤果率。但该方案中的采摘杆设计方案在劳动强度方面并没有明显的提高，果农若长时间持杆作业仍具有较高的劳动强度。因此，在降低劳动强度方面继续改进。

集成专利方案中有关于果实收集、重量分担等相关方案的结构和技术，设计小组在原有设计方案基础上设计出了两个方案。

方案一：一种带有果实收集装置的采摘杆，具体结构如图 5.12 所示。

方案二：直接在杆身固定一条背带，果农采摘时可将背带置于肩部，由背部分担受力。该方案较为简单，不再图示。

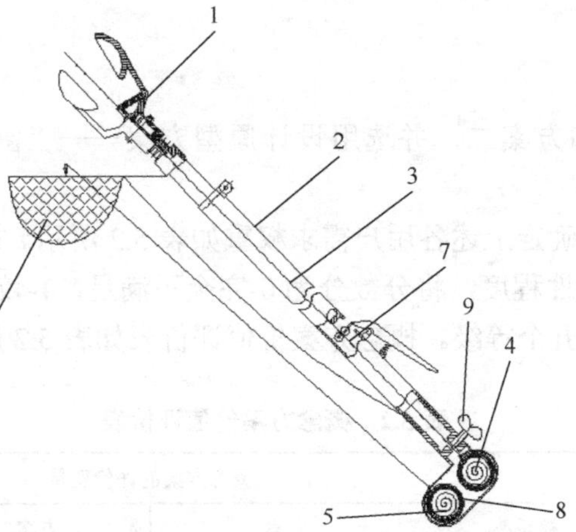

图 5.12　带有果实收集装置的采摘杆结构示意图

1-爪头；2-伸缩件；3-绳体；4-第一卷线部；5-第二卷线部；6-收集部；7-操作部；8-绳体储存室；9-绳体锁紧件

5.4.2　项目方案评价

1. 创新性方面

（1）功能及性能方面，实现了一次按压把手顺序实现夹紧和扭转两个动作，操作复杂性降低。

（2）行为方式改变，果实采摘杆原有的剪切方式为扭转方式，该操作行为方式的改变理论上使得果实损伤率大大降低。

（3）功能实现原理及结构改变，果实采摘改变原有的剪切原理和实现采摘果实的剪刀结构，采用螺旋加杆机构实现“夹紧和扭转果实”，用较为简单的结构实现了较为复杂的动作。

综上，上述方案具有一定的创新性。

2. 实用性方面

1）用户需求确定

经过多次实地考察，当前山区农户对高枝单果采摘的方式大多为高梯人工采摘，当果树较为分散且结果率不高时，采摘效率不高，且劳动强度较大，但该采摘方式伤果率较低。若采用市场上的高枝采摘杆，伤果率较高。结合当地果农的实际需求，并综合考虑竞赛要求，确定山区苹果类果实的高枝单果采摘器应满足如下需求：

（1）采摘效率高；

（2）伤果率低；

（3）操作方便；

（4）劳动强度低；

（5）经济性；

（6）环保性。

2）概念方案评价

综合上述方案一和方案二，并选用设计原型方案——“割断果蒂式采摘杆”作为对比方案。

根据层次分析法，确定上述各用户需求权重如表 5.2 所示。根据概念方案与第一步中明确的用户需求的一致性程度，将分数分为 0-完全不满足，1-较差满足，2-一般满足，3-较好满足，4-完全满足五个等级。概念方案价值评价表如表 5.2 所示。

表 5.2　概念方案价值评价表

用户需求	概念方案的评价变量			
	权重/%	方案一	方案二	原型方案
采摘效率高	14.5	2	3	3
伤果率低	23.8	3	3	1
操作方便	23.7	2	3	3
劳动强度低	23	1	3	2
经济性	9.5	3	4	3
环保性	5.5	4	4	3
总评分	100	2.213	3.15	2.294

（1）方案一。

效率：采用的网兜结构虽然可以输送果实，但是增加了结构的复杂性，采用失效预测分析，很大程度上存在网兜结构和输送线与果树枝叶缠绕的可能性，因此采摘效率可能有所降低。

伤果率：变剪切式采摘为夹紧扭转式采摘，伤果率大大降低。但经失效预测分析，如果方案中夹持爪头为硬质材料或未达到夹持位置就开始操作，有可能会造成一定程度的水果损伤。

操作方便性：杆长可调，满足不同高度和深度的果实采摘需求；采摘过程实现了一次按压顺序实现夹紧、扭转两个动作，操作方便。但经失效预测分析，果实收集装置的网兜及绕线结构存在极大可能与果树枝叶缠绕，因此可操作性降低。

劳动强度：根据结构尺寸及材料预估计，作品重量在 3kg 以上，全部过程及重量靠手臂支撑，劳动强度较大。

经济性：没采用电机等装置，纯机械式结构，使用过程无须费用；单件作品制作成本预估计不足百元，经济性较好。

环保性：没采用电机等装置，纯机械式结构，环境友好。

（2）方案二。

效率：采摘过程实现了一次按压顺序实现夹紧、扭转两个动作，操作方便；根据结构尺寸及材质选择预估，重量在 1.5kg 左右，劳动强度较低。和市场上已有采摘杆相比，理论上采摘效率较高。

伤果率：变剪切式采摘为夹紧扭转方式采摘，伤果率大大降低。但经失效预测分析，如果方案中夹持爪头为硬质材料或未达到夹持位置就开始操作，有可能会造成一定程度的水果损伤。

操作方便性：杆长可调，满足不同高度和深度的果实采摘需求；采摘过程实现了一次按压顺序实现夹紧、扭转两个动作，操作方便。

劳动强度：根据结构尺寸及材质选择预估，重量在 1.5kg 左右，重量较轻。杆身增加背带设计，背部分担采摘杆重量，因此理论上采摘劳动强度较低。

经济性：没采用电机等装置，纯机械式结构，使用过程无须费用；单件作品制作成本预估计不足 60 元，经济性好。

环保性：没采用电机等装置，纯机械式结构，环境友好。

（3）设计原型方案——“割断果蒂式采摘杆”。

效率：切断式采摘，需另加人工辅助或增加接纳被切断果蒂果实的装置；另外，由于枝叶遮挡，有时对准果蒂需要一定时间。

伤果率：剪切式采摘，剪刀存在一定伤果率，且切断后果实落地存在一定伤果率。

操作方便性：杆长可调，满足不同高度和深度果实采摘需求；但需要拨开枝叶遮挡对准果蒂；切断过程操作方便。

劳动强度：全部过程及重量靠手臂支撑，劳动强度较大。

经济性：采用电机驱动，其余部分为纯机械式结构，经济性较好。

环保性：采用电机等装置，存在一定能源耗费，但总体环保性较好。

经过综合对比，方案二的实用性较强，综合满意度能够较好地满足用户需求，因此，选用方案二作为设计方案。

根据打分结果，方案在提升采摘效率、降低伤果率和提高操作的方便程度以及降低劳动强度方面仍然有改进的空间。例如，用户希望伤果率越低越好，最好为零。而方案二伤果率未达到“完全满足”是因为经过方案的失效预测分析，当方案中夹持爪头为硬质材料或未达到夹持位置就开始操作，有可能会造成水果损伤。因此，设计小组据此进行改进，设计了充气活动爪头，以及增强爪头内部柔软度等多个方案。后经分析评价，选择了“微调爪头结构，在活动爪头内部粘贴橡胶海绵”这一结构简单、成本低廉的方案。

其他方面由于竞赛时间关系，没有再次改进，但仍有进一步改进的空间。

5.5　采摘杆样机试制

根据上述改进后的最终方案，试制出采摘杆如图 5.13 所示。

该方案裁剪了原采摘杆的刀刃元件，消除了损伤水果的有害作用，在未引入新元件的基础上使原系统得到简化；将识别果蒂位置、切断果蒂的采摘方式变为夹持果实、扭转果蒂，由活动夹爪、固定夹爪执行夹持功能，利用螺纹套筒通过旋转的方式实现扭转果蒂功能，可以有效避免损伤果实，并且没有引入新的有害作用；一次按压把手顺序实现夹紧、旋转扭下果实动作，提高了操作效率；同时，元件简化及操作效率提高可以降低生产成本，提高原系统理想性。

图 5.13　采摘杆试制作品实物图

经多个采摘果园实验，根据实际情况调节了杆长调节范围，总体采摘效果良好。

参 考 文 献

[1] 宋健. 茄子采摘机器人结构参数的优化设计与仿真[J].机械设计与制造，2008，46（6）：166-168.

[2] Sanders K F. Orange harvesting systems review[J]. Biosystems Engineering，2005，90（2）：115-125.

[3] 马黛，刘云利. 一种苹果采摘用手持可伸缩苹果采摘器：中国，CN109451987A[P]. 2019-03-12.

[4] 黎茂云，邵雪飞，王晓君. 一种自动式水果分类采摘机：中国，CN202374719U[P]. 2012-08-15.

[5] 贾先，雷鸿春，赵祎，等. 一种可更换采摘方式的苹果分类采摘器：中国，CN108668627A[P]. 2019-01-15.

[6] 贺亚男，沈世辉，杨波，等. 果实采摘机：中国，CN103548495B[P]. 2015-07-01.

第 6 章　案例——自然风驱动太阳能电池板除尘系统

2017 年“神雾杯”第十届全国大学生节能减排社会实践与科技竞赛的主题是“节能减排，绿色能源”，紧扣竞赛主题，作品包括实物制作（含模型）、软件、设计和社会实践调研报告等，体现新思想、新原理、新方法及新技术。紧密围绕国家能源与环境政策并结合国家重大需求展开。

以“神雾杯”第十届全国大学生节能减排社会实践与科技竞赛中，河北工业大学获得全国一等奖的“自然风驱动太阳能电池板除尘系统”为例，简要说明设计过程。

6.1　除尘项目前期调研

通过上网查阅相关热点问题，发现太阳能已成为世界各国竞相开发的绿色能源。通过查阅相关资料发现：我国光伏电站多位于西北干燥的荒漠地带[1]，不仅降水量少，而且扬尘多发，在该气候条件下粉尘会在太阳能电池板表面堆积，太阳能电池板随着使用时间的增长，其迎光面会逐渐积累一层灰尘，既影响了太阳能电池板对光的吸收，又降低了太阳能电池板的转换效率[2]。据计算，太阳能发电一年会被灰尘“吞掉”2.5 亿元。所以为了降低该类损失，保证太阳能电池板正常运行，一般太阳能电池板都要做定时清理。

通过对以上背景和现状的综合分析，我们发现研究荒漠地区光伏太阳能电池板上灰尘作用机理及其清洁方法将会有效促进光伏清洁能源产业的发展，具有重要的学术价值和现实意义。目前，该问题的解决存在一定障碍因素，符合竞赛题目确定原则，因此把针对高海拔荒漠地区光伏电站太阳能电池板表面灰尘清洁的问题定为竞赛主题。

6.2　除尘项目同类产品对比分析

该项目的主题是针对高海拔荒漠地区光伏电站太阳能电池板表面灰尘的清洁，因此需要进一步了解国内外在这一领域的发展现状，并分析其利弊。目前，太阳能电池板现有的除尘方式有：①人工擦拭；②水枪冲洗；③机器人清洗[3]。

人工擦拭的方式主要运用于铺设面积较小、劳动力资源相对丰富的地区。但目前我国光伏发电站主要分布在土地资源、太阳能资源丰富而人力资源稀缺的西北荒漠地区。因此，人工擦拭这一方法仅在个别地区有所应用。

水枪冲洗方式是利用高压水流冲洗电池板表面，以达到清洁电池板表面的目的，也是目前运用最多的除尘方式，但依然需要人工操作，并且西北荒漠地区水资源稀缺，所以水枪冲洗的方式在西北地区也有很大的局限性。

机器人清洗方式可以很大程度上节约人力和水资源，而根据调查显示，相关企业在研制专门清扫太阳能电池板表面灰尘的机器人，但依然存在效率低、成本高这样的问题，仍需不断完善，所以尚未普及。

6.3 除尘项目问题分析

研究荒漠地区光伏太阳能电池板上灰尘作用机理及其清洁方法将会有效促进光伏清洁能源产业的发展，具有重要的学术价值和现实意义[4]。针对高海拔荒漠地区光伏电站太阳能电池板表面灰尘清洁问题，综合考虑用水量和清洗效果等问题，探索既降低用水量又减少人工成本的有效清洁设备和工艺是亟待解决的问题。

6.3.1 除尘项目最终理想解

（1）进行设计的最终目的是什么？

表面干净的太阳能电池板。

（2）理想解是什么？

太阳能电池板本身能自动清洁。

（3）达到最终理想解的障碍是什么？

太阳能电池板持续堆积灰尘。

（4）可以利用的资源是什么？

太阳能电池板的自动跟踪系统、风、工具、操作者等。

（5）最终理想解是什么？

研发出一种方法或设备，使灰尘能自动剥离太阳能电池板表面。

6.3.2 除尘项目资源分析

资源分析是解决发明问题的基础，有助于高水平解决方案的提出。发明资源的类型包括物质、能量/场、可用空间、可用时间、物体结构、系统功能、系统参数，可用资源的种类和形式是随着技术的进步不断扩展的。能够应用系统内、系统外、超系统的所有种类的可用资源，扩展可利用资源的种类本质也是一种创新。对该技术系统进行资源分析，如表 6.1 所示。在挖掘系统的资源后，将系统各组件的物质属性和功能属性整理如表 6.2 所示。

表 6.1 资源分析表

资源种类	内容名称
内部资源	太阳能电池组件、支架、太阳能电池板尺寸
外部资源	太阳能、水资源、化学清洁剂、风能、风速、风向、自然风与太阳能电池板夹角、清洁拖把、人手握力大小、握持性、灵活性、拖把长度、拖把吸水能力、推擦角度

续表

资源种类	内容名称
差动资源	人工清洁前后发电功率差值、太阳能电池板电压差值、实际发电功率与理想发电功率的差值、人工清洁前后发电功率差值
空间资源	光伏电站、太阳能电池板组间距离
能量资源	电能、机械能、太阳能、化学能、热能、光能、摩擦力
场资源	机械场、风场、重力场、电场、时间场、光场
功能资源	清洁拖把的摩擦性、人手的握持性、工人的观察力、工人的判断性和协调性
时间资源	清洁光伏组件的时间间隔、单次清洁光伏组件所用时间
信息资源	灰尘在电池板上分布的均匀度、灰尘在电池板上分布的厚度
物质资源	太阳能电池组件、支架

表 6.2　系统组件的物质属性和功能属性

系统组件	属性 1	属性 2	属性 3	属性 4	属性 5	属性 6	功能	功能属性
太阳能电池组件	承载性	可擦拭性	光滑性	静止性	—	—	发电	有用
支架	支撑性	稳定性	限位性	静止性	—	—	支撑	有用
人	灵活性	握力性	调节性	传力性	方向性	掌控性	握持拖把、擦拭电池板	有害/有用
清洁拖把	吸收性	柔软性	传力性	擦拭性	移动性	中介性	擦拭太阳能电池板上的灰尘	有害/有用
化学试剂	蒸发性	贴合性	化学性	黏性	—	—	溶解太阳能电池板表面污垢	有害/有用
水	蒸发性	流动性	清洁性	透明性	—	—	清洗太阳能电池板	有害/有用

6.3.3　除尘项目功能分析

建立系统功能结构模型如图 6.1 所示。

6.3.4　除尘项目因果分析

为了从根本上解决问题，对人工清洁太阳能电池板进行因果分析，找到问题的根源。人工清洁太阳能电池板因果链如图 6.2 所示。

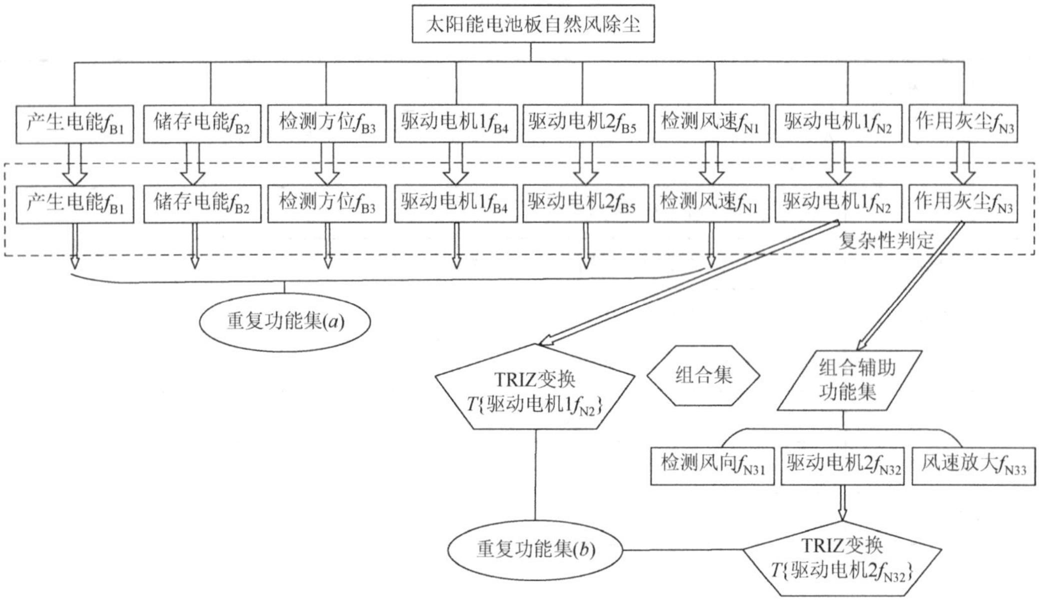

图 6.1　系统功能结构模型

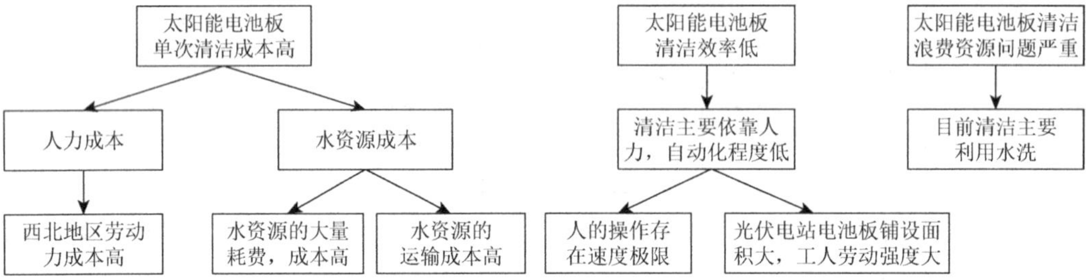

图 6.2　人工清洁太阳能电池板因果链

根据图 6.2 所示的因果链分析示意图可以看出人工清洁太阳能电池板主要存在以下问题。

首先，人工清洁太阳能电池板的主要问题在于清洁成本高。太阳能电池板单次清洁成本主要是由人力成本和清洁耗水成本组成的。目前我国光伏发电站主要分布在土地资源、太阳能资源丰富而人力资源和水资源稀缺的西北荒漠地区。该地区劳动力成本较高，同时清洁需要大量用水，水资源成本和水运输成本很高。

其次，人工清洁太阳能电池板的方式存在自动化程度低的问题，目前清洁太阳能电池板主要依靠人力，而人力存在以下两个问题：①人的操作存在速度极限，工人每小时清洁太阳能电池板的面积有限；②光伏电站中太阳能电池板的铺设面积大，工人的劳动强度大，工人效率低。

最后，清洁太阳能电池板造成了大量水资源的浪费，尤其对于水资源稀缺的西北地区，该问题显得尤为严重。

6.3.5　除尘项目复杂工程问题分析

本系统体现的复杂工程问题如下。

（1）必须运用深入的工程原理，经过分析才可能得到解决；此设计中需要对风速和风向检测方法进行分析，并考虑系统整体的吹扫要求及吹扫路线和控制策略。需要统筹考虑上述方面才能得到整个系统的方案。

（2）涉及多方面的技术、工程和其他因素，并可能相互有一定冲突；涉及工程技术问题：系统整体位置相互影响，自然风对系统的影响，环境对测量的影响等。冲突方面：速度与准确性，环境与测量的影响。

（3）具有较高的综合性，包含多个相互关联的子问题：软件问题、硬件问题、控制策略、整体位置关系。

6.4　除尘项目方案确定与方案评价

6.4.1　除尘项目方案确定

（1）方案一：人工利用水枪冲洗太阳能电池板。

该方案将清洁拖把换成高压水枪，可以有效提高清洁效率，减少清洁时间，同时对工人的操作要求降低，但是会造成大量水资源的浪费，自动化程度低。

（2）方案二：太阳能电池板清洁车。

该车可以由水罐车改装，在该车一侧安装高压水枪。只需一个驾驶员驾驶该车，在操作室操作喷洒水流清洗太阳能电池板，该方式提高了自动化程度，可以大大减少清洁时间，提高清洁效率，同时降低工人的工作强度；同样水资源的浪费情况严重，对操作人员有一定的操作要求。

（3）方案三：无水太阳能电池板清洁车。

在方案二的基础上，将车辆一侧的高压水枪换为清洁拖把或毛刷，可以有效减少水资源的浪费情况。

（4）方案四：太阳能电池板智能清洁机器人。

将爬壁小车进行改造，在小车四周安装清洁毛刷，控制小车在太阳能电池板上按照一定路线爬行，达到清洁太阳能电池板的目的。该方案自动化程度高，在清洁过程中没有水资源的浪费，但清洁效率不高，机械结构复杂，制作困难。

（5）方案五：自动吹扫的太阳能除尘机器人。

在方案四的基础上，在小车底盘安装风扇，在车辆爬行的过程中吹扫灰尘，更好地达到除尘目的。该方案自动化程度高，较方案四来说，清洁效率较高，在清洁过程中没有水资源的浪费，但机械结构复杂，制作困难。

（6）方案六：基于空气倍增的太阳能电池板除尘装置。

在固定式太阳能电池板上加装空气放大装置和风向调节装置，根据实时采集的风速风向信息，单片机控制改变扇叶的角度使风吹到太阳能电池板的时候保持平行吹扫。再通过空气放大装置增加风的流速，保证吹扫效果的同时提高吹扫的效率。

6.4.2 除尘项目方案评价

本书对太阳能电池板除尘问题提出了一系列设计方案，综合以上所有方案来看，方案六的创新性和实用性较高。下面对其进行创新性评价和非技术性要素分析。太阳能电池板除尘系统方案的创新性评价见表 6.3。

表 6.3　太阳能电池板除尘系统方案的创新性评价

指标	与现有技术系统的比较结果
1. 技术系统原有的有害特征是否已消除？	是。清洁太阳能电池板水资源浪费严重、人工费用高、效率低的问题得到解决
2. 有用特征是否得到保留？是否产生了某些新的有用特征？	是。方案实现了清洁太阳能电池板的有用功能，同时实现自动化清洁，不需要消耗水资源
3. 是否出现了新的有害特征？	是。风向调节装置有一定遮光作用
4. 系统是否变得更加复杂？	是。增加了风向调节装置和空气放大装置，有了风向调节控制系统
5. 原问题中核心矛盾是否得到解决？	是。在此方案出现之前，传统的人工擦拭、水枪冲洗的除尘方式，具有人力成本高、水资源浪费严重、效率低、自动化程度低等问题，新方案均已解决
6. 以往被人们忽略的闲置易得资源是否得到了巧妙应用？	是。该方案采用自然风作为除尘动力
7. 其他指标：易于操作，可推广性强	是。该方案自动化程度高

下面考虑总体方案设计与经济和环境之间的关系。

1. 方案经济性分析

在方案设计中，所有模块的选择均在满足要求的基础上，追求成本最低。固定式和跟随式太阳能电池板除尘装置均在满足基本要求的情况下采用最小尺寸，在材料的选择上选用 45 号钢、亚克力板和铝型材等较为常见且易加工的材料，材料费用加工成本较低。

2. 方案对环境的影响

该方案设置的目的符合节能环保的理念，通过自然风吹扫太阳能电池板除尘，不仅可以提高太阳能电池板的发电效率，提高光伏电站的收益，而且相较于传统除尘方式来说，减少了水资源和人力资源的浪费。

6.5 除尘项目样机试制

下面针对方案六进行详细设计。图 6.3 为自然风驱动固定式太阳能电池板除尘装置理论模型图。该装置是在固定式太阳能电池板上加装空气放大装置和风向调节装置，其中风向调节装置可以根据风向的不同改变扇叶的摆角，使自然风可以平行吹扫太阳能电池板表面。空气放大装置是通过进出口面积的变化，增加风的流速。其中，空气放大装置的设计参考了渐缩喷管的设计原理，风从宽口进入，窄口吹出，达到放大风速的目的。风向调节装置则是简单地由推杆与扇叶组成。

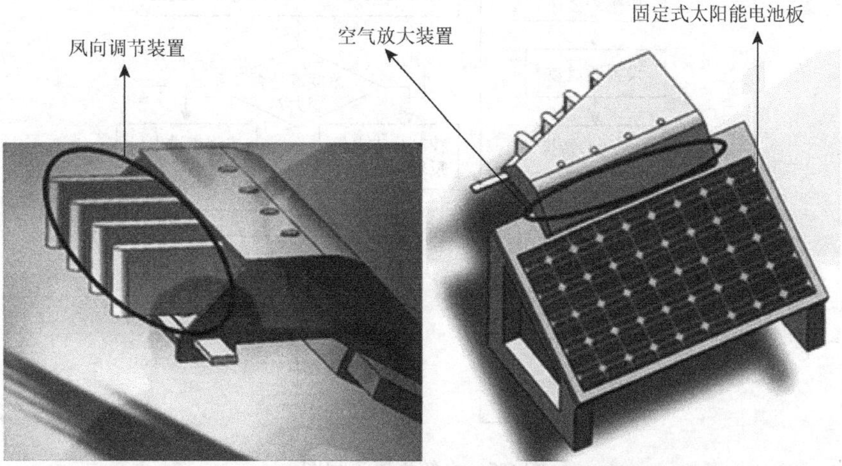

图 6.3　自然风驱动固定式太阳能电池板除尘装置理论模型图

1. 硬件设计

自然风驱动固定式太阳能电池板除尘装置是在固定式太阳能电池板上加装空气放大装置和风向调节装置，根据实时采集的风速风向信息，单片机控制改变扇叶的角度使风吹到太阳能电池板的时候保持平行吹扫。再通过空气放大装置增加风的流速，保证吹扫效果的同时提高吹扫的效率。图 6.4 为总体方案设计框图。

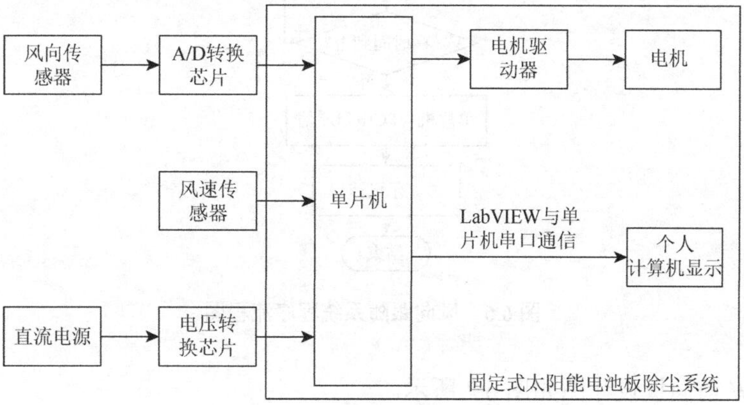

图 6.4　总体方案设计框图

2. 软件设计

系统程序流程图如图 6.5 所示，风向跟随系统程序流程图如图 6.6 所示。

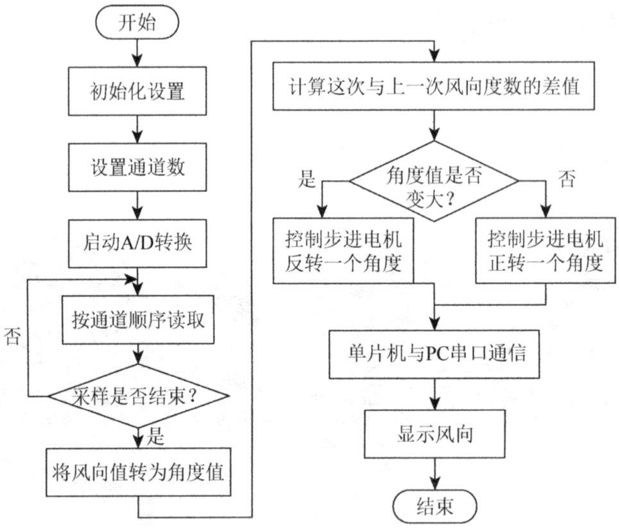

图 6.5　系统程序流程图

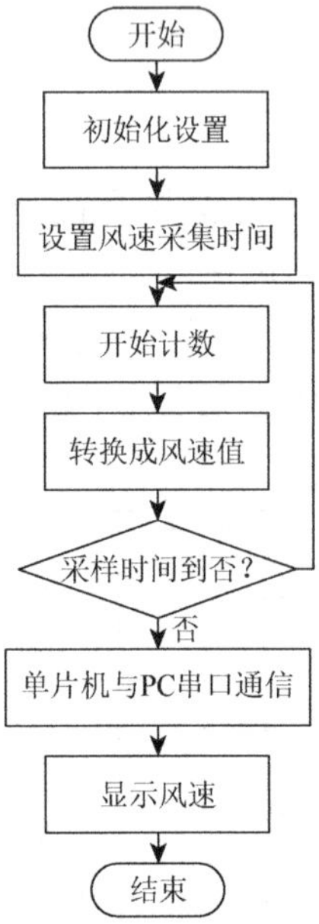

图 6.6　风向跟随系统程序流程图

LabVIEW 前面板设计图如图 6.7 所示。

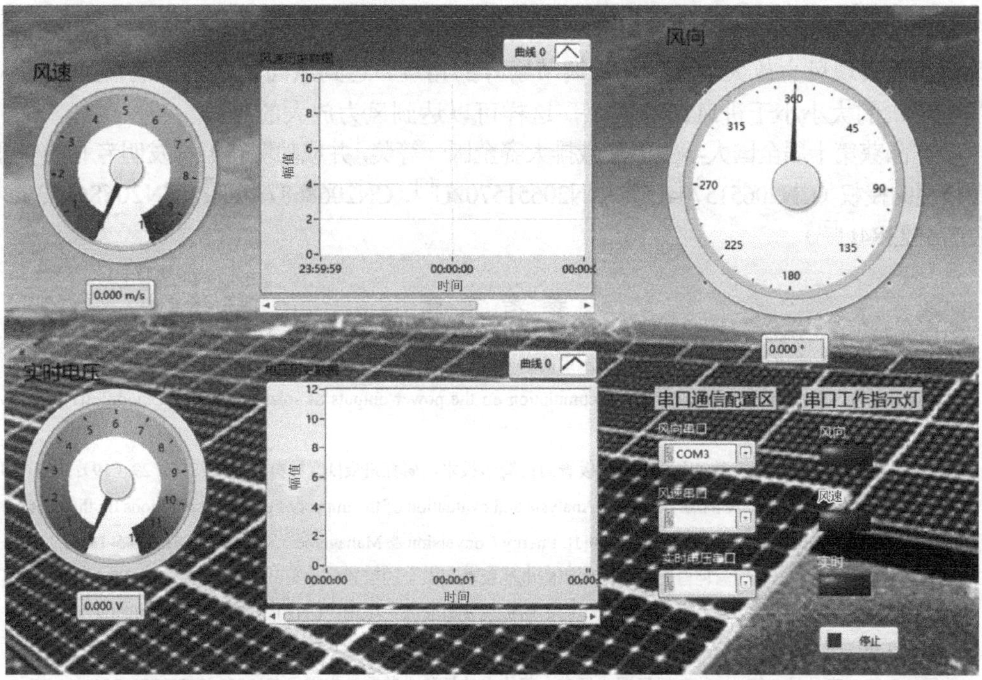

图 6.7　LabVIEW 前面板设计

根据上述改进后的最终方案，试制出除尘装置如图 6.8 所示。

图 6.8　太阳能除尘系统实物图

该方案在固定式太阳能发电系统基础上增加了一种自然风风力放大和风向调节装置，此装置主要包括扇叶、导轨、渐缩式外壳以及步进电机。扇叶以销轴为圆心相对渐缩式外壳做旋转运动，扇叶位于整个装置的进风口位置处，根据风的不同角度进行转动。卡槽的长度与扇叶可转动角度的范围相关，另一端呈锯齿状与步进电机输出端安装的齿轮通过啮合连接。步进电机固定在渐缩式外壳的外侧，扇叶与步进电机通过扇叶连接器相接，扇叶连接器表面具有凸起，凸起伸入扇叶底部的卡槽中。渐缩式外壳的主要特征为进风口大且出风口小，实现风力放大功能。进而调节扇叶的角度，达到风向调节的目的，且渐缩式外壳的出风口的大小小于进风口的大小，这样可以达到风力放大的目的。

该作品获第十届全国大学生节能减排大赛全国一等奖，并成功取得五项发明专利的受理与实用新型的授权（CN206515704U[5]、CN206515702U[6]、CN206868782U[7]、CN206868739U[8]、CN207652384U[9]）。

参 考 文 献

[1] 胡云岩，张瑞英，王军. 中国太阳能、光伏发电的发展现状及前景[J]. 河北科技大学学报，2014，35（1）：69-72.

[2] Adinoyi M J，Said S A M. Effect of dust accumulation on the power outputs of solar photovoltaic modules[J]. Renewable Energy，2013，60：633-636.

[3] 范迪飞，董兵海，王世敏，等. 太阳能电池板表面自清洁技术的研究进展[J]. 材料导报，2015，29（19）：111-115.

[4] Bouraiou A，Hamouda M，Chaker A，et al. Analysis and evaluation of the impact of climatic conditions on the photovoltaic modules performance in the desert environment[J]. Energy Conversion & Management，2015，106：1345-1355.

[5] 张鹏，李丹丹，李静，等. 一种自然风去除太阳能电池板表面灰尘的装置：中国，CN206515704U[P]. 2017-09-22.

[6] 张鹏，李丹丹，李静，等. 基于空气倍增除尘的太阳能板发电装置：中国，CN206515702U[P]. 2017-09-22.

[7] 张鹏，李静，李丹丹，等. 一种超声波振动太阳能电池板除尘装置：中国，CN206868782U[P]. 2018-01-12.

[8] 张鹏，李静，李丹丹，等. 一种自然风调速调向太阳能电池板除尘装置：中国，CN206868739U[P]. 2018-01-12.

[9] 张鹏，李丹丹，李朋宇，等. 一种自然风风力放大和风向调节装置：中国，CN207652384U[P]. 2018-07-24.

第 7 章　案例——基于互联网 + 智能垃圾桶的垃圾分类引导与回收整体解决方案

2017 年“神雾杯”第十届全国大学生节能减排社会实践与科技竞赛，主题为“节能减排，绿色能源”，体现新思想、新原理、新方法及新技术。

以“神雾杯”第十届全国大学生节能减排社会实践与科技竞赛中，河北工业大学获得全国三等奖的“基于互联网+智能垃圾桶的垃圾分类引导与回收整体解决方案”为例，简要说明设计过程。

7.1　智能垃圾桶前期调研

我国自然资源及其利用的基本特征是资源总量丰富但人均量少，资源利用率低且浪费严重。由于长期沿用以追求增长速度、大量消耗资源为特征的粗放式发展模式，可再生资源显出明显的衰弱趋势。与此同时，伴随着城市的高速发展，垃圾作为城市发展的附属物，以日增 18 400 吨的速度增长。我国每日垃圾处理缺口达 8000 吨，668 个城市中 2/3 处于垃圾包围之中，中国城市固体垃圾增长率居世界首位[1]。大部分垃圾被简易地堆放填埋，臭气肆虐，污染土壤和地下水。很多可回收垃圾由于混合在一起，被污染成为不可回收的垃圾，造成了极大的资源浪费。不断增长的城市垃圾，极大地降低了人们生活的舒适度和幸福感。

2017 年 3 月 30 日，国务院办公厅发布了《国务院办公厅关于转发国家发展改革委　住房城乡建设部生活垃圾分类制度实施方案的通知》，46 个城市将先行实施生活垃圾强制分类，到 2020 年底，在实施生活垃圾强制分类的城市，生活垃圾回收利用率达到 35%以上[2]。国家出台的相关政策表明居民垃圾强制分类成为未来发展的趋势。但在相应鼓励机制和监督机制不到位的情况下，政策推行起来难度可能较大。

目前，市场上虽然也出现了一些分类的智能垃圾桶，但由于其造价高、体积大、不实用的原因，难以大规模推广。

7.2　智能垃圾桶初步方案确定

当今我国垃圾分类回收与处理形势非常严峻，我国每日垃圾处理缺口率高达 67%。解决垃圾分类回收处理和资源循环利用的根本方法是将垃圾从源头进行分类回收。可是人们缺乏垃圾分类知识，渴望垃圾分类但又不会垃圾分类，为了配合国家政策，协助人们从源头进行垃圾分类回收，实现节能减排，通过日常生活来潜移默化地改变家庭垃圾处置行为方式，进而引导人们从源头进行垃圾分类，我们初步确定了智能垃圾桶方案，如图 7.1 所示。

图 7.1　智能垃圾桶初步方案图

7.3　智能垃圾桶问题分析与问题解决

7.3.1　系统分析

技术系统是由不同元件相互连接、相互作用组成的整体，系统的所有元件通过场连接组成复杂的系统功能模型[3]。运用功能分析，将已有产品或基础产品，以模块化的方式，将功能和元件具体表达出来，成为功能元件模组。而功能模型图形化的建立过程的首要步骤就是确定系统元件、制品和超系统元件，对包含垃圾桶在内的系统分析如表 7.1 所示。

表 7.1　系统分析

制品	系统元件	超系统元件
混合垃圾	室内垃圾桶	室外垃圾桶，人，政策

7.3.2　智能垃圾桶功能模型建立

系统是由功能元件及作用组成的功能网络，该网络与超系统及制品共同构成产品功能模型。TRIZ 中的功能模型分析的主要作用是理清现有产品方案的组成部分以及各部分直接作用关系的现状，并寻找其中存在问题的区域[4]。

之前已确定室内垃圾桶为系统元件，系统元件作用的对象——混合垃圾，即制品，其余的即超系统元件，如室外垃圾桶、人和政策等。室内垃圾桶和室外垃圾桶对垃圾都具有存储的作用，法律法规等政策可引导人将垃圾进行分类，还可以规定室外垃圾桶存放的位置等，而室内、室外垃圾桶上的相应标签对人们来说具有一定的导向作用，引导人们将垃圾分类投入。综上，智能垃圾桶系统功能模型如图 7.2 所示。

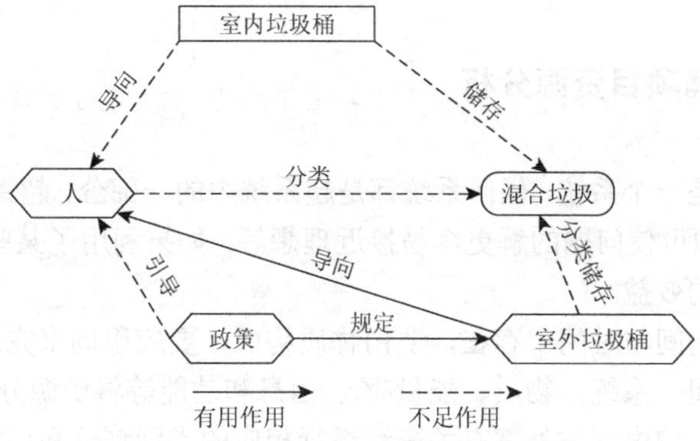

图 7.2　智能垃圾桶系统功能模型

7.3.3　智能垃圾桶项目因果分析

准确地认识问题，是解决问题的前提，而准确地认识问题的核心基石就是根原因分析。因果分析的目的就在于确定问题的根原因，对于一个系统而言，导致问题发生的是系统或系统的某些元件具有某种属性。根原因分析就要确定导致问题发生的元件及其问题属性。

目前，在工程技术领域中，技术人员常用的因果分析法有因果轴分析法、5-why 分析法、鱼骨图分析法和故障树分析法等[5]。本次垃圾分类引导案例中的因果分析采用的是因果轴分析法，如图 7.3 所示。

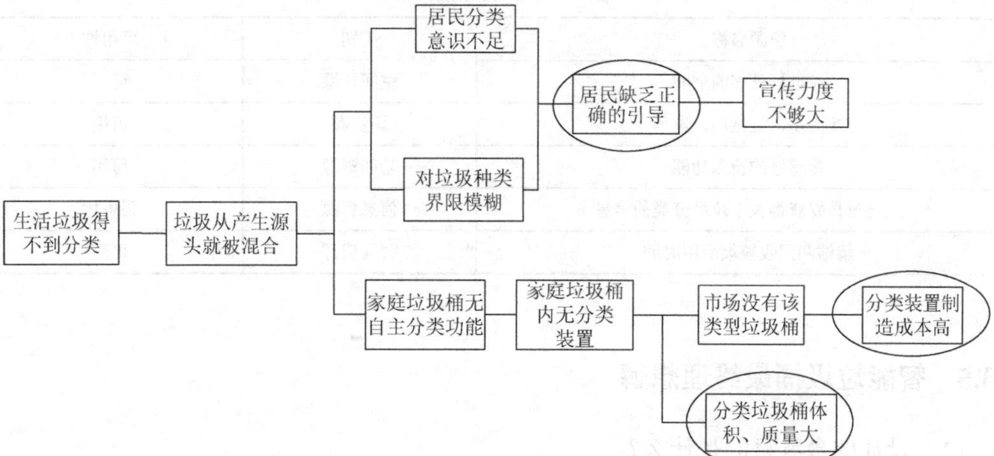

图 7.3　智能垃圾桶系统因果分析

通过因果分析发现出现问题的根原因是：

（1）居民缺乏正确的引导。

（2）现有分类装置制造成本高。

（3）现有分类垃圾桶体积、质量大。

7.3.4　智能垃圾桶项目资源分析

设计中的产品是一个系统，任何系统都是超系统中的一部分，超系统又是自然的一部分。合理地利用资源可使问题的解更容易接近理想解，如果利用了某些资源，还可能取得附加的、未曾设想的效益。

系统在特定的空间与时间中存在，要由物质构成，要应用场来完成某种特定的功能。按自然、空间、时间、系统、物质、能量/场、信息和功能等将资源分为 8 类。因此，对包含垃圾桶系统在内的内部与外部有关资源进行相应的类别划分和可用性分析，如表 7.2 和表 7.3 所示。

表 7.2　系统内部资源

资源名称	类别	可用性
垃圾桶内部的空间	空间资源	可用
重力场、力场	场资源	可用
完成垃圾投放过程所用时间	时间资源	可用
垃圾材质的物理性质相异性、化学特性相异性、几何相异性	物质资源	强可用
人的主观垃圾分类意识	信息资源	强可用

表 7.3　系统外部资源

资源名称	类别	可用性
垃圾桶外部的空间	空间资源	可用
重力场、机械场、电场	场资源	可用
传感器的检测功能	功能资源	可用
人通过传媒获得关于垃圾分类的信息	信息资源	强可用
清洁和回收垃圾所用时间	时间资源	可用

7.3.5　智能垃圾桶最终理想解

（1）设计的最终目的是什么？

将家庭生活垃圾分开并提高人的垃圾分类意识。

（2）理想解是什么？

不消耗或少消耗资源，就能将家庭生活垃圾分开并强化个人垃圾分类意识。

（3）达到理想解的障碍是什么？

目前居民缺乏对家庭垃圾分类的引导。

（4）出现这种障碍的结果是什么？

家庭垃圾得不到分类，并且不能从根源上解决问题。

（5）不出现这种障碍的条件是什么？

能够有一种引导人进行垃圾分类的机制。

（6）依据理想分析得到的最终理想解方案是什么？

确立一种切实可行的垃圾分类引导机制。

7.3.6 智能垃圾桶技术冲突

根据系统分析的因果分析得到根原因之一是：居民缺乏正确的引导。这一问题可以通过技术冲突来解决，具体操作步骤如下。

1. 冲突描述

我们需要对传统垃圾桶进行改进，需要添加额外装置来实现垃圾种类检测，但这会使垃圾桶自身复杂性和成本增加。

2. 转换成 TRIZ 标准冲突

改善的参数：28 测试精度，37 监控与测试的困难程度，38 自动化程度。

恶化的参数：36 装置的复杂性，8 静止物体的体积，2 静止物体的重量。

3. 查找冲突矩阵

（1）为了降低系统的成本，我们需要提高系统的测试精度，但这样做会导致装置更为复杂。通过提取测试精度和装置的复杂性这两个参数，即参数 28 和参数 36，将其转化为 TRIZ 标准冲突，并查阅冲突矩阵得到相应的发明原理如表 7.4 所示。

表 7.4　通过参数 28 和参数 36 查阅冲突矩阵所得发明原理

改善的参数	恶化的参数	发明原理
测试精度	装置的复杂性	No.27 用低成本、不耐用的物体代替昂贵、耐用的物体 No.35 参数变化 No.10 预操作 No.34 抛弃与修复

经过分析，可用的原理有：No.27 用低成本、不耐用的物体代替昂贵、耐用的物体。从而得到方案一如下：

应用简单的控制识别系统代替现有的成本高、复杂程度高的系统，如视觉成像识别垃圾种类系统等。

（2）为了改善智能垃圾桶监控与测试的困难程度，与此同时带来的是装置的复杂性增加。通过提取监控与测试的困难程度及装置的复杂性两个参数，即参数 37 和参数 36，将其转化为 TRIZ 标准冲突，并查阅冲突矩阵得到相应的发明原理如表 7.5 所示。

表 7.5　通过参数 37 和参数 36 查阅冲突矩阵所得发明原理

改善的参数	恶化的参数	发明原理
监控与测试的困难程度	装置的复杂性	No.15 动态化 No.10 预操作 No.37 热膨胀 No.28 机械系统的替代

经过分析，可用 No.15 动态化中第 4 条原理解释：如果物体是静止的，使之变为运动的或可改变的；增加物体的自由度。从而得到方案二如下：

根据不同垃圾的密度可能有区别，采用离心装置通过离心力将密度大小不同的垃圾分开。

可用 No.28 机械系统的替代中第 2 条原理解释：运用电场、磁场或电磁场完成物体或系统间的相互作用。从而得到方案三如下：

为了区分不同种类的垃圾，我们找到电容式接近开关。电容式接近开关也属于一种具有开关量输出的位置传感器，当接近开关和物体的距离变化时，电容量发生变化，使得和测量头相连的电路状态也随之发生变化，由此便可控制开关的接通和关断。电容式接近开关可通过与物质距离的不同，检测电容的介电常数的大小来区分物质。

（3）为了改善智能垃圾桶监控与测试的困难程度，装置复杂程度增加的同时导致装置的体积增加。通过提取监控与测试的困难程度及静止物体的体积两个参数，即参数 37 和参数 8，将其转化为 TRIZ 标准冲突，并查阅冲突矩阵得到相应的发明原理如表 7.6 所示。

表 7.6　通过参数 37 和参数 8 查阅冲突矩阵所得发明原理

改善的参数	恶化的参数	发明原理
监控与测试的困难程度	静止物体的体积	No.2 分离 No.18 振动 No.26 复制 No.31 多孔材料

经过分析，可用 No.18 振动中第 3 条原理解释：充分利用物体或系统的共振频率。从而得到方案四如下：

利用不同垃圾的共振频率不同，采用相关技术手段检测垃圾的共振频率来区分垃圾种类。

（4）为了改善智能垃圾桶监控与测试的困难程度，装置体积增加的同时带来相应的重量增加。通过提取监控与测试的困难程度及静止物体的重量两个参数，即参数 37 和参数 2 将其转化为 TRIZ 标准冲突，并查阅冲突矩阵得到相应的发明原理如表 7.7 所示。

表 7.7　通过参数 37 和参数 2 查阅冲突矩阵所得发明原理

改善的参数	恶化的参数	发明原理
监控与测试的困难程度	静止物体的重量	No.6 多用性 No.13 反向 No.28 机械系统的替代 No.1 分割

经过分析，可用 No.1 分割中第 1 条原理解释：将一个系统或物体分解成相互独立的子系统或子部分。从而得到方案五如下：

将原本垃圾桶具有的一个垃圾储存室划分为四个储存室，分别储存可回收垃圾、有害垃圾、厨余垃圾和其他垃圾，依靠居民的自觉性分类。

（5）提高智能垃圾桶自动识别垃圾种类的程度，同时带来的是装置的复杂性增加。通过提取装置自动化程度与装置的复杂性两个参数，即参数 38 和参数 36，将其转化为 TRIZ 标准冲突，并查阅冲突矩阵得到相应的发明原理如表 7.8 所示。

表 7.8　通过参数 38 和参数 36 查阅冲突矩阵所得发明原理

改善的参数	恶化的参数	发明原理
自动化程度	装置的复杂性	No.15 动态化 No.24 中介物 No.10 预操作

经过分析，可用 No.15 动态化中第 1 条原理解释：使一个物体或其环境在操作的每一个阶段自动调整，以达到优化的性能。从而得到方案六如下：

为使人们在日常的生活环境中获取垃圾分类的相关知识来引导和督促人们进行垃圾分类，可以增加线上 APP 与线下垃圾桶实时进行数据交互，并建立相应的奖惩机制。

（6）为了提高智能垃圾桶自动识别垃圾种类的程度，装置的复杂性增加的同时导致装置的重量也会相应增加。通过装置的自动化程度与静止物体的重量两个参数，即参数 38 和参数 2，将其转化为 TRIZ 标准冲突，并查阅冲突矩阵得到相应的发明原理如表 7.9 所示。

表 7.9　通过参数 38 和参数 2 查阅冲突矩阵所得发明原理

改善的参数	恶化的参数	发明原理
自动化程度	静止物体的重量	No.28 机械系统的替代 No.26 复制 No.35 参数变化 No.10 预操作

依据 No.10 预操作中第 2 条原理解释：提前对物体或系统进行安排，使其提早进行准备，或处于方便使用的状态。得到方案七为：在垃圾投放之前语音提示居民分类投放。

7.4　智能垃圾桶项目方案确定与方案评价

通过技术冲突分析并查找冲突矩阵，得到相应的发明原理，再通过可用的发明原理提出了七种解决方案，下面对这七种方案以及方案的可行性评价进行汇总。

方案一：应用简单的控制识别系统代替现有的成本高、复杂程度高的系统，如视觉成像识别垃圾种类系统等。

评价：方案一可行。

方案二：根据不同垃圾的密度可能有区别，采用离心装置通过离心力将密度大小不同的垃圾分开。

评价：方案二不可行，主要由于离心装置较大且有噪声。

方案三：使用电容式接近开关控制开关的接通和关断。

评价：方案三可行。

方案四：利用不同垃圾的共振频率不同，采用相关技术手段检测垃圾的共振频率来区分垃圾种类。

评价：方案四不可行，主要由于共振装置较大且有噪声。

方案五：将原本垃圾桶具有的一个垃圾储存室划分为四个储存室，分别储存可回收垃圾、有害垃圾、厨余垃圾和其他垃圾，依靠居民的自觉性对其进行分类。

评价：方案五可行，但对居民的引导程度不同。

方案六：为使人们在日常的生活环境中获取垃圾分类的相关知识来引导和督促人们进行垃圾分类，可以增加线上 APP 与线下垃圾桶实时进行数据交互，并建立相应的奖惩机制。

评价：方案六可行。

方案七：在垃圾投放之前语音提示居民分类投放。

评价：方案七可行，但是对人的依赖程度较大。

通过比对以上七个方案并结合方案一、方案三、方案五、方案六和方案七，得到如下最优的方案[6]。

本方案所用垃圾桶有四个不同种类垃圾的投放口，各对应一个子垃圾箱并具有报满功能。通过电容式接近开关检测垃圾种类，与投放入口的垃圾种类进行对比。若垃圾投放正确，则使垃圾进入子垃圾桶，并在与该垃圾桶配套的手机 APP 中，给予用户积分奖励；若投放错误，则强制使用户将垃圾投入正确位置，并在该 APP 中扣除相应积分，且通过与该垃圾桶绑定的社交网络平台账号，公开发送垃圾分类相关漫画式自黑信息，以此作为惩罚手段。采用上述模式，激发居民进行垃圾分类的积极性，使居民在日常生活的垃圾分类中就可以学到垃圾分类的知识，真正地做到源头分类与回收，达到节能减排的目的。与智能垃圾桶配套的手机 APP 部分界面如图 7.4 所示。

图 7.4　与智能垃圾桶配套的手机 APP 部分界面

7.5　智能垃圾桶样机试制

本项目采用线上与线下模式相结合的形式，改变民众的垃圾处置行为方式。线下实体为智能垃圾桶，该垃圾桶有四个不同种类垃圾的投放口，各对应一个子垃圾箱，通过电容式接近开关检测垃圾种类。处理器将检测种类与投放入口的垃圾种类进行对比，根据垃圾投入对错在线上 APP 给予相应奖惩，从而实现垃圾的分类引导。

应用的 TRIZ 理论如下。

初始问题描述，通过功能分析、因果分析确定问题关键点，将之转化为 TRIZ 问题，利用多种 TRIZ 工具，例如，技术冲突发明原理，物质-场分析及标准解并结合系统资源分析确定多个解决方案，通过方案评价，最终得到最优解。

两张具有代表性的作品照片如图 7.5 所示。

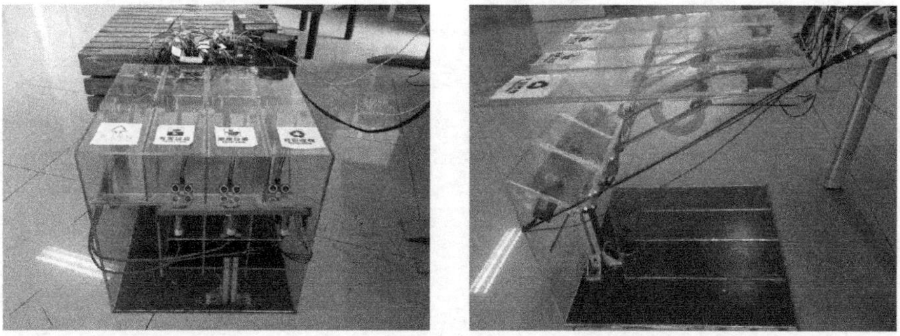

(a)　　(b)

图 7.5　智能垃圾桶正向图与侧向图

本实物样品中的垃圾桶长、宽、高分别为 410mm、405mm 和 400mm，桶中所用的电容式接近开关工作电压为 6～36V，分类识别准确率较高。通过硬件和软件与互联网的有机结合，提高全社会的居民生活垃圾回收利用率。

如果使用者甲要使用该垃圾桶，先将垃圾置入认为正确的垃圾种类口，超声波测距传感器读入信号后识别甲所用的垃圾投放口。通过单片机控制步进电机，使其带动丝杠，驱动安装了电容式接近传感器的固定板进行升降，改变电容式接近传感器与垃圾之间的距离，在不同的距离处分别使电容式接近传感器读入信号。将电容式接近传感器读入的信号与超声波测距传感器读入的信号进行比对，判断甲投入的垃圾种类与垃圾所在投放口可收纳的垃圾种类是否相符。若甲投入的垃圾种类与垃圾所在投放口可收纳的垃圾种类相符，则舵机带动杆件转动，杆件带动绳体拉伸，绳体拉开对应的带孔挡板，使垃圾进入该投放口；若不相符，则保持垃圾所在投放口关闭，并打开与垃圾所属类别相符的投放口。与此同时通过线上 APP 建立的奖惩机制对用户予以奖惩。

经过多次垃圾投放分类实验，根据实际数据统计分析，总体的垃圾分类情况良好。

参 考 文 献

[1] 罗朝一.“垃圾围城之痛”该何去何从？[EB/OL].http://www.sohu.com/a/14_77647[2017-08-16].

[2] 国务院办公厅. 国务院办公厅关于转发国家发展改革委 住房城乡建设部生活垃圾分类制度实施方案的通知[Z]. 2017-03-30.

[3] 檀润华，苑彩云，张瑞红，等. 基于技术进化的产品设计过程研究[J]. 机械工程学报， 2002，38（12）：60-65.

[4] Mann D L.Hands on Systematic Innovation for Technical Systems [M]. Devon: Lazarus Press，2007.

[5] 曹国忠. 功能设计原理及应用[M]. 北京：高等教育出版社，2016.

[6] 武春龙，冯浩，雷雨梦，等. 一种智能垃圾分类与回收装置：中国，CN208616611U[P]. 2019.

第8章 案例——“教室能源管家”

第六届（2018年）全国“TRIZ杯”大学生创新方法大赛中的创新设计类主要以行业产品创新方案为主，强调理念。具体评分细则如下：

（1）参赛作品应用“TRIZ理论”情况（30分）；

（2）创意观点新颖原创（30分）；

（3）内容结构清晰、图表设置规范（10分）；

（4）具有市场推广应用价值（15分）；

（5）答辩表现（15分）。

以第六届全国“TRIZ杯”大学生创新方法大赛中，获得全国二等奖的“教室能源管家”为例，简要说明设计过程。

8.1 “教室能源管家”项目前期调研

选择研究课题是参加竞赛的基础，竞赛项目主题不仅要与参加的竞赛主题相符，还要贴近实际需求，让设计作品更具实用性和社会意义。

随着科技的发展，目前各大高校普遍采用多媒体教室作为理论教学场所，多媒体教室作为当今普遍的教室类型，在使用计算机、投影仪、音响的基础上可以满足教师讲授PPT① 课程以及视频展示的需求，但通过对实际学习生活的体验以及观察分析，发现当今教室系统综合管理困难，如教室座位利用不合理、考勤系统效率低、室内环境不易调节、电力系统资源浪费严重[1]。

该问题与所有在校大学生和教师息息相关，问题已经日渐凸显，但经查尚无较好的应对方案和设计，因此，课题组确定该项目为竞赛选题，即“解决高校教室资源分配不合理的问题”。

8.2 “教室能源管家”项目问题分析与问题解决

8.2.1 “教室能源管家”设计要求确定

（1）经多方面综合分析，传统多媒体教室存在下述问题[2]：

①教室座位利用不合理。学生占用教室内的座位随意且比较分散，往往很大一部分学生坐在非最佳学习区域听课，造成学习效率低下，而且占座方式多采用纸条或桌子上写字等方式，既造成公物破坏又影响学习环境。

②考勤系统效率低。当今教师记录考勤大部分采用口头点名或手机软件点名的方式。

---

① 微软公司的演示文稿软件Microsoft Office PowerPoint，简称PPT。

口头点名方式大大浪费了教学时间，手机软件点名方式虽节省时间但为学生点名作弊留下隐患，且上述两种方式在点完名后学生可能会出现趁教师不注意早退的现象，无法起到强有力的约束作用。

③室内环境调节系统不智能。教师在使用 PPT 讲课过程中需要与板书模式频繁切换，需要实时调节教室内的亮度。如今多采用人工调节灯光和窗帘的状态，效率低下。

④电力系统资源浪费严重。为保障学生有较舒适的学习环境，教室一般布置有较多风扇及照明设备，但当教室学生较少且集中于某一区域时，这些风扇及照明设备全部运转就造成了电力资源的极大浪费。更有甚者，当晚上教室没有学生时，电器设备尤其是电灯依然是运行状态，造成了极大的电能浪费。

（2）现对该类传统高校多媒体教室进行改进，设计一种系统智能控制装置，提出改进要求如下：

①该系统智能控制装置应具有只开放最佳学习座位区域的功能。

②该系统智能控制装置应具有良好的预约座位的功能。

③该系统智能控制装置应具有自动考勤的功能。

④该系统智能控制装置应具有良好的人机交互功能。

8.2.2 建立系统功能模型

对传统高校多媒体教室进行功能分析，建立系统功能模型，确定系统存在的问题区域。经分析，传统高校多媒体教室的超系统为学生、授课教师、电源；系统元件包括音响、摄像头、计算机、教室、桌椅、窗帘、灯；最后明确各元件相互作用的关系、作用类型并绘制系统功能模型，如图 8.1 所示。

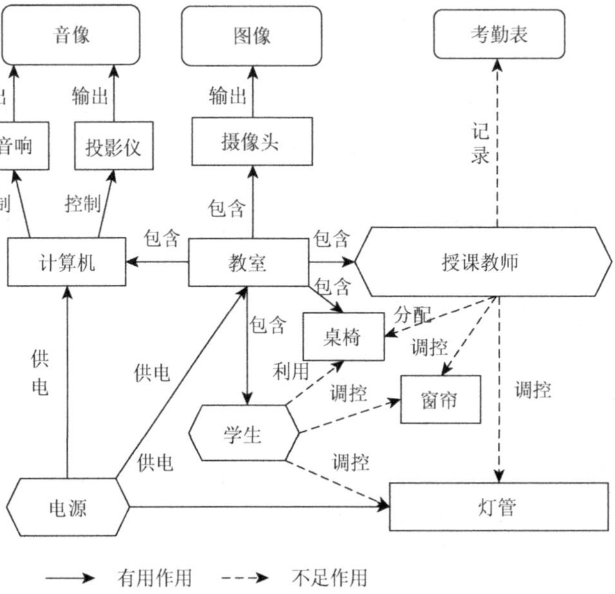

图 8.1　传统高校多媒体教室功能分析模型

从图 8.1 可知系统的主要问题存在于授课教师、桌椅、窗帘、灯管、考勤表，以及学生、桌椅、窗帘、灯管之间。

8.2.3　系统问题因果分析

对传统高校多媒体教室进行因果分析，建立因果分析图，如图 8.2 所示。

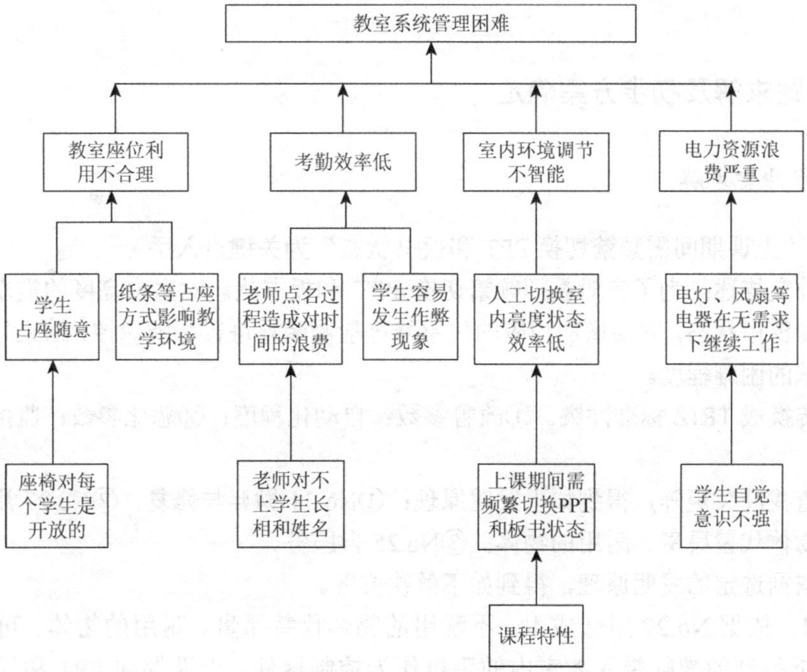

图 8.2　传统高校多媒体教室因果分析图

从图 8.2 可知，教室资源分配不合理存在四个关键问题：①学生占座随意；②考勤效率低；③上课期间需频繁切换 PPT 和板书状态；④电灯、风扇等电器在无需求下继续工作。

8.2.4　技术系统可用资源分析

对传统高校多媒体教室系统进行系统资源分析，建立资源列表，如表 8.1 所示。

表 8.1　传统高校多媒体教室系统资源列表

资源分类	物质资源	时间资源	空间资源	信息资源	能量资源	功能资源
系统内部资源	摄像头、计算机、桌椅、窗帘、投影仪、电灯、风扇		教室内空间			

续表

资源分类	物质资源	时间资源	空间资源	信息资源	能量资源	功能资源
系统外部资源		教师切换 PPT 和板书时间、学生的应答时间、系统处理时间、离开教室时间、进入教室时间		学生学号、学生面部信息、课程的种类、教室内人数	电能、势能、声能、光能	灯管的照明功能、窗帘遮挡外界光的功能、考勤表记录出勤情况的功能

8.2.5　问题求解及初步方案确定

1. 技术冲突求解

1）以“上课期间需频繁切换 PPT 和板书状态”为关键点入手

（1）冲突描述：为了应对教师频繁切换 PPT 和板书状态对室内亮度的需求，即随时切换灯光和窗帘状态，需要增加相应的传感器等检测装置进行智能调控，结果导致增大了监控与测试的困难程度。

（2）转换成 TRIZ 标准冲突。①改善参数：自动化程度；②恶化参数：监控与测试的困难程度。

（3）查找冲突矩阵，得到如下发明原理：①No.34 抛弃与修复；②No.27 用低成本、不耐用的物体代替昂贵、耐用的物体；③No.25 自服务。

（4）依据选定的发明原理，得到如下解决方案。

方案 1：依据 No.27 用低成本、不耐用的物体代替昂贵、耐用的物体。可以利用上述资源分析得到的教师带入教室内的手机作为控制器件，上课期间 PPT 和板书状态切换时，教师可通过手机远程控制电灯和窗帘的状态，减少了操作时间和成本，提高了效率。

2）以“考勤效率低”为关键点入手

（1）冲突描述：由系统功能分析可知，考勤问题的出现是由于人力有限，为了减少人工的操作，需要给教室增加相应的考勤自动控制装置以提高考勤的智能化水平。但控制装置的加入使得整个教室的布局结构更加复杂。

（2）转换成 TRIZ 标准冲突。①改善参数：自动化程度；②恶化参数：装置的复杂性。

（3）查找冲突矩阵，得到如下发明原理：①No.15 动态化；②No.24 中介物；③No.10 预操作。

（4）依据选定的发明原理，得到如下解决方案。

方案 2：依据 No.15 动态化。由于考勤只在上课期间有必要，所以将考勤系统设置为只在上课期间打开，非上课期间自动关闭。

方案 3：依据 No.24 中介物。采用教室内的现有资源监控摄像头来采集室内学生的面部信息，并将其传入终端计算机中，进行图像处理与人脸识别，完成智能考勤。

方案 4：依据 No.10 预操作。终端计算机通过软件预先编程输入方式，存储相应的考勤管理程序，完成装置工作前的预处理工作。

2. 物理冲突求解

为了实现最佳学习区域座位的智能开放及预约，我们希望在上课模式下有相应的座位智能控制装置；但为了降低系统的成本，我们又希望在自习模式下没有这些装置。即工程参数“物质的量”具有相反要求。

采用基于时间分离对应的发明原理有 No.9 预加反作用、No.10 预操作、No.11 预补偿、No.15 动态化、No.16 未达到或超过的作用、No.18 振动、No.19 周期性作用、No.20 有效作用的连续性、No.21 紧急行动、No.29 气动或液压结构、No.34 抛弃与修复、No.37 热膨胀。

方案 5：根据 No.10 预操作。触摸屏通过软件预先编程输入方式，存储相应的座位管理程序，完成装置工作前的预处理工作。

方案 6：根据 No.15 动态化。有课时根据课程需要开放最佳学生区域，学生通过网上或触摸屏预约座位，自习模式座位全部开放。

方案 7：根据 No.9 预加反作用。给教室桌椅安装锁闭弹簧销，最初教室的桌椅都处于锁闭状态，当有课程需要时，系统开放最佳学习区域的座位，供学生占座。此时非最佳学习区域内的桌椅处于锁闭状态，学生无法打开未开放桌椅。

3. 物质-场分析与标准解求解

由系统功能分析和因果分析得到的结果，以电灯、风扇等电器在无需求下继续工作为关键点，教室需要灯光、风扇为学生的学习营造一个良好的学习环境。但是学生的节能意识不够强，经常最后一人离开教室时忘记关闭教室电灯等电器或者教室内学生数量较少且集中在某一区域时，教室内全部电灯及风扇处于打开状态，从而造成电能资源的极大浪费。

（1）现将上述问题的物质-场模型建立如图 8.3 所示。可以看到由于在晚上最后一个学生离开教室时经常忘记关闭电灯、风扇等电器，或者少量学生集中于某一区域将室内电灯、风扇全部打开，将会造成电能大量浪费。因此其功能是非有效完整功能，问题解决的过程是提高效应力度，完成此功能。

（2）根据所建问题的物质-场模型，应用标准解决流程，得到标准解。

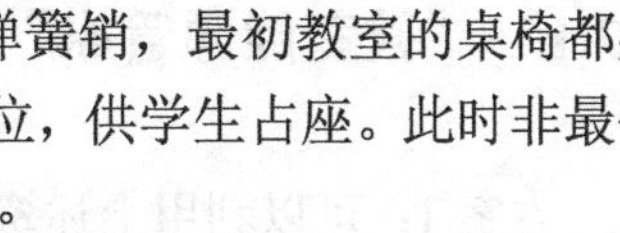

图 8.3　电力资源浪费的物质-场模型

S1-电灯、风扇等电器；S2-学生；F-电场

根据电力资源浪费这一问题所建立的物质-场模型，可应用第一类标准解解决此问题。

选定 No.7（No.1.1.7）标准解：一个系统中场强度不够，增加场强度又会损坏系统，可将强度足够大的一个场施加到另一个元件上，再将该元件连接到原系统上。同理，一种物质不能很好地发挥作用，但连接到另一种可用物质上则能发挥作用。

（3）依据选定的标准解，得到问题的解决方案。

方案 8：依据 No.1.1.7 标准解得到的解决方案是：用摄像头采集教室内的人员图像信

息，并将图像信息传送至终端计算机中进行相应的处理和运算，得到教室内人员的分布情况，并根据结果智能调控教室内每个区域的电灯以及风扇等电器的状态，做到室内无人时，电灯、风扇等电器全部关闭，当夜晚只有少量学生集中在某一区域学习时，只有对应区域内的电灯亮起。

其改进的物质-场模型如图 8.4 所示。

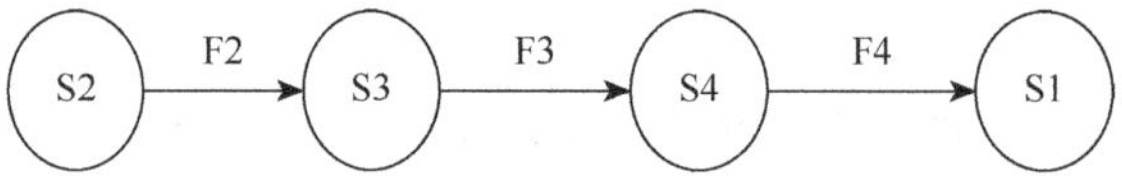

图 8.4　改进的物质-场模型

S1-电灯、风扇等电器；S2-学生；S3-摄像头；S4-终端计算机；F2-光场；F3-电场；F4-电场

8.3　“教室能源管家”项目方案确定与方案评价

8.3.1　“教室能源管家”项目方案确定

方案 1：可以利用上述资源分析得到的教师带入教室内的手机作为控制器件，上课期间 PPT 和板书状态切换时，教师可通过手机远程控制电灯和窗帘的状态，减少了操作时间和成本，提高了效率。

方案 2：由于考勤只在上课期间有必要，将考勤系统设置为只在上课期间打开，非上课期间自动关闭。

方案 3：采用教室内的现有资源监控摄像头来采集室内学生的面部信息，并将其传入终端计算机中，进行图像处理与人脸识别，完成智能考勤。

方案 4：终端计算机通过软件预先编程输入方式，存储相应的考勤管理程序，完成装置工作前的预处理工作。

方案 5：触摸屏通过软件预先编程输入方式，存储相应的座位管理程序，完成装置工作前的预处理工作。

方案 6：有课时根据课程需要开放最佳学习区域，学生通过网上或触摸屏预约座位；自习模式座位全部开放。

方案 7：给教室桌椅安装锁闭弹簧销，最初教室的桌椅都处于锁闭状态，当有课程需要时，系统开放最佳学习区域的座位，供学生占座。此时非最佳学习区域内的桌椅处于锁闭状态，学生无法打开未开放桌椅。

方案 8：用摄像头采集教室内的图像信息，并将图像信息传送至终端计算机中进行相应处理和运算，得到教室内人员的分布情况，并根据结果智能调控教室内每个区域的电灯以及风扇等电器的状态，做到室内无人时，电灯、风扇等电器全部关闭，当夜晚只有少量学生集中在某一区域学习时，只有对应区域内电灯亮起。

各方案评价如表 8.2 所示。

表 8.2　各方案评价

序号	方案	所用创新原理	可用性评估
1	手机调控电灯、窗帘状态	No.27 用低成本、不耐用的物体代替昂贵、耐用的物体	可用
2	只上课时开放考勤系统	No.15 动态化	可用
3	摄像头与计算机完成考勤	No.24 中介物	可用
4	计算机预先编写考勤程序	No.10 预操作	可用
5	触摸屏预先编写座位管理程序	No.10 预操作	可用
6	学生网上预约开放的座位	No.15 动态化	可用
7	增加座椅锁闭装置	No.9 预加反作用	可用，但会增加成本
8	摄像头与计算机结合智能管理电器	物质-场分析	可用

综合以上方案制作的智能教室管理系统，最终确定选用方案 1～方案 6 和方案 8，并确定最优解[3, 4]。

该智能教室管理系统使学生在不同学习模式（PPT、板书状态）下，通过预先编好的座位管理程序可进行网上和触摸屏预约座位功能，期间系统会根据课程特性自动开放最佳学习区域的座位，非最佳学习区域的座位不再开放，且考勤系统只对开放区域记录考勤，由此促进或强制学生养成在最佳学习区域学习的习惯，提高学习效率；系统通过摄像头和终端计算机结合图像处理技术与预先存入数据库内的学生面部信息进行比对，完成人脸识别，记录考勤，并将上课人数及未到学生智能显示在计算机界面上，供教师参考；通过手机、单片机和 WiFi 技术结合实现教师在上课期间远程操控电灯、窗帘的状态，从而满足上课期间频繁切换 PPT 和板书状态不同亮度的需求；摄像头与终端计算机结合，使用图像处理技术，识别出教室内各个区域有无人员，并结合时间、室内亮度等信息智能调控教室相应区域的电灯和风扇等电器状态，实现人走灯灭、电器关闭的功能，从而节约用电。改进后的智能教室管理系统的功能模型如图 8.5 所示。

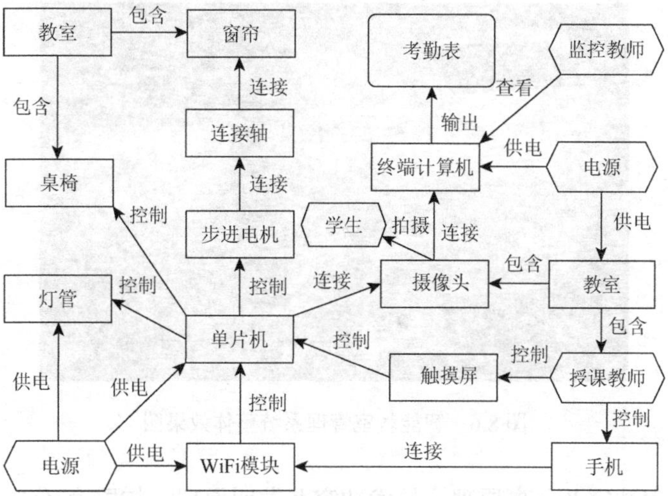

图 8.5　智能教室管理系统的功能模型

8.3.2 “教室能源管家”项目方案评价

1. 创新性方面

（1）功能及性能方面：实现了不同学习模式下教室开放最佳学习区域座位，提高了教室桌椅的利用率。

（2）行为方式改变：改变了授课教师点名记录考勤方式，节约了大量的课堂时间，方便授课教师了解出勤情况。

（3）功能实现原理及结构改变：通过信息智能调控，可以实现教师在上课期间远程操控电灯、窗帘、PPT 的状态。

综上，上述方案具有一定的创新性。

2. 实用性方面

（1）效率：智能教室系统可以方便学生进行座位预约查询，提高学习效率；方便教师进行智能考勤，节约课堂时间。

（2）操作方便：授课教师仅通过手机便可以对 PPT、窗帘、灯光进行控制。

（3）环保性：可以通过智能系统查询出教室内是否有人，并可以对教室内灯光等资源进行智能管控从而节约能源。

综上，上述方案具有一定的实用性。

8.4 “教室能源管家”样机试制

根据上述改进方案，制作出智能教室系统样机如图 8.6 所示。

图 8.6 智能教室管理系统整体效果图

通过运用物理冲突及分离原理、技术冲突及发明原理、物质-场分析等工具，我们得到了最终的解决方案。该方案实现了开放最佳学习区域座位功能、良好的预约座位的功能、自动考勤的功能、良好的人机交互功能。且控制装置操作方便简单、充分利用现有资源，节约成本。解决了传统高校教室系统管理困难的问题。

对样机进行多次实验与测试，最终证明本方案实施效果良好。

该作品获第六届全国“TRIZ 杯”大学生创新方法大赛全国二等奖。

参考文献

[1] 卢少平，郑明，吴耀华. 基于 RFID 的教室考勤系统设计研究[J]. 现代电子技术，2010，33（18）：44-46.

[2] 李枝琴，宋勐翔，王慧锋. 基于 6LoWPAN 的教室灯光监控系统设计[J]. 华中科技大学学报（自然科学版），2016（S1）：210-214.

[3] 张鹏，习道政，张永明，等. 一种智能教室预约控制装置：中国，CN106373212B[P]. 2016.

[4] 张鹏，习道政，张永明，等. 一种智能教室预约控制装置：中国，CN2061662717U[P]. 2016.

第9章　案例——粥品自动配料装置

第四届（2016年）全国“TRIZ杯”大学生创新方法大赛发明制作类，一般指新产品设计，把发明构思做出实物，由实物呈现。具体评分细则如下：

（1）参赛作品应用“TRIZ理论”情况（30分）；

（2）构思巧妙、新颖、原创性（20分）；

（3）结构简单、实用性强（20分）；

（4）具有市场推广应用价值（15分）；

（5）答辩表现（15分）。

以第四届全国“TRIZ杯”大学生创新方法大赛中，河北工业大学获得全国三等奖的“粥品自动配料装置”为例，简要说明设计过程。

9.1　粥品自动配料装置项目前期调研

自德国政府提出“工业4.0”战略[1, 2]起，各国逐渐掀起了一股“互联网+”的热浪，我国也顺应“互联网+”的趋势，提出“中国制造2025”[3]，这标志着个性化、智能化产品成为今后的发展趋势。

在当今生活节奏越来越快的背景下，人们对生活的要求也日益提升，智能化、自动化产品更受青睐，尤其是对营养健康饮食要求的提高，所以能做出口味醇正、营养价值较高的各类粥品成为当下人们的迫切需求。但现实情况是人们在做各种粥时，大部分是按照自己的主观意识去配比，在一定程度上会损失粥品的营养价值。

因此，为满足市场需求，设计了一种能够进行粥品自动配料来代替手工配料的智能配料系统。

9.2　粥品自动配料装置项目初步方案确定

查阅了关于自动配料装置相关的专利和市场上已有的产品，发现目前自动配料系统主要应用于建筑工程、医药、化工等行业领域，一般现有的配料系统由储料斗、称量斗、称重传感器、卸料输送皮带、装置核心部件等组成，如图9.1所示，装置体积大，精度要求高。同时自动配料系统也有向食品等其他行业发展的趋势，但技术还不是很成熟，成品较少。

所以目前主流的自动配料机的问题主要表现在以下几方面：①应用领域问题，现有自动配料系统主要应用于钢铁、化工、混凝土等行业，在食品行业发展还不成熟，而且没有应用于粥品自动配料的装置；②体积问题，自动配料机体积大，占用空间大；③精度要求，要求对原料进行精确控制，精度要求高；④机械结构复杂，成本较高。

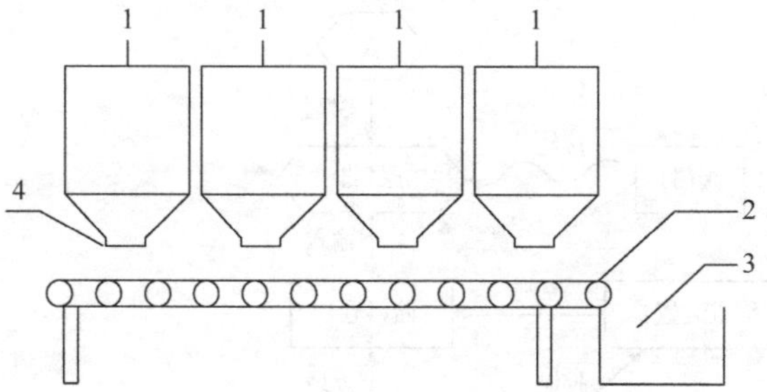

图 9.1　矿石自动配料系统示意图[4]

1-称重下料机构；2-配料传送机构；3-混料机构；4-阀门

9.3　粥品自动配料装置项目问题分析与问题解决

9.3.1　粥品自动配料装置项目设计要求确定

针对上述问题，同时满足市场需求，待设计粥品自动配料装置应满足如下限制条件：

（1）该粥品自动配料装置应该能与手机 APP 联系，完成用户预约；

（2）该粥品自动配料装置能完成粥品原料的自动配比；

（3）该粥品自动配料装置可以完成适应特殊用户的粥品配料；

（4）该粥品自动配料装置体积不应该太大，噪声要小，适于家用；

（5）该粥品自动配料装置不应该太复杂，成本不应该太高；

（6）该粥品自动配料装置不应该有太苛刻的精度要求。

9.3.2　粥品自动配料装置项目系统分析过程

1. 粥品自动配料装置项目功能分析

对现有纸币分选系统进行功能分析，并建立功能模型如表 9.1 所示。

表 9.1　功能分析

技术系统	粥品自动配料系统
用途	完成指定粥品各物料的自动配比与收集，满足用户对健康饮食的追求
技术功能	分装粥品配比所需的各物料
主要功能	作品能够根据现有经典粥品的配比，实现此粥品的自动配料；根据用户的个人喜好，如喜欢红豆多点，进行自主粥品的配比或者添加新粥品；根据用餐人数不同，可以预约不同人数时的粥品配比；可以完成适应特殊用户的粥品配料。同时具有数据保存记忆功能，可以按照用户喜好推荐粥品

针对现有配料系统，建立问题所在系统的功能模型，以矿石配料系统（两个储料仓）为例，如图 9.2 所示。

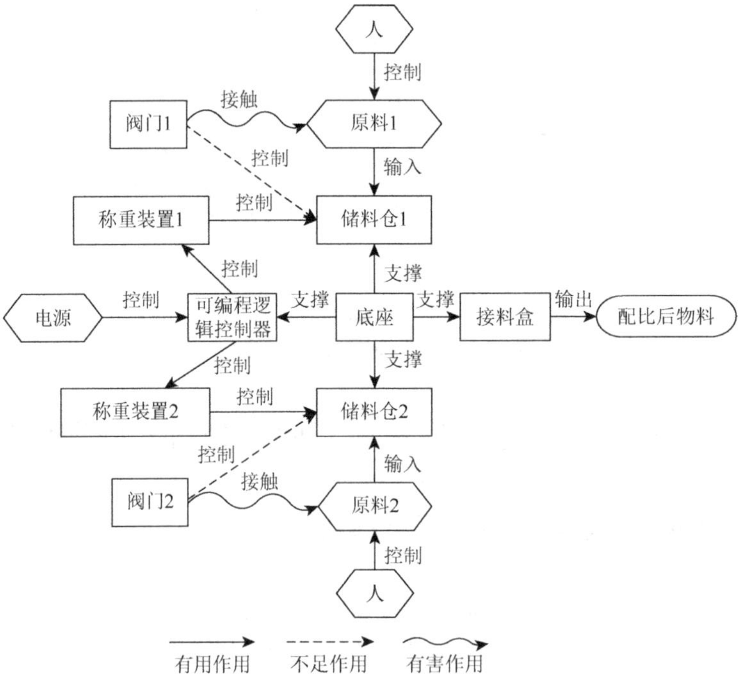

图 9.2 以矿石配料系统（两个储料仓）为例的功能模型

2. 粥品自动配料装置项目九屏分析

随着科学技术的快速发展，群众的生活消费水平也不断提高，因此对自动化作业的要求也日益增多。人们对生活品质的追求也日益提高，特别是对营养健康饮食追求的提高，能做出口味醇正、味道鲜美、营养充足的各类粥品成为当下人们的迫切需求。但由于人们对粥的配料及其比例并不是很了解，一种能够代替手工配料的料理机亟待研发，该产品会受到当今注重饮食健康的年轻人的喜爱，具有良好的市场发展前景。粥品自动配料装置项目九屏分析如图 9.3 所示。

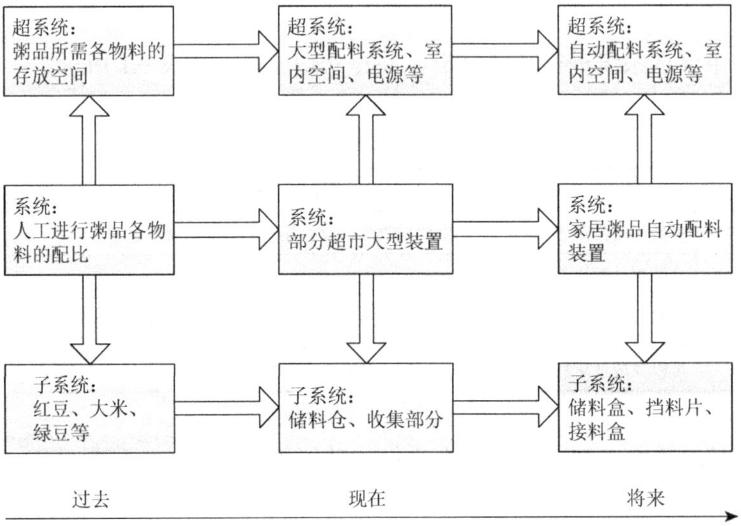

图 9.3 九屏分析

3. 粥品自动配料装置项目因果分析

针对粥品自动配料的装置存在下料不顺畅的问题，对卡料的问题进行因果分析，如图9.4所示。

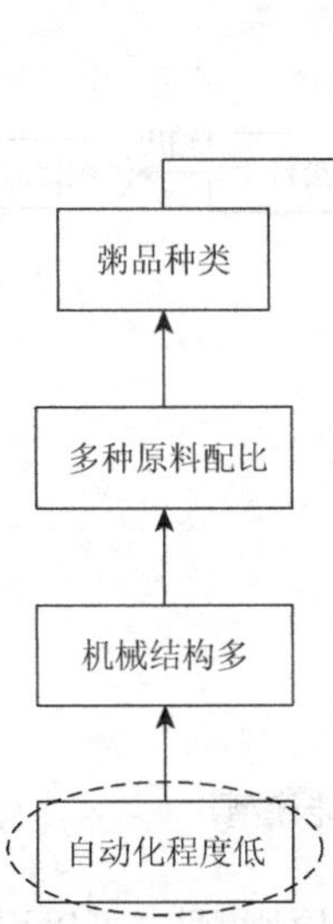

图9.4　因果分析

4.粥品自动配料装置项目资源分析

（1）物质资源：粥品所需的各物料、储料盒、挡料片、接料盒、底座、步进电机、离合器。

（2）场资源：电场、电磁场、重力场。

（3）信息资源：用餐人数、选择的粥品种类、用户特殊要求。

（4）空间资源：储料盒空间、接料盒空间。

（5）时间资源：预约时间。

（6）功能资源：接料盒。

9.3.3　粥品自动配料装置项目应用TRIZ解题过程

以上述因果分析中的关键问题为出发点，分别从“装置机械结构较多，不够优化”和“装置下料不顺畅”入手进行问题分析及求解。

1. 以“装置机械结构较多，不够优化”为入手点来解决问题

1）对问题系统功能模型进行分析

如图9.5所示，一个储料仓需要一套控制系统，即两个储料仓需要应用两套控制系统，装置复杂，操作烦琐。

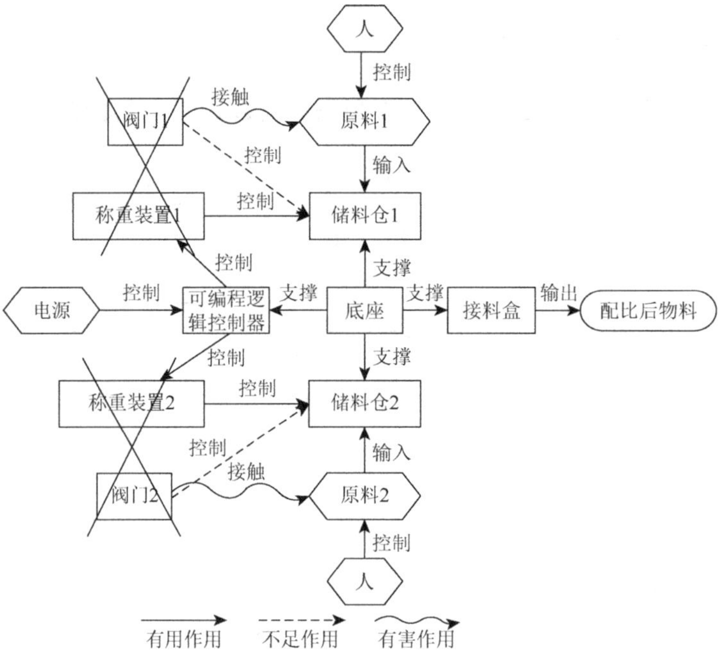

图 9.5　确定裁剪对象的功能模型

经分析，以控制装置阀门为裁剪对象，遵循裁剪原则[5,6]。可以引用离合器，应用一套控制装置来完成多个储料仓的控制，改善后的系统功能模型如图 9.6 所示。

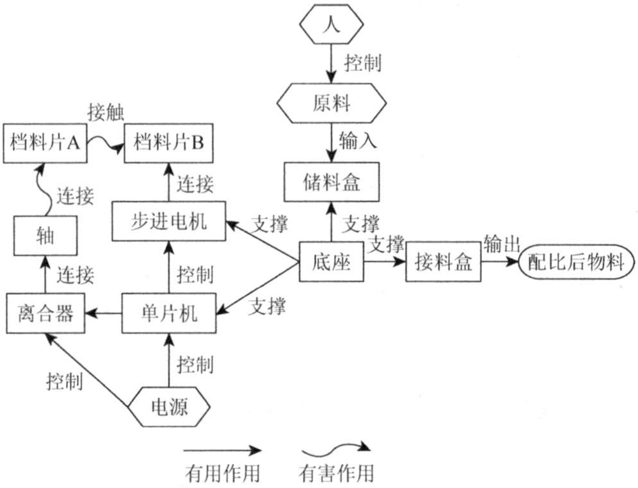

图 9.6　改善后的系统功能模型

2）技术冲突及发明原理

为了实现粥品的自动配比，使装置更加智能化，需要增加控制装置，结果使装置更加复杂，设计困难。

转换成 TRIZ 中的标准冲突参数如表 9.2 所示。

（1）改善参数：自动化程度。

表 9.2　部分冲突矩阵 1

改善的参数	恶化的参数	发明原理
自动化程度	装置的复杂性	No.15，No.24，No.10

(2) 恶化参数：装置的复杂性，由冲突矩阵查到解决方案为发明原理 No.15、No.24、No.10。

No.15 动态化：使一个物体或其环境在操作的每一个阶段自动调整，以达到优化的性能；将一个物体划分成具有相互关系的元件，元件之间可以改变相对位置；如果一个物体是刚性的，使之变为可活动的或者可改变的。

No.24 中介物：使用中介物传递某一物体或者某一种中间过程；将一容易移动的物体与另一物体暂时结合。

No.10 预操作：在操作开始之前，使物体局部或者全部产生所需的变化；预先对物体进行特殊安排，使其在时间上有准备，或处于易于操作的位置。

据此，可以想到以下方案。

由发明原理 No.24 得出方案 1：该配料装置增加离合器，以及在挡料片 A 的下方增加了一个凸型法兰盘，用以实现挡料片 A、B 的同步与不同步，同时加强挡料片 A 转动时的稳定性，如图 9.7 所示。

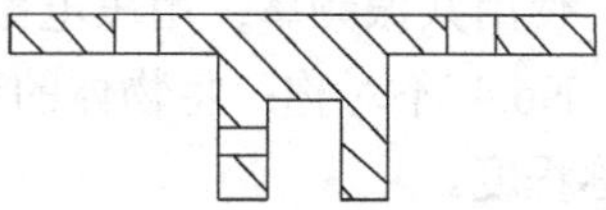

图 9.7　凸型法兰盘主视图剖视图示意

由发明原理 No.10 得出方案 2：通过软件预先编程输入方式，存储固定粥品的配比，完成装置工作前的预处理工作。

3）物质-场分析

在装置结构中，需要轴与挡料片 A 相连接，但是挡料片 A 的直径是轴的 20 多倍，直接连接会造成挡料片 A 变形及结构不稳定，由此建立有害物-场模型，如图 9.8 所示。

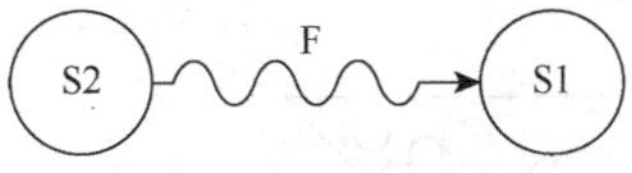

图 9.8　有害物-场模型

S1-挡料片 A；S2-轴；F-机械场

根据所建问题的物质-场模型，应用标准解决流程，得到标准解为 No.11（1.2.3），有害效应是由一种场引起的，引入物质 S3 吸收有害效应。

根据标准解为 No.11（1.2.3）得出方案 3：引入一个凸型法兰盘，直接与轴作用，进而再作用于挡料片 A，以此消除场的有害作用，改善后的物质-场模型如图 9.9 所示。

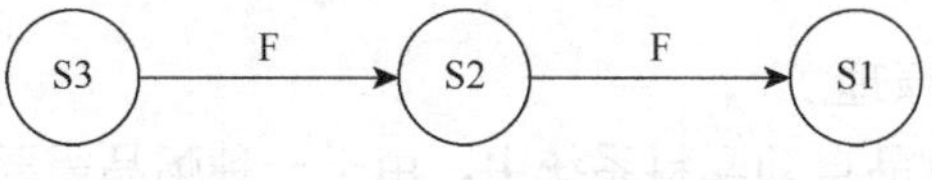

图 9.9　改善后的物质-场模型

S1-挡料片 A；S2-轴；F-机械场；S3-凸型法兰盘

2. 以“装置下料不顺畅”为入手点来解决问题

1）技术冲突及发明原理

（1）冲突描述：为了改变下料口处的形状，去除存留死角，可以采取在死角处填充材料的措施，结果导致装置稳定性降低，结构复杂。

（2）转换成 TRIZ 中的标准参数如表 9.3 所示。

表 9.3　部分冲突矩阵 2

改善的参数	恶化的参数	发明原理
形状	结构稳定性	No.33，No.1，No.18，No.4

①改善的参数：形状；

②恶化的参数：结构稳定性，由冲突矩阵查到解决此对技术冲突的方案为发明原理 No.33、No.1、No.18、No.4。

No.33 同质性：采用相同或相似的物质制造与某物体相互作用的物体。

No.1 分割：将一个物体分成相互独立的部分；使物体分成容易组装和拆卸的部分；增加物体相互独立的程度。

No.18 振动：使物体处于振动状态；如果振动存在，增加其频率，甚至可以增加到超声；使用共振频率；用压电振动代替机械振动；使超声振动与电磁场耦合。

No.4 不对称：将物体的形状由对称变为不对称；如果物体是不对称的，则增加其不对称程度。

经分析可采用发明原理 No.18 和 No.4 得出以下方案。

由发明原理 No.18 得出方案 4：可在该装置上增加振动装置，以达到粥品原料的顺畅下料。

由发明原理 No.4 得出方案 5：将下料口处形状改为不对称式漏斗状下料口，使装置下料口处不再存有死角，同时能使粥品原料顺畅下料，下料口处形状如图 9.10 所示。

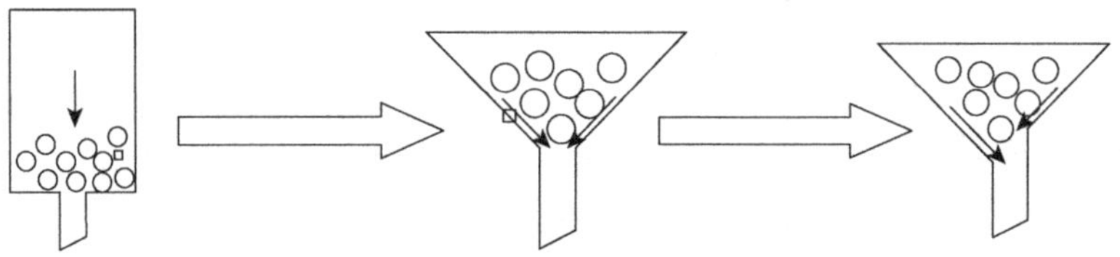

(a) 平面下料口　(b) 对称式下料口　(c) 不对称式下料口

图 9.10　下料口处形状

2）物理冲突及分离原理

（1）冲突描述。在粥品自动配料系统中，由于一种粥品需要不同原料进行自动配比，希望每种原料储料盒下方都有对应的下料口；又由于此粥品所需的各种原料均需要进行下料及控制，又希望只有一个下料口，方便控制，即既希望下料口多，又希望下料口少，形成物理冲突。

（2）物理冲突解决过程。经分析考虑可知，上述两种要求若进行时间分离则既可以实现各原料的独立存储，又可以完成独立下料控制过程，因此该冲突可以在时间上进行分离。

选用分离原理中的时间分离，对应的发明原理有 No.9 预加反作用、No.10 预操作、No.11 预补偿、No.15 动态化、No.16 未达到或超过的作用、No.18 振动、No.19 周期性作用、No.20 有效作用的连续性、No.21 紧急行动、No.29 气动与液压结构、No.34 抛弃与修复、No.37 热膨胀，根据可用发明原理得到如下解决方案。

根据 No.10 预操作和 No.19 周期性作用得出方案 6：采用软件预先输入方式，同时将装置设计为圆柱形结构，每个储料盒下方都有一个下料口，并设计一个圆形挡料片 A 与条形挡料片 B，工作中，在未达到指定原料下料口处时，挡料片 A、B 同步转动；当达到指定下料口处需要进行下料时，挡料片 A、B 相对转动。如此可使此原料下料口打开，其他原料下料口仍闭合。

根据 No.15 动态化和 No.20 有效作用的连续性得出方案 7：将装置储料盒设成可转动结构，当需要某一原料时，此原料下料口处于打开状态，其他原料下料口关闭。

9.4　粥品自动配料装置项目方案确定与方案评价

综上，将得到的方案进行汇总，如表 9.4 所示。

表 9.4　方案汇总表

序号	方案	评价
1	该配料装置增加离合器，以及在挡料片 A 的下方增加了一个凸型法兰盘，用以实现挡料片 A、B 的同步与不同步，同时加强挡料片 A 转动时的稳定性	可用
2	通过软件预先编程输入方式，存储固定粥品的配比，完成装置工作前的预处理工作	可用
3	引入一个凸型法兰盘，直接与轴作用，进而再作用于挡料片 A，以此消除场的有害作用	可用
4	可在该装置上增加振动装置，以达到粥品原料的顺畅下料	不可用
5	将下料口处形状改为不对称式漏斗状下料口，使装置下料口处不再存有死角，同时能达到粥品原料的顺畅下料	可用
6	采用软件预先输入方式，同时将装置设计为圆柱形结构，每个储料盒下方都有一个下料口，并设计一个圆形挡料片 A 与条形挡料片 B，工作中，在未达到指定原料下料口时，挡料片 A、B 同步转动；当达到指定下料口处需要进行下料时，挡料片 A、B 相对转动。如此可使此原料下料口打开，其他原料下料口仍闭合	可用
7	将装置储料盒设成可转动结构，当需要某一原料时，此下料口处于打开状态，其他关闭	不可用

综合比较 7 个方案，可选用的方案有方案 1、方案 2、方案 3、方案 5、方案 6[7-9]。

9.5　粥品自动配料装置样机试制

粥品自动配料装置工作原理如下：在非工作状态下，装置的挡料片 A、B 处于静止不转动的状态，二者的转动，由步进电机和电磁离合器控制，并且挡料片 B 完全遮盖挡料片 A 圆筒上的下料圆孔，工作前二者处于定义的初始位置。在工作状态下，最初，步进电机与电磁离合器同时通电，电磁离合器处于抱紧状态，此时挡料片 A、B 同时转动。当到达指定储料盒下方的不对称式漏斗状下料口处，即挡料片 A 上的圆孔与下料口重合时，电磁离合器断开，挡料片 A 停止转动，步进电机控制挡料片 B 继续转动，直至挡料片 A

圆筒上的下料圆孔完全不被遮挡，步进电机停止转动，此时开始下料，物料直接落入接料盒中。当下料到规定的配比量时，步进电机控制挡料片 B 反转直至完全遮挡挡料片 A 圆筒上的下料圆孔，至此，第一次下料完成。如上重复操作，完成粥品的自动配料。

当配料过程中出现断电情况时，由内部的蓄电池控制步进电机转动使挡料片 B 完全遮住挡料片 A 的下料圆孔。

粥品自动配料装置样机模型如图 9.11 所示。

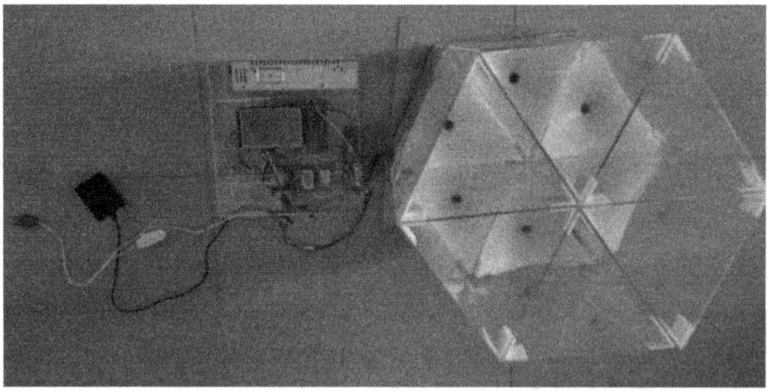

图 9.11　粥品自动配料装置样机模型

参 考 文 献

[1] 黄骏，郭长城，陆家峰，等. 基于工业 4.0 背景下机电一体化技术的应用及其发展[J].科学技术创新，2018（36）：179-180.

[2] 卞景浩.传统机械制造业在工业 4.0 发展背景下的战略转型[J].管理观察，2018（34）：9-10.

[3] 中国制造 2025 工业 4.0 先行者[J].中国工业评论，2018（4）：89.

[4] 云南澄江盘虎化工有限公司. 矿石自动配料装置：中国，CN202656318U[P]. 2013-01-09.

[5] 于菲，檀润华，曹国忠，等. 基于系统功能模型的元件裁剪优先权研究[J]. 计算机集成制造系统，2013，19（2）：339-347.

[6] Cong H，Tong L H. Grouping of TRIZ inventive principles to facilitate automatic patent classification[J]. Expert Systems with Applications，2008，34（1）：788-795.

[7] 张鹏，董娅凡，闫俊杰. 一种粥品自动配料装置：中国，CN105749804B[P]. 2018-03-16.

[8] Dong Y F，Zhang P，Xi D Z，et al. Study of integration process model between design-centric complexity theory and TRIZ[C]. The 12th International Conference TRIZ fest-2016，Beijing，2016：267-273.

[9] 董娅凡. 基于设计过程复杂性理论的仪器功能分析过程研究[D].天津：河北工业大学，2017.

第 10 章　案例——纸币自动分选装置

第七届（2019 年）全国“TRIZ 杯”大学生创新方法大赛创新设计类，主要以行业产品创新方案为主，强调理念。

以第七届（2019 年）全国“TRIZ 杯”大学生创新方法大赛中，以“纸币自动分选装置”为例，简要说明设计过程。

10.1　纸币自动分选项目前期调研

随着国家对“全球变暖”等环境问题的逐渐重视及倡导，“绿色出行”的理念已渐渐深入人心[1,2]。因此，公交车已然成为一种普遍的代步交通工具，公交车主要采用“无人售票，自助投币，统一售价”的售票方式。虽然“无人售票”的公交车售票方式对于司机和乘客而言是省时和便捷的，但是对于公交车公司而言，却引出了一个非常明显的问题——对投币箱内纸币的分类和计数[3]。

由于公交车投币箱的主要功能是存储，“无人售票”方式会造成投币箱内大量不同面额的纸币混杂在一起，主要是小面值纸币，给公交公司的分拣和清点工作带来很大的困难，在人力资源和物力资源上造成了很大的浪费与损失。

因此，为满足市场需求，应设计一种适用于公交公司后期纸币分拣和清点的纸币自动分选装置。

10.2　纸币自动分选项目初步方案确定

查阅了关于纸币分选相关的专利和市场上已有的产品，如域凯电子科技的 GA-10800 纸币清分机（图 10.1）、东芝公司最新型的纸币清分机 FS-810 等，发现目前市场上的自动

图 10.1　GA-10800 纸币清分机

分选装置具有一定的相似性，具体表现在以下几方面：①应用领域，现有纸币分选装置大多数应用于银行等金融机构，主要针对大量的大面值纸币的分选，针对小面值纸币尤其是在公交公司领域应用还不成熟；②体积，现有分选设备体积大，占用空间大；③精度要求高，尤其银行领域要求对纸币精确识别及分类；④机械结构，分选设备结构复杂，成本较高。

10.3　纸币自动分选项目问题分析与问题解决

10.3.1　纸币自动分选项目设计要求确定

针对上述问题，同时为满足市场需求，待设计纸币自动分选装置应满足如下限制条件：

（1）该纸币自动分选装置应能较精确地进行纸币的识别、分选及计数；

（2）该纸币自动分选装置应主要面向大量小面值纸币；

（3）该纸币自动分选装置能够智能分辨残币；

（4）该纸币自动分选装置体积不应该太大，适用于公交公司使用；

（5）该纸币自动分选装置成本不应该太高，结构不应该太复杂；

（6）该纸币自动分选装置对于残币识别不应该有太苛刻的精度要求。

10.3.2　纸币自动分选项目系统分析过程

1. 纸币自动分选项目功能分析

对现有纸币分选系统进行功能分析，如表 10.1 所示。

表 10.1　功能分析

技术系统	纸币自动分选装置
用途	较精确地完成纸币的自动识别、分选及计数
技术功能	较精确地进行纸币的自动识别、分选及计数
主要功能	作品能够较精确地进行纸币的自动识别、分选及计数，能够智能分辨残币，同时具有数据保存记忆功能，掉电不丢失

针对现有自动交易装置建立如下功能模型，如图 10.2 所示。

2. 纸币自动分选项目因果分析

自动交易装置的纸币分选存在成本高、装置体积大的现象，针对这一现象进行因果分析，如图 10.3 所示。

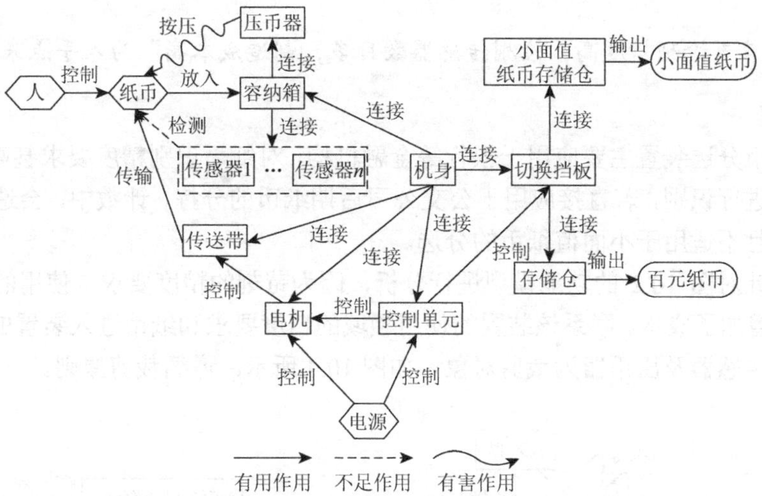

图 10.2　功能模型

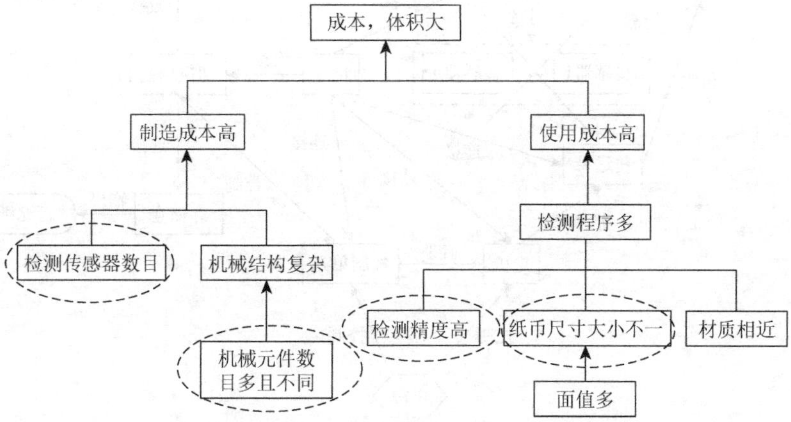

图 10.3　因果分析

3. 纸币自动分选项目资源分析

（1）物质资源：纸币、压币器、传送带、电机、容纳箱、机身、控制单元、传感器、切换挡板、存储仓、小面值纸币存储仓。

（2）场资源：电磁场、重力场、光场、机械场。

（3）信息资源：时间脉冲信号、各纸币尺寸特性。

（4）空间资源：存储仓的空间、容纳箱的空间、小面值纸币存储仓的空间。

（5）时间资源：系统启动前时间、纸币分选的时间、检测不到纸币的时间。

（6）功能资源：控制模块、纸币分选模块。

10.3.3　纸币自动分选项目应用 TRIZ 解题过程

以上述因果分析中的关键问题为出发点，分别从“装置检测精度高，检测传感器数目多，制造成本高”和“装置使用成本高”入手进行问题分析及求解。

1. 以"装置检测精度高，检测传感器数目多，制造成本高"为入手点来解决问题

1）裁剪

现有纸币分选装置主要应用于银行等金融机构，对纸币识别精度要求甚高，且主要是对大额纸币进行识别，若直接应用于公交公司后期纸币的分拣、计数中，会造成使用成本的增加，而且不适用于小面值纸币的分选。

因此，针对图 10.2 的功能模型进行分析，因为苛刻的精度要求，使用的检测传感器数目很多，增加了成本。联系该装置的使用领域的精度要求和纸币进入装置的状态，经分析，以多个传感器及压币器为裁剪对象，如图 10.4 所示，遵循裁剪原则。

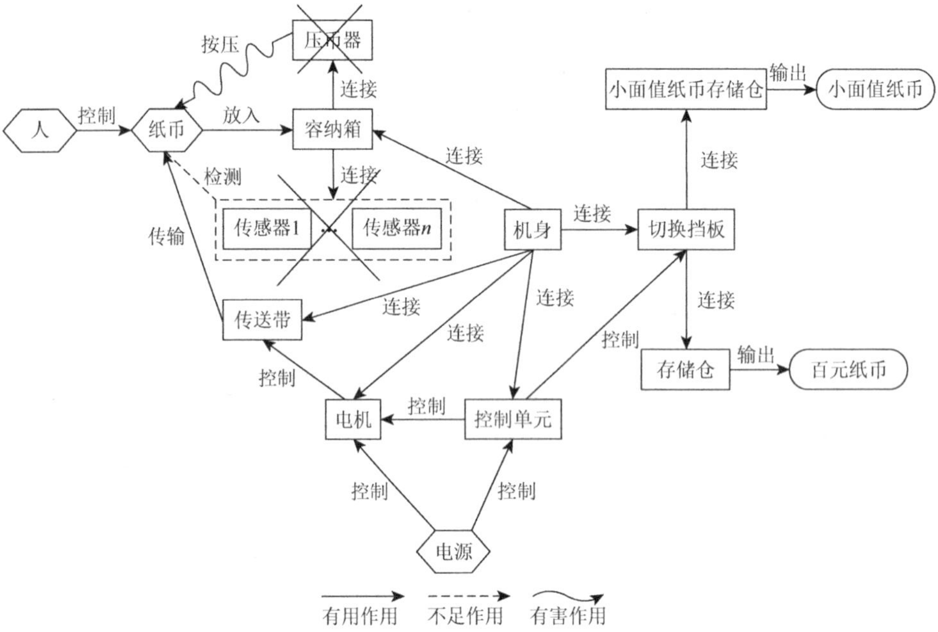

图 10.4　确定裁剪对象的功能模型

方案 1：将纸币铺平装置从自动分选装置中裁剪掉，降低成本。由于纸币进入该装置时已是平铺状态，所以把压币器裁剪掉；又由于使用的识别精度要求不苛刻，所以用单个检测传感器代替。改善后的功能模型如图 10.5 所示。但由于裁剪为单个传感器来检测纸币尺寸，存在的偶然性比较大，又由于不同面值纸币尺寸大小不一，这样在传送带传输时难以控制纸币姿态，造成检测尺寸偏差。

2）技术冲突及发明原理

（1）冲突描述：为了降低装置的复杂性，节约制造成本，可以去除部分单元或减少检测传感器，结果导致装置检测精度下降。

（2）转换成 TRIZ 中的标准冲突参数如表 10.2 所示。

①改善的参数：装置的复杂性；

②恶化的参数：测试精度，由冲突矩阵查到解决方案为发明原理 No.2、No.26、No.10、No.34。

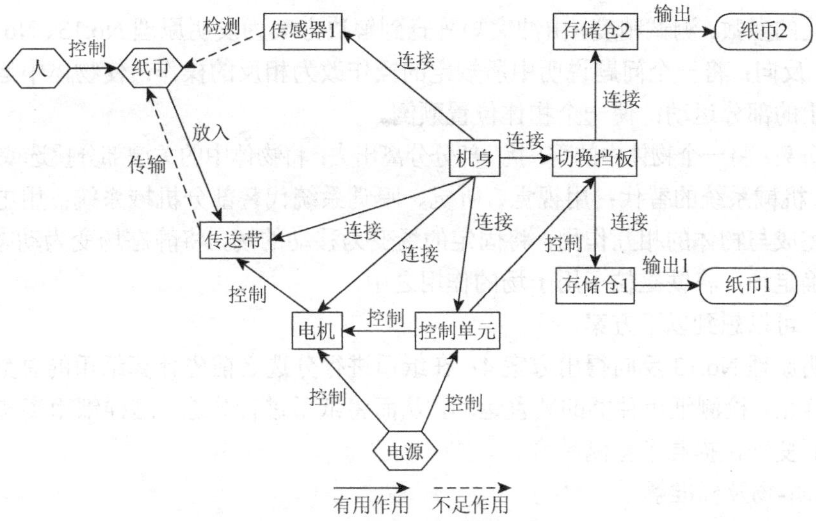

图 10.5　改善后的功能模型

表 10.2　部分冲突矩阵 1

改善的参数	恶化的参数	发明原理
装置的复杂性	测试精度	No.2，No.26，No.10，No.34

No.2 分离：将一个物体中的“干扰”部分分离出去；将物体中的关键部分挑选或分离出来。

No.26 复制：用简单、低廉的复制品代替复杂、昂贵、易碎的或不易操作的物体；用光学复制或图像代替物体本身，可以放大或缩小图像；如果已使用了可见光复制，可尝试用红外线或紫外线代替。

No.10 预操作：在操作开始之前，使物体局部或者全部产生所需的变化；预先对物体进行特殊安排，使其在时间上有准备，或已处于易于操作的位置。

No.34 抛弃与修复：当一个物体完成了其功能或变得无用时，抛弃或修复该部分中的一个元件；立即修复一个物体中所损耗的部分。

据此，可以想到以下方案。

由发明原理 No.2 分离得出方案 2：将纸币中的残币识别单元从自动分选装置中分离出去。这样省去了残缺的纸币对检测分选造成的干扰。

由发明原理 No.10 预操作得出方案 3：预先将纸币铺平及将币种分类，然后分别进行计数和检测。

（3）转换成 TRIZ 中的标准冲突参数如表 10.3 所示。

表 10.3　部分冲突矩阵 2

改善的参数	恶化的参数	发明原理
物质或事物的数量	测试精度	No.13，No.2，No.28

①改善的参数：物质或事物的数量；

②恶化的参数：测试精度，由冲突矩阵查到解决方案为发明原理 No.13、No.2、No.28。

No.13 反向：将一个问题说明中所规定的操作改为相反的操作；使物体中运动的部分静止，静止的部分运动；使一个物体位置颠倒。

No.2 分离：将一个物体中的“干扰”部分分离出去；将物体中的关键部分挑选或分离出来。

No.28 机械系统的替代：用视觉、听觉、嗅觉系统代替部分机械系统；用电场、磁场或电磁场完成与物体的相互作用；将固定的场变为移动的场，将静态场变为动态场，将随机场变为确定场；将铁磁粒子用于场的作用之中。

据此，可以想到以下方案。

由发明原理 No.13 反向得出方案 4：在纸币进行分选之前先计算纸币的总数，使铺平后的纸币静止，检测纸币种类的装置运动，从而将纸币进行分选，这样纸币姿态不会随传送带运动而变动，提高了检测精度。

3）物质-场及标准解

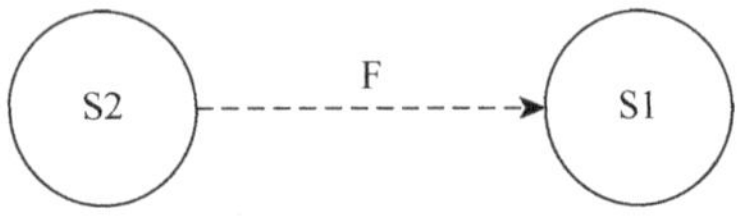

图 10.6　物质-场模型（一）

S1-纸币；S2-光电传感器；F-光场

裁剪后的功能模型如图 10.4 所示，纸币自动分选装置基本原理是根据检测纸币尺寸大小来判定面值，单个检测传感器虽然能够对纸币进行检测，但是对纸币在传送带上的要求变高，难以达到检测分选的要求，建立物质-场模型如图 10.6 所示。

根据物质-场模型，应用标准解的解决流程，得到标准解为 No.15（2.1.2）并联物质-场模型：一个可控性很差的系统需要改进，但已存在的部分不能改变，则并联第二个场。

根据标准解为 No.15（2.1.2）得出方案 5：在本装置中加入三个光电传感器，其中两个光电传感器位于传送带一侧，第三个传感器位于传送带的另一侧，在纸币未铺平的情况下，测量纸币的一端到达顶端的时间差，并测量其长度，通过计算得到纸币种类，如图 10.7 所示。

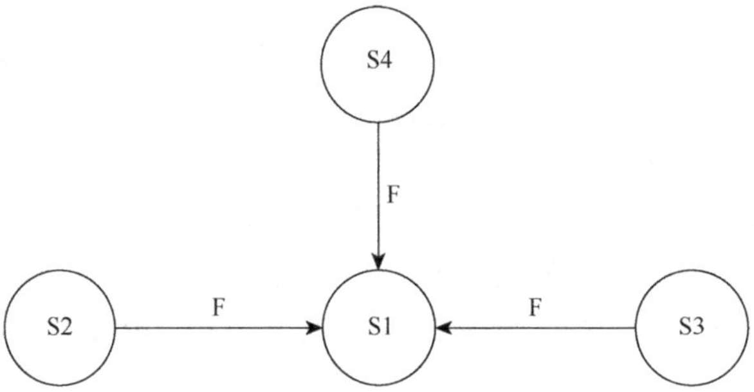

图 10.7　改善后物质-场模型（一）

S1-纸币；S2，S3，S4-光电传感器；F-光场

2. 以“装置使用成本高”为入手点来解决问题

1）技术冲突及发明原理

（1）冲突描述：为了检测多个纸币币种，可以采取增大纸币传送带宽度的措施，结果导致了纸币检测精度下降。

（2）转换成 TRIZ 中的标准冲突参数如表 10.4 所示。

表 10.4　部分冲突矩阵 3

改善的参数	恶化的参数	发明原理
适用性与多用性	测试精度	No.35，No.5，No.1，No.10

①改善的参数：适用性与多用性；

②恶化的参数：测试精度，由冲突矩阵查到解决方案为发明原理 No.35、No.5、No.1、No.10。

No.1 分割：将一个物体分成相互独立的部分；使物体分成容易组装及拆卸的部分；增加物体相互独立的程度。

No.5 合并：在空间上将相似的物体连接在一起，使其完成并行的操作；在时间上合并相似或相连的操作。

No.10 预操作：在操作开始前，使物体局部或全部产生所需的变化；预先对物体进行特殊安排，使其在时间上有准备，或已处于易操作的位置。

No.35 参数变化：改变物体的物理状态，即让物体在气体、液体、固体之间变化；改变物体的浓度或黏度；改变物体的柔性；改变温度；改变压力。

由发明原理 No.1 分割得出方案 6：可以利用光源和光电池组成检测纸币面积的检测系统，光源和光电池分别位于纸币的上面和下面，进而完成纸币的分选和计数。

由发明原理 No.35 参数变化得出方案 7：改变检测的参数，利用颜色传感器或图像传感器来实现纸币检测，增加检测的准确度。

2）物理冲突及分离原理

（1）冲突描述：由于是根据纸币尺寸大小来检测面值，进而进行纸币分选，要想较精确地对纸币尺寸进行检测，则希望传送带在纸币宽度基础上越小越好；然而要想检测多面值纸币，需要传送带宽度大。即既希望传送带窄，又希望传送带宽，形成物理冲突。

（2）物理冲突解决过程。经分析考虑可知上述两种要求若进行时间分离则既可以实现各纸币币种的传输，又能较精确地对币种进行检测，因此该冲突可以在时间上进行分离。

选用分离原理中的时间分离，对应的发明原理有 No.9 预加反作用、No.10 预操作、No.11 预补偿、No.15 动态化、No.16 未达到或超过的作用、No.18 振动、No.19 周期性作用、No.20 有效作用的连续性、No.21 紧急行动、No.29 气动与液压结构、No.34 抛弃与修复、No.37 热膨胀，根据可用发明原理得到如下解决方案。

根据 No.10 预操作和 No.15 动态化得出方案 8：预先将纸币平铺，并将宽度不变的传送带变为可以改变大小的传送带，从而使其与纸币恰好相匹配，进行检测。

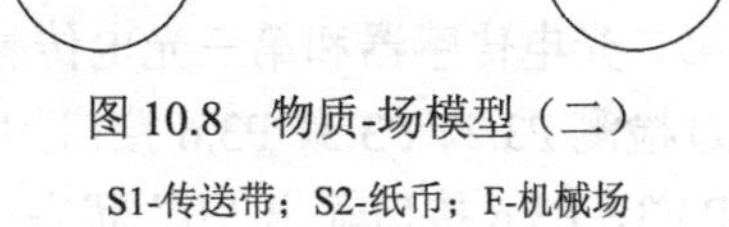

图 10.8　物质-场模型（二）

S1-传送带；S2-纸币；F-机械场

3）物质-场及标准解

在纸币运输及检测过程中，传送带宽度会导致纸币运动姿态难以控制，致使不能较好地进行检测，建立物质-场模型，如图 10.8 所示。

根据所建问题的物质-场模型，应用标准解决流程，得到标准解为No.7（1.1.7）一个系统中场强度不够，增加场强度又会损坏系统，将强度足够大的场施加到另一个元件上，再将该元件连接到系统上。

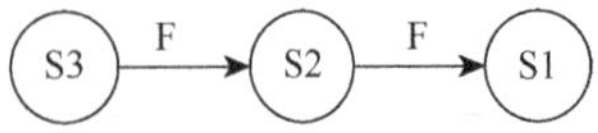

图 10.9　改善后物质-场模型（二）

S1-传送带；S2-纸币；S3-压币装置；F-机械场

根据标准解为No.7（1.1.7）得出方案9：增加一个压币装置，即给纸币一个压力进而保证纸币在传送带上的姿态，如图10.9所示。

10.4　纸币自动分选项目方案确定与方案评价

综上，将得到的方案进行汇总如表10.5所示。

表 10.5　方案汇总表

序号	方案	评价
1	将纸币铺平装置从自动分选装置中分离出去。这样将不会有折叠的纸币对检测分选造成干扰	可用
2	将纸币中的残币识别单元从自动分选装置中分离出去。省去了残缺纸币对检测分选造成的干扰	不可用
3	预先将纸币铺平及将币种分类，然后分别进行计数和检测	不可用
4	在纸币进行分选之前先计算纸币的总数，使铺平后的纸币静止，检测纸币种类的装置运动，从而将纸币进行分选	不可用
5	在本装置中加入三个光电传感器，其中两个光电传感器位于传送带一侧，第三个传感器位于传送带的另一侧，在纸币未铺平的情况下，测量纸币的一端到达顶端的时间差，并测量其长度，通过计算得到纸币种类	可用
6	可以利用光源和光电池组成检测纸币面积的检测系统，光源和光电池分别位于纸币的上面和下面，进而完成纸币的分选和计数	可用
7	利用颜色传感器或图像传感器来实现纸币检测，增加检测的准确度	不可用
8	预先将纸币平铺，并将宽度不变的传送带变为可以改变大小的传送带，从而使其与纸币恰好相匹配，进行检测	不可用
9	增加一个压币装置，即给纸币一个压力进而保证纸币在传送带上的姿态	不可用

综合比较9个方案，可选用的方案有方案1、方案5和方案6。

10.5　纸币自动分选装置样机试制

纸币分选装置的工作原理和工作流程如下[4,5]。

工作原理：第一光电传感器、第二光电传感器和第三光电传感器并排等高地垂直于纸币传送带；三个光电传感器两两之间的距离相同，为16mm，保证该距离下任意面值的待测纸币，无论在纸币传送带上如何倾斜，均能完全遮挡三个光电传感器。第一光电传感器、第二光电传感器和第三光电传感器的输出信号分别接单片机的P3.2、P3.3、P3.6接口。通过检测P3.2、P3.3、P3.6接口的状态判断是否有待测纸币到来，当没有纸币经过时，P3.2、P3.3、P3.6接口输出“0”状态；当有纸币经过时，若纸币长边平行于纸币传送带的边缘，则P3.2、P3.3、P3.6接口同时输出“1”状态；若纸币长边较纸币传送带的边缘有一定夹角（纸币倾斜），则P3.2、P3.3、P3.6接口依次输出“1”状态；由于纸币传送带1匀速传送纸币，通过检测纸币传送带 1 上纸币遮挡第一光电传感器、第二光电传感器和第三光电传感器的时间，便可得到所测纸币的长度，经过单片机与预先设置的不同面额纸币长度范围比较后，便可最终判断出所测纸币的面额。例如，一元纸币的长度为 130mm，倾斜后检测到的最大距离为 132mm，因此若经计算纸币长度落在 130～132mm 范围内，即可认为该纸币的面额为一元，其余面额检测方法类似。

假如待测纸币有缺损，为残币，其尺寸大小与真币不相同，则该残币在传送过程中将不会同时遮挡住三个传感器的光线，此时第一光电传感器、第二光电传感器和第三光电传感器检测到的遮挡时间将是不完全相同的，据此便可以判断是否为残币。

纸币检测装置示意图如图 10.10 所示。

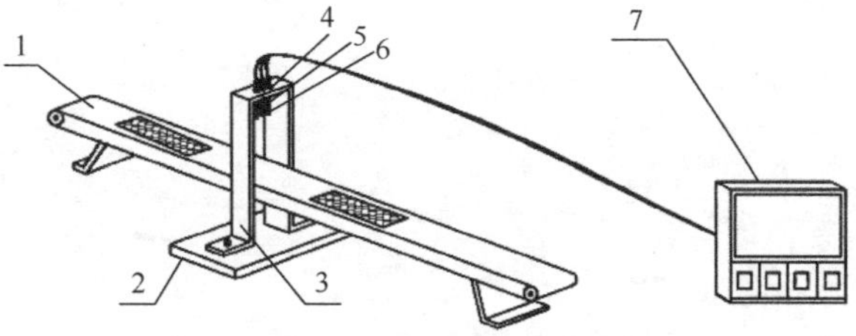

图 10.10　纸币检测装置示意图[4,5]

1-传送带；2-固定架底板；3-传感器固定架；4-第一光电传感器；5-第二光电传感器；6-第三光电传感器；7-控制模块

工作过程：该装置组装好后，将待测纸币传送至纸币传送带上，待测纸币经由纸币传送带匀速向前传送，之后将遮挡第一光电传感器、第二光电传感器和第三光电传感器。待纸币完全通过三个传感器后，将检测信号传送至控制模块中，经单片机分析得出待测纸币遮挡第一光电传感器、第二光电传感器和第三光电传感器的时间，计算之后得出该纸币的面值以及是否残缺，最终液晶显示屏显示出该纸币的面值与残损情况等信息，按键可以用来调整显示信息，再将检测后的纸币进行分类。纸币自动分选装置 3D 示意图如图 10.11 所示。

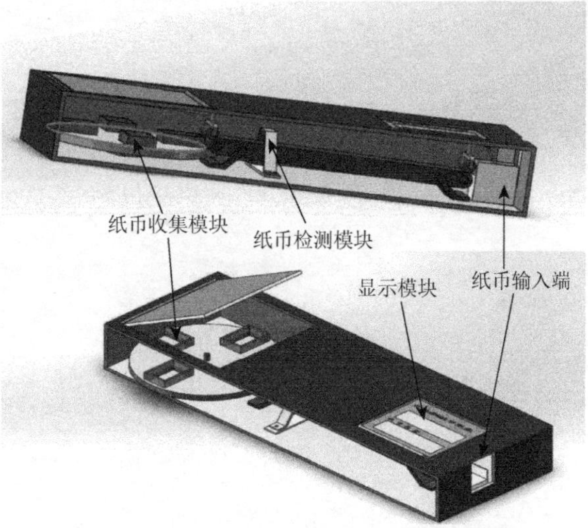

图 10.11　纸币自动分选装置 3D 示意图

参 考 文 献

[1] 赵东云. 发展公共交通 倡导“绿色出行”[N]. 济南日报，2019-03-19（F02）.
[2] 佚名. 本期聚焦：绿色出行及其影响因素探讨[J]. 现代城市研究，2018（12）：1.
[3] 董加林，邓静，何迪，等. 钱币整理机的设计与研发[J]. 产业与科技论坛，2017，16（14）：85-86.
[4] 张鹏，刁道政，董娅凡，等. 一种纸币检测装置：中国，CN205621124U[P]. 2016-10-05.
[5] 张鹏，刁道政，董娅凡，等. 一种纸币检测装置：中国，CN105976501A[P]. 2016-09-28.

附录1　第八届全国大学生机械创新设计大赛竞赛作品申报说明书——“机械式高枝单果采摘器”

摘要：采摘作业是果实生产中既耗时又费力的一个环节。近年来各种振摇式和动力切割式采摘机械先后涌现，考虑到经济性和实用性，设计了一款利用螺旋副来模拟人手的机械式辅助人工采摘装置。该采摘器整体为杆状，结构轻巧、省力、操作方便，可实现多方向及高枝采摘，主要用于采摘生长位置超出采摘者可接触范围或果皮有芒刺不宜徒手抓握的水果。该采摘器成本较低，容易操作，适用于山区农户和采摘园，实现单果采摘。

关键词：高枝单果采摘；螺旋副；模拟人手；简便机械；杆

作品内容简介

本作品根据本届机械创新设计大赛的主旨要求而设计，属于“辅助人工采摘类机械”。此采摘器由旋转活动爪头、螺旋副装置、两级伸缩杆及锁紧装置、底部拉线收集及锁紧装置、背带和把手组成。采摘器整体重约 1.5kg，伸缩杆直径约 25mm，依靠摩擦力锁紧来实现两段无级伸缩，未伸长时整长 2.1m，伸长后最多可达 3m。旋转活动爪头在拉线作用下可实现夹紧果实和扭转果实两个动作。把手可拉动拉线。收集装置中的平面涡卷弹簧实现拉线拉紧和收集，拉线锁紧采用旋紧螺柱。

本采摘器模拟人手采摘果实的过程，摘果实时先将杆调到适合长度并对准果实。未按下把手时，爪头处于张开未下降的状态。按下把手时，爪头顺序实现抓紧果实和旋转下降的动作。把手通过拉线实现传动，夹紧果实之后继续抽动拉线，爪头整体沿螺纹副做旋转下降运动，果实在爪头旋转一周半下降 3cm 左右时被摘下。

1　研究背景及意义

水果采摘作业是水果种植业中耗时、费力的一个环节[1]。目前很多地区的水果采摘依然依赖人工，对于高枝生长的果实还需借助梯子来采摘，作业效率低，采摘成本高。为了解决这一难题，各种动力切割式采摘机械随着计算机技术和自动控制技术的发展开始出现，水果采摘机械逐步向自动化程度更高的农业机器人方向发展[2]。但是，我国的果园大多处于丘陵山区，属于坡地，因此合适的采摘机械很少，危险性方面的问题也更加突出。由于工作环境的复杂性，采摘机器人的发展仍未达到农业生产的要求，尤其是视觉识别与行走装置，距实用化和商品化还有一定距离[3]。

本方案设计的采摘器结构简单、轻便，成本低廉，操作简单，应用于高枝单果采摘可以大大降低果农的劳动强度，提高果实采摘效率并保障水果成品质量。

2　设计方案

2.1　总体方案设计

为了更好地实现采摘器对高枝单果的采摘功能，我们对目前市场上主流的采摘器进行了调查，同时到果园实地调查，确立了最终方案：模拟人手采摘过程，即先夹住果实后将其拧下。作品采用配对螺纹副机构来实现所需功能，同时配合伸缩杆机构实现无级伸缩，方便使用。

2.2　采摘爪头设计

采摘爪头是采摘杆的重要组成部分，现行杆形式的采摘器包括割断果柄式和直接拉扯式等。割断果柄式通常采用常规的剪刀型机构，其不易对准和切断果蒂；且当果实位置较高时，V 形刃口对准果蒂就比较困难；再者剪切果蒂时果蒂易沿剪刀刀片滑动，损伤果实。直接拉扯式比较适合采摘成熟的果实，而采摘成熟度较低的果实时，很容易破坏果实。之后在了解果园实际情况的过程中我们发现：在果实达到成熟标准时，果农通常不再使用剪刀，而是直接用手将果实拧下。

结合上述情况，我们提出这样一种方案：采摘爪头设计可仿照人手拧下果实的动作，采摘器爪头先夹住果实，再利用爪头与采摘杆身的相对旋转运动将果实拧下。夹持动作的实现可参考目前市场上的夹持方案，即利用把手拉动拉线，拉线带动夹持机构完成夹持动作。三爪爪头示意图如附图 1 所示，为了使结构简单可靠，采用双爪爪头（附图 2）替代三爪爪头，同时设计为一端可动，另一端固定。固定端可快速从一簇果实中将单个果实挑出。

附图 1　三爪爪头示意图

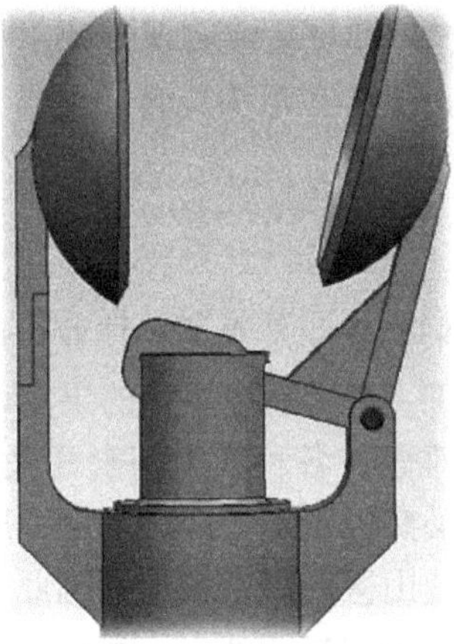

附图 2　双爪爪头示意图

旋转运动的实现比较困难，构建齿轮副、螺旋副等多种方案[4]。齿轮副（附图 3）

虽比较常用，但考虑实际机构时布置困难、加工困难且驱动传动路径不易解决；螺旋副（附图4）便于布置，且能将直动变为旋转运动。综合以上因素，选择螺旋副方案，将拉线固定在可旋转的采摘头上，其拉力作为驱动力，采摘器头与采摘器杆身形成配对螺旋副，实现旋转运动。最终实现按压一次把手依次实现夹紧和旋转下移两个动作。

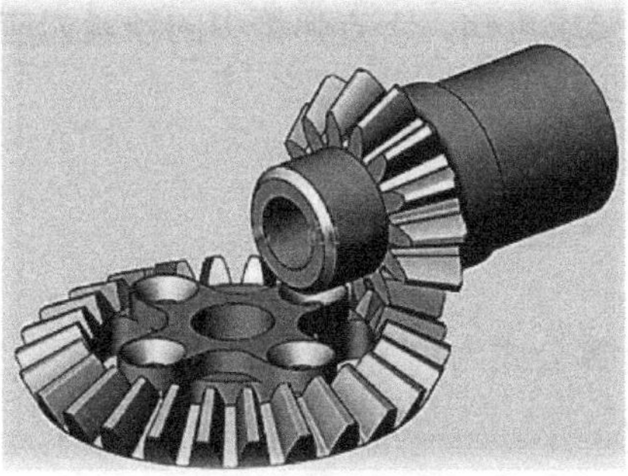

附图3　齿轮副示意图

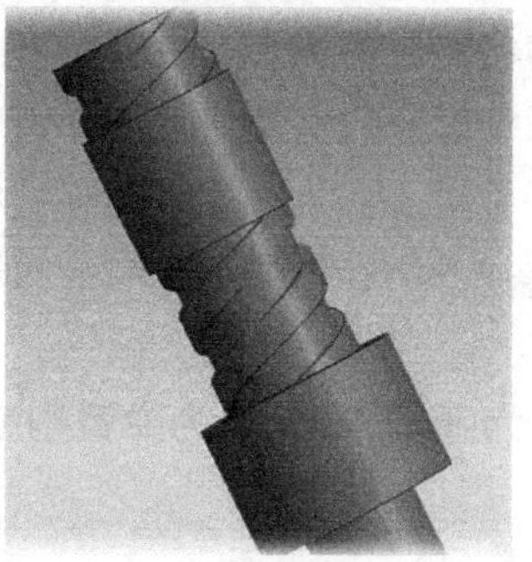

附图4　螺旋副示意图

2.3　采摘器杆身设计

为实现高处果实的采摘，采摘器杆身设计为可伸缩型，采用螺旋锁紧装置进行杆长调节。由于在杆伸缩调节的同时，拉线也需要伸缩调节，设计了依靠涡卷弹簧实现拉线张紧的储存室、拉线锁紧螺栓等相应机构以完成伸缩杆的调节。

杆上开有方形孔，采用杠杆机构抽动拉线，可将拉线从方孔中抽出。

3　理论设计计算

3.1　爪头尺寸设计

爪头结构示意图如附图5所示，将被采摘水果的形状理想化为一个球体，故将爪头内表面形状设计为球面的一部分。由于通常情况下果实的直径在60～100mm，故取 $d = 80\text{mm}$。为保证爪头与果实之间有一定的接触面积，取 $a = 120°$。为确保活动爪头在绕轴（附图5中 B 点）旋转直至夹住果实的过程中，其下端（附图5中 A 点）不会与果实干涉[5]，确定出临界尺寸，即 O、A、B 三点在一条直线上。于是有

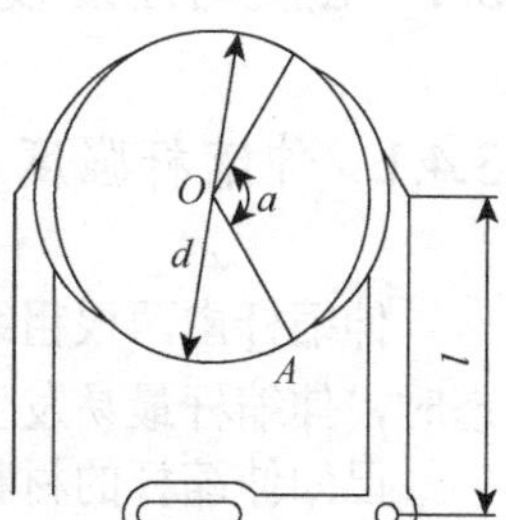

附图5　爪头结构示意图

$$l = \frac{d}{2}\tan\frac{a}{2} = 40 \times \tan 60° = 69(\text{mm})$$

考虑到果实直径的变化，取调整系数为1.3，确定最终长度为

$$l = 1.3 \times 69 = 90(\text{mm})$$

3.2　圆柱螺旋压缩弹簧参数设计

根据已有结构以及螺纹副长度等限制条件，得到下方弹簧预紧后的长度 $l_1 = 60\text{mm}$，弹簧中径 $D = 30\text{mm}$，已知整个爪头部分的重量为 $W = 4\text{N}$，上方控制活动爪头回位的弹簧处于压缩状态时的力 $F_{压} = 10\text{N}$。由该产品的功能要求可知，下方弹簧中的预紧力应不小于整个爪头部分的重量与上方弹簧中弹力之和，即

$$F_{预} \geqslant W + F_{压} = 4\text{N} + 25\text{N} = 29\text{N}$$

取 $F_{预} = 40\text{N}$。根据胡克定律可得

$$k(l_0 - l_1) = F_{预} \tag{1}$$

式中，l_0 为弹簧原长；k 为弹簧刚度。弹簧刚度计算公式为

$$k = \frac{125d^4G}{D^3N} \tag{2}$$

式中，d 为弹簧线径；G 为横弹性系数；N 为弹簧有效圈数；D 为弹簧中径。

联立式(1)和式(2)并查阅相关手册，最终确定弹簧各参数：弹簧材料为 SUS304-WPB 不锈钢，弹簧原长 $l_0 = 90\text{mm}$，弹簧有效圈数 $N = 4$，弹簧线径 $d = 2\text{mm}$，弹簧中径 $D = 30\text{mm}$。

3.3　螺纹导程的设计计算

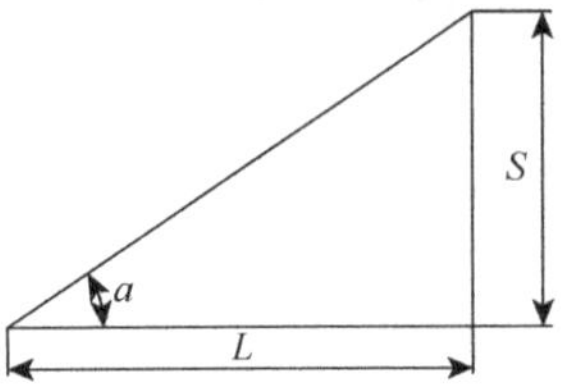

附图 6　螺纹平面展开图

通过查阅相关资料，得到塑料之间的静摩擦系数 $\mu = 0.3$。如附图 6 所示，为了使螺纹副不自锁[5]，应满足：

$$\frac{S}{L} \geqslant \mu \tag{3}$$

式中，S 为螺纹副导程；L 为螺纹副周长。

由于螺纹副中径已由其他结构尺寸限制确定 $D = 29\text{mm}$，所以 $L = \pi D = 91\text{mm}$，由式(3)可得 $S \geqslant 27.3\text{mm}$，取 $S = 30\text{mm}$。

3.4　强度与刚度校核

3.4.1　伸缩杆强度校核

伸缩杆由两根粗细不同的铝合金管组合而成，当伸缩杆调节到最大长度且处于水平状态时，伸缩杆最易发生弯曲变形，所以只需要对这一状态进行强度校核。

已知伸缩杆的材料为铝合金 6061-t6，屈服强度 $\sigma_s = 55.2\text{MPa}$，弹性模量 $E = 68.9\text{GPa}$，伸缩杆最大长度为 2000mm，粗细管的外径与内径分别为 $D_1 = 30\text{mm}$，$d_1 = 27\text{mm}$，$D_2 = 26\text{mm}$，$d_2 = 23\text{mm}$。现建立力学模型，如附图 7 所示，已知 $F_A = 7\text{N}$，为爪头部分与果实所受重力之和。B 点为细管与粗管的连接点，C、D 分别为使用者两只手的施力点。$l_{DE} = 200\text{ mm}$，$l_{CD} = 550\text{ mm}$，$l_{AB} = 1000\text{ mm}$，$l_{AE} = 2000\text{ mm}$，$q_1 = 3.1\text{N/m}$，$q_2 = 3.6\text{N/m}$，

q_1、q_2分别为细管与粗管单位长度的重量。

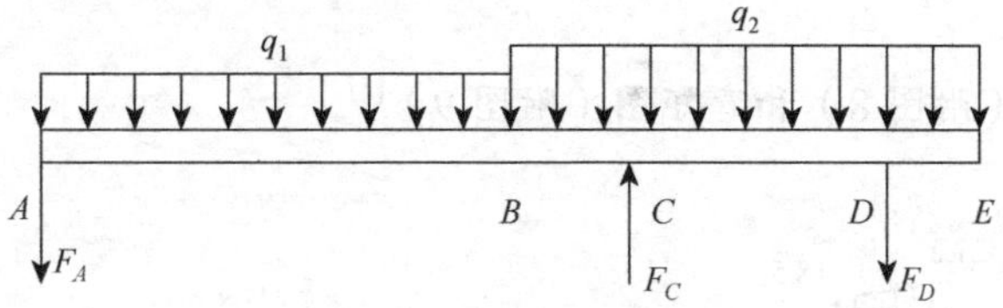

附图7　伸缩杆受力图

1. 计算人手施力F_C、F_D大小

列力矩平衡方程

$$F_A l_{AC} + q_1 l_{AB}\left(\frac{1}{2}l_{AB} + l_{BC}\right) - q_2 l_{BE}\left(\frac{1}{2}l_{BE} - l_{BC}\right) - F_D l_{CD} = 0$$

解得

$$F_D = 18.5\text{N}$$

列y方向平衡方程

$$-F_A - q_1 l_{AB} + F_C - q_2 l_{BE} - F_D = 0$$

解得

$$F_C = 32.2\text{N}$$

2. 计算剪力$F_S(x)$和弯矩$M(x)$

计算剪力AB段

$$F_S(x) = -F_A - q_1 x$$

BC段

$$F_S(x) = -F_A - q_1 l_{AB} - q_2(x - l_{AB})$$

CD段

$$F_S(x) = -F_A - q_1 l_{AB} - q_2 l_{BC} + F_C - q_2(x - l_{AC})$$

DE段

$$F_S(x) = -F_A - q_1 l_{AB} - q_2 l_{BD} + F_C - F_D - q_2(x - l_{AD})$$

计算弯矩AB段

$$M(x) = -F_A x - \frac{1}{2}q_1 x^2$$

BC段

$$M(x) = -F_A l_{AB} - \frac{1}{2}q_1 l_{AB}^2 - (F_A + q_1 l_{AB})(x - l_{AB}) - \frac{1}{2}q_2(x - l_{AB})^2$$

CD段

$$M(x) = -\frac{1}{2}q_2 l_{DE}^2 - q_2 l_{DE}(l_{AD} - x) - \frac{1}{2}q_2(l_{AD} - x)^2$$

DE段

$$M(x)=-\frac{1}{2}q_2(l_{AE}-x)^2$$

3. 画出剪力图（附图 8）和弯矩图（附图 9）[5]

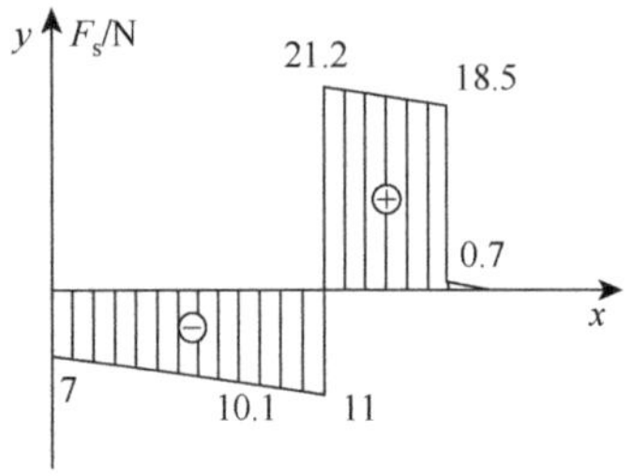

附图 8　剪力图

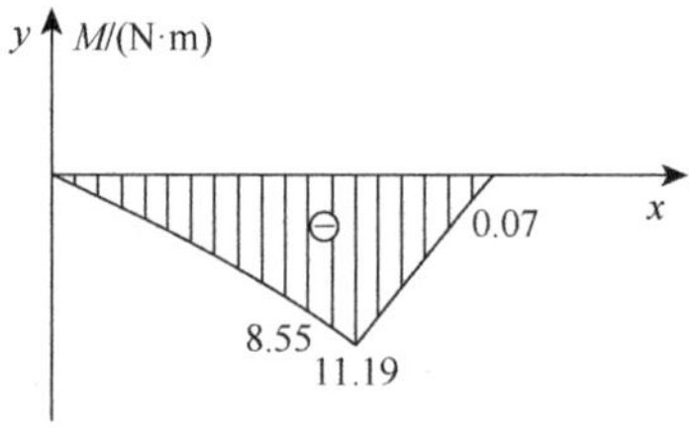

附图 9　弯矩图

4. 计算最大弯曲正应力

对 Z 轴的惯性矩

$$I_Z=\frac{\pi D_1^4}{64}\left[1-\left(\frac{d_1}{D_1}\right)^4\right]=\frac{\pi\times30^4}{64}\times\left[1-\left(\frac{27}{30}\right)^4\right]=1.3674\times10^4(\mathrm{mm}^4)$$

抗弯截面系数

$$W=\frac{I_Z}{y_{\max}}=\frac{1.3674\times10^4}{15}\mathrm{mm}^3=911.58\mathrm{mm}^3$$

最大弯曲正应力

$$\sigma_{\max}=\frac{M_{\max}}{W}=\frac{11.19}{911.58\times10^{-9}}\mathrm{Pa}=12.28\mathrm{MPa}$$

5. 校核伸缩杆的强度

许用弯曲应力

$$[\sigma]=\frac{\sigma_s}{S}=\frac{55.2}{1.2}=46(\mathrm{MPa})$$

显然 $\sigma_{\max}<[\sigma]$，满足强度要求。

3.4.2　伸缩杆刚度校核

运用单位载荷法计算 A 点的挠度。

根据附图 10 列出在实际载荷作用下伸缩杆各段的弯矩方程。

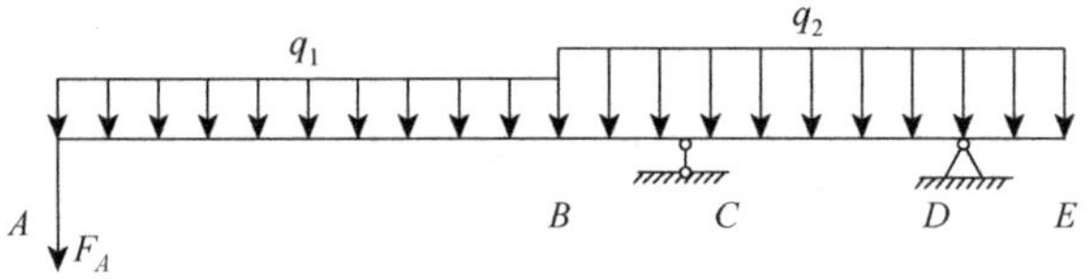

附图 10　实际载荷作用模型

AB 段

$$M(x) = -F_A x - \frac{1}{2}q_1 x^2$$

BC 段

$$M(x) = -F_A l_{AB} - \frac{1}{2}q_1 l_{AB}^2 - (F_A + q_1 l_{AB})x - \frac{1}{2}q_2 x^2$$

CD 段

$$M(x) = -\frac{1}{2}q_2 l_{DE}^2 - q_2 l_{DE} x - \frac{1}{2}q_2 x^2$$

DE 段

$$M(x) = -\frac{1}{2}q_1 x^2$$

现根据附图 11，列出单位载荷下伸缩杆各段的弯矩方程。

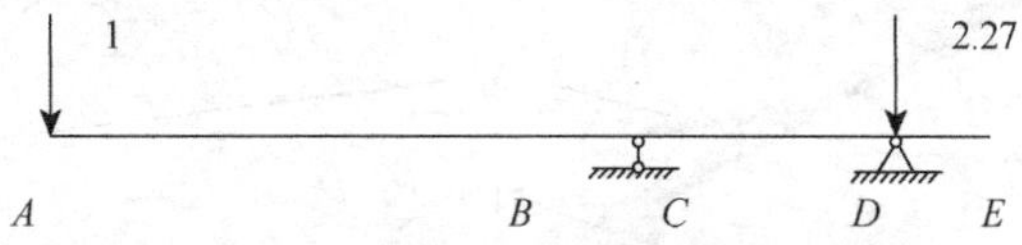

附图 11　单位载荷作用模型

AB 段

$$\overline{M(x)} = -x$$

BC 段

$$\overline{M(x)} = -x - l_{AB}$$

CD 段

$$\overline{M(x)} = -2.27x$$

DE 段

$$\overline{M(x)} = 0$$

由莫尔积分，得

$$\begin{aligned}
\varDelta_{\mathrm{AV}} &= \int \frac{M(x)\overline{M(x)}}{\mathrm{EI}}\mathrm{d}x \\
&= \frac{1}{\mathrm{EI}}\left[\begin{aligned}&\int_0^{l_{AB}}\left(-F_A x - \frac{1}{2}q_1 x^2\right)(-x)\mathrm{d}x + \int_0^{l_{BC}}\left(-F_A l_{AB} - \frac{1}{2}q_1 l_{AB}^2 - (F_A + q_1 l_{AB})x - \frac{1}{2}q_2 x^2\right) \\ &\cdot(-x - l_{AB})\mathrm{d}x + \int_0^{l_{CD}}\left(-\frac{1}{2}q_2 l_{DE}^2 - q_2 l_{DE} x - \frac{1}{2}q_2 x^2\right)(-2.27x)\mathrm{d}x\end{aligned}\right] \\
&= \frac{1}{\mathrm{EI}}\left[\frac{1}{3}F_A l_{AB}^3 + \frac{1}{8}q_1 l_{AB}^4 + \frac{3}{2}F_A l_{BC}^3 + \frac{3}{4}q_1 l_{BC}^4 + \frac{1}{2}(F_A + q_1 l_{BC})l_{BC}^3 + \frac{5}{12}q_2 l_{BC}^4 + 2.27 q_2 l_{DE}^4\right] \\
&= 3.9\mathrm{mm}
\end{aligned}$$

因此在伸缩杆承受最大载荷状态下的最大变形量（挠度）为

$$\omega_{max} = 3.9\text{mm}$$

由此，伸缩杆的最大弯曲变形为3.9mm，完全满足使用要求。

4　工作原理及性能

4.1　工作原理

下面对该采摘器采摘水果的过程予以说明，采摘器整身如附图12所示，其爆炸图如附图13所示。

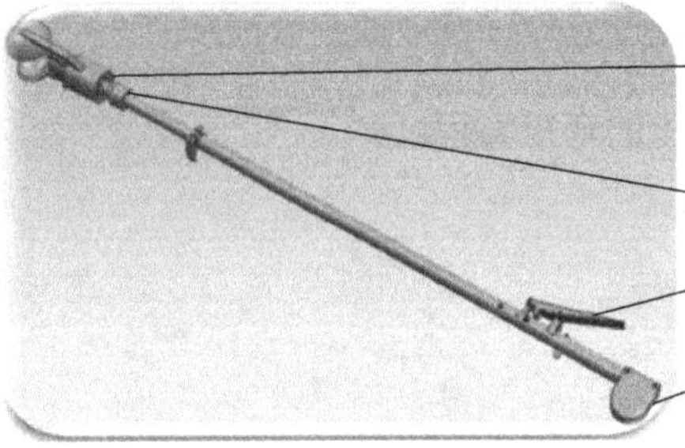

附图12　采摘器整身

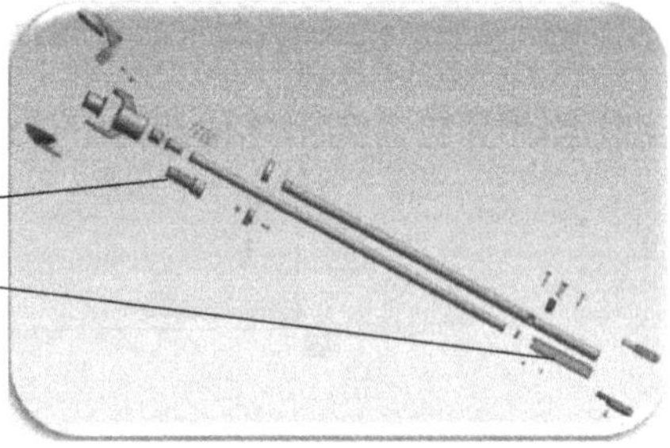

附图13　采摘器爆炸图

1-整体爪头部分；2-外螺旋副；3-把手；4-拉线储藏盒

1. 采摘水果

（1）将采摘器的爪头对准水果。

（2）按下把手，这时把手拉动内部拉线，如附图14所示[6]，拉线带动活动抓手夹住水果，果实被夹紧时，即施给爪头的力克服弹簧预紧力后，整个爪头（附图15）将沿大螺旋升角螺纹副旋转下降，果实在拧-拉力的作用下与树枝脱离。

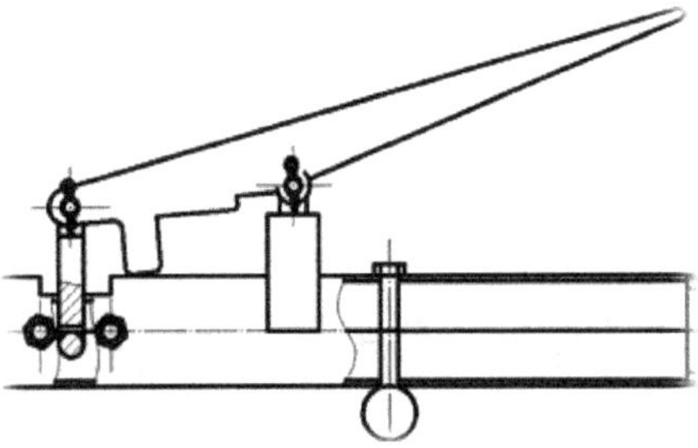

附图14　把手与拉线示意图

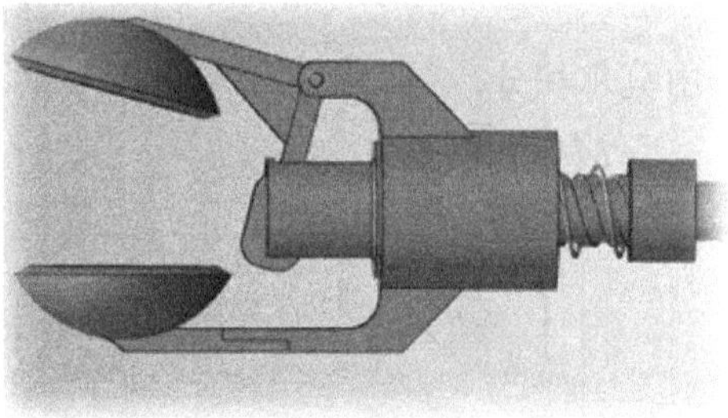

附图15　整体爪头示意图

2. 调节伸缩杆长度

（1）将锁紧螺柱（附图16）拧松，拉线可在储存盒里涡卷弹簧（附图17）[7]的作用下自由伸缩并保持绷紧状态。

（2）将上、下两杆的锁紧装置的手柄（附图 18）向右拧松，这样上杆可以在下杆内部滑动，可根据要采摘水果的高度调节上杆的伸出量。

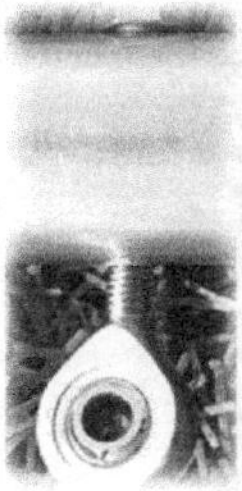

附图16　锁紧螺柱

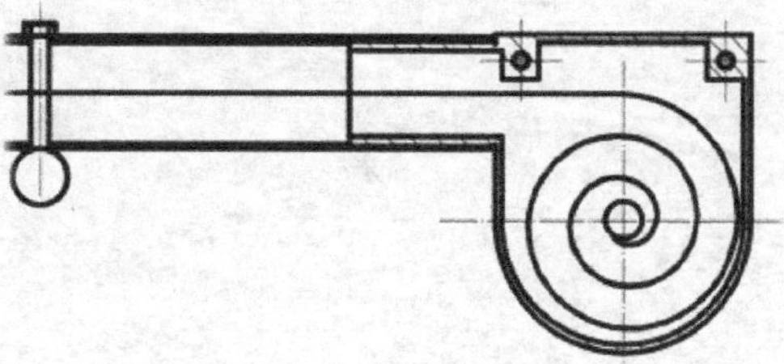

附图 17　储存室内部结构示意图

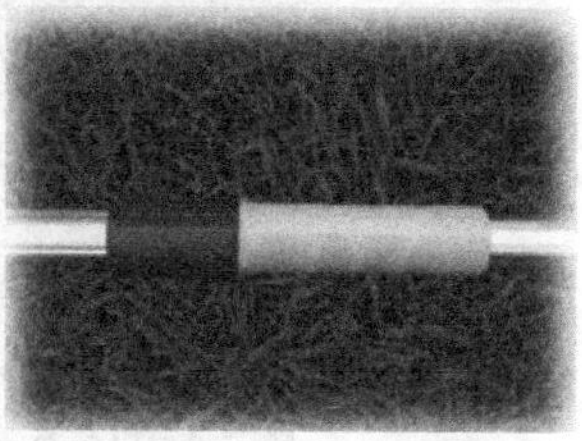

附图 18　两杆锁紧装置

（3）上杆伸出量调整好后，将上、下两杆的锁紧机构的手柄向左拧紧，再将锁紧螺钉拧紧，伸缩杆长度调节完成。

4.2　性能

（1）采摘杆可伸缩，长度为 210～300cm。

（2）采摘杆用于采摘生长位置超出采摘者可接触范围或果皮有芒刺不宜徒手抓握的水果。

（3）采摘杆可采摘水果的直径为 6～10cm。

5　实 物 照 片

原始采摘器和改进后采摘器如附图 19 和附图 20 所示。

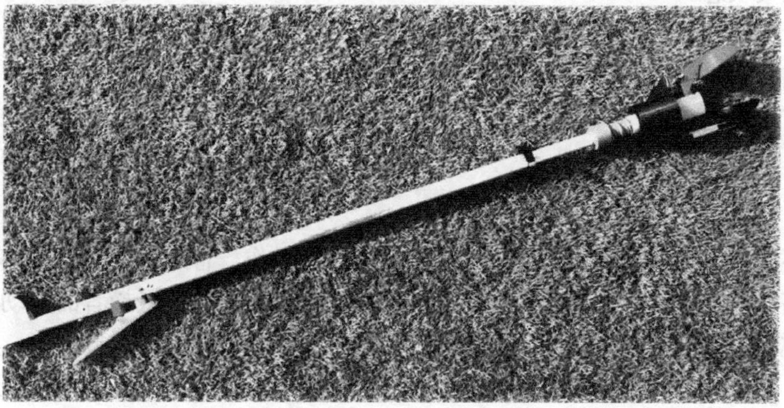

附图 19　原始采摘器实物图

附图 20　改进后采摘器实物图

6　创新点及应用

6.1　主要创新点

（1）本采摘器模拟人手采摘果实的过程，可顺序完成抓取、旋转下拉的动作。相较于直接下拉的采摘方式，旋转下拉的方式更省力且其效果更接近人手采摘。

（2）把手一次按压可实现两个动作，操作更为简单快捷且容易实施。

（3）本方案采用弹性爪头，避免了用刀片剪或割断果柄时出现的易碰伤果肉等问题。

（4）拉线下端固定，按动把手时，将拉线从伸缩杆内部抽出，使拉线上端行程增加一倍。相较于从末端抽动拉线，该方案将人手按动把手的距离缩短一半，减小了把手的运动空间。

（5）本采摘器可以实现无级伸缩，底部安装的平面涡卷弹簧可以维持伸缩杆调整长度时拉线的张紧状态。

（6）杆身中部装有背带，使肩部受力，减轻采摘器作用在手臂上的力，方便果农进行长时间高枝水果采摘作业。

6.2　应用

该单果采摘器结构轻巧，体积小，重量轻，容易操作，省时省力，便于携带，可实现多方向及高枝采摘，适用于不同类型水果的采摘。它不仅减轻了采摘者的劳动强度，并具有一定的趣味性，因此既适用于山区农户，又可用于采摘园，提高采摘效率，具有十分广阔的市场。另外，由于设计结构简单，对所采摘单果的大小没有限制，因此，使用范围很广，成本低（样件制造成本 100 元左右，估计量产后成本可控制在 60～70 元），使用便利，是采摘园及农户的首选，经济效益及社会效益显著。

致　谢

在准备比赛的这几个月里，我们齐心协力，攻克了许多难关。从点子的萌发到方案设计再到制作实物及现场试验的过程中，收获颇多，也很充实。首先要衷心感谢我们的指导老师，他们自始至终关注着我们的进度并不遗余力地帮助我们解决问题，促使我们一直走下去。感谢无偿为我们提供试验场所的果园，祝生意兴隆！感谢为我们提供的场所及支持设施的车队!

参 考 文 献

[1] 宋健. 茄子采摘机器人结构参数的优化设计与仿真[J]. 机械设计与制造，2008（6）：166-168.

[2] Song J. Optimization design and simulation on structure parameter of eggplant picking robot[J]. Machinery Design & Manufacture，2008（6）：166-168.

[3] 段洁利，陆华忠，王慰祖. 水果采收机械的现状与发展[J]. 广东农业科学，2012，39（16）：189-192.

[4] Duan J L，Lu H Z，Wang W Z. Present situation and development of the fruit harvesting machinery[J]. Guangdong Agricultural Sciences，2012，39（160）：189-192.

[5] 徐斌. 便携式水果分级采摘器的原理与应用[J]. 现代农业科技，2007（13）：203，205.

[6] 孙桓，陈作模. 机械原理[M] 北京：高等教育出版社，2000.

[7] 濮良贵. 纪名刚. 机械设计[M]. 北京：高等机械出版社，2006.

附录 2　第十届大学生节能减排社会实践与科技竞赛作品申报书——“自然风驱动太阳能电池板除尘系统”

序号：____________

编码：____________

第十届大学生节能减排
社会实践与科技竞赛作品申报书

【科技作品类（含实物制作、软件、设计等）】

作品名称：自然风驱动太阳能电池板除尘系统

学校全称：××××××

申报者姓名：××

说 明

1. 申报者应在认真阅读此说明各项内容后按要求详细填写。
2. 申报者在填写申报作品情况时须完整填写 A、B、C 三类表格。
3. 表内项目填写时一律用钢笔或打印，字迹要端正、清楚。
4. 序号、编码由第十届全国大学生节能减排社会实践与科技竞赛组委会填写。
5. 科技作品类的作品说明书全文请附于申报书之后，作品说明书格式规范见附件。
6. 作品申报书须由一位具有高级专业技术职称的专家提供推荐意见。
7. 作品申报书须按要求由各参赛高校竞赛组织协调机构统一寄送。
8. 其他参赛事宜请向本校竞赛组织协调机构咨询。

A. 作品作者团队情况申报（略）

B. 申报作品情况（科技作品类，含实物制作、软件、设计等）

说明：

1. 必须由申报者本人填写；
2. 本表必须附有研究报告，并提供图表、曲线、试验数据、原理结构图、外观图（照片）等必要的说明资料；
3. 本部分中的管理部门签章视为对申报者所填内容的确认。

<table>
<tr><td>作品名称</td><td>自然风驱动太阳能电池板除尘系统</td></tr>
<tr><td>作品摘要
（500 字以内；含作品设计、发明的目的和基本思路，创新点，技术关键和主要技术指标）</td><td>
一、发明的目的
我国太阳能电站多位于西北干燥荒漠地带，降水量少，扬尘多发，粉尘在表面堆积，会大幅降低太阳能的转化效率，降低粉尘的影响成为研究热点。西北太阳能充足并且风能也十分丰富，结合太阳能电池板现有布置，在对系统改动最小的情况下，使用自然风对太阳能电池板进行除尘，减小灰尘对太阳能转化率的影响。
二、发明的基本思路
对于固定式太阳能电池板加装空气放大装置和风向调节装置；对于跟随式太阳能电池板加装空气放大装置，作品说明如附表 1 所示。
附表 1 作品说明
<table>
<tr><td></td><td>固定式太阳能电池板</td><td>跟随式太阳能电池板</td><td>目的</td></tr>
<tr><td>除尘动力</td><td>自然风（清洁能源）</td><td>自然风（清洁能源）</td><td>吹除电池板表面灰尘，并能减缓灰尘堆积</td></tr>
<tr><td>调节太阳能电池板与风向的夹角</td><td>加装风向调节装置</td><td>实时测量风速与风向，用单片机控制步进电机调节太阳能电池板与风向的夹角</td><td>使太阳能电池板顺着风向，以保证除尘效果</td></tr>
<tr><td colspan="4">当自然风风速不足时，利用空气放大装置将风速放大以保证除尘效果</td></tr>
</table>
跟随式太阳能电池板除尘装置功能模块示意图如附图 1 所示。
</td></tr>
</table>

作品摘要（500字以内；含作品设计、发明的目的和基本思路，创新点，技术关键和主要技术指标）

功能模块示意图：

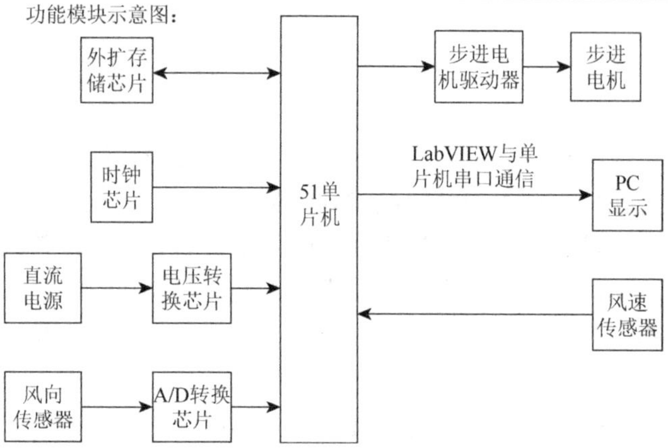

附图1　功能模块示意图

三、创新点

1. 利用西北地区丰富的自然风这一清洁可再生能源，不需要添加额外的能源；
2. 通过风向风速检测，调整自然风和太阳能电池板的吹扫角度再利用空气放大装置来保证除尘效果。

四、现已在申请的专利

1. 一种自然风除去太阳能电池板表面灰尘的装置；
2. 基于空气倍增除尘的太阳能电池板发电装置；
3. 一种自然风调速调向除尘装置。

专利申请书和受理书如附图2～附图4所示。

中 华 人 民 共 和 国 国 家 知 识 产 权 局

300071
天津市南开区卫津路94号南开大学校内西南村18号楼东侧开发楼二层（科技园）
天津翰林知识产权代理事务所（普通合伙）　李济群,付长杰

发文日：2017年02月05日

申请号或专利号：201710064721.2　　发文序号：2017020500199400

专 利 申 请 受 理 通 知 书

根据专利法第28条及其实施细则第38条、第39条的规定，申请人提出的专利申请已由国家知识产权局受理。现将确定的申请号、申请日、申请人和发明创造名称通知如下：
申请号：201710064721.2
申请日：2017年02月05日
申请人：河北工业大学
发明创造名称：一种自然风去除太阳能电池板表面灰尘的装置

附图2　一种自然风除去太阳能电池板表面灰尘的装置申请书

中 华 人 民 共 和 国 国 家 知 识 产 权 局

300071
天津市南开区卫津路94号南开大学校内西南村18号楼东侧开发楼二层（科技园）　天津翰林知识产权代理事务所（普通合伙）
李济群(022-23759566)　付长杰(13302127970)

发文日：2017年05月04日

申请号或专利号：201710064716.1　　发文序号：2017042601477540

申请人或专利权人：河北工业大学

发明创造名称：基于空气倍增除尘的太阳能板发电装置

发 明 专 利 申 请 公 布 及 进 入 实 质 审 查 阶 段 通 知 书

附图3　基于空气倍增除尘的太阳能板发电装置受理书

作品摘要（500 字以内；含作品设计、发明的目的和基本思路，创新点，技术关键和主要技术指标）

中华人民共和国国家知识产权局

300071
天津市南开区卫津路 94 号南开大学校内西南村 18 号楼东侧开发楼二层（科技园）　天津翰林知识产权代理事务所（普通合伙）
李济群(022-23759566)　付长杰(13302127970)

发文日：
2017 年 06 月 02 日

申请号或专利号：201710064711.9　　发文序号：2017052500555680

申请人或专利权人：　河北工业大学

发明创造名称：　一种自然风调速调向太阳能电池板除尘装置

发明专利申请公布及进入实质审查阶段通知书

附图 4　一种自然风调速调向除尘装置受理书

五、理论模型

对于跟随式太阳能电池板除尘系统来说只在原有跟随装置的基础上加装了空气放大装置，如附图 5 所示。

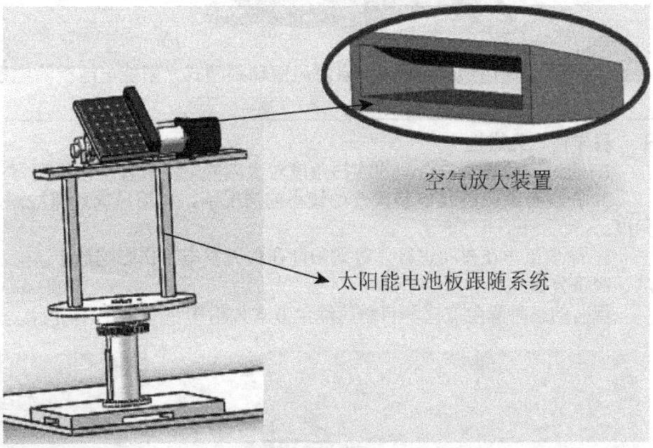

附图 5　自然风驱动跟随式太阳能电池板除尘系统理论模型图

对于固定式太阳能电池板除尘系统来说只在原有固定装置的基础上加装了空气放大装置和风向调节装置，如附图 6 所示。

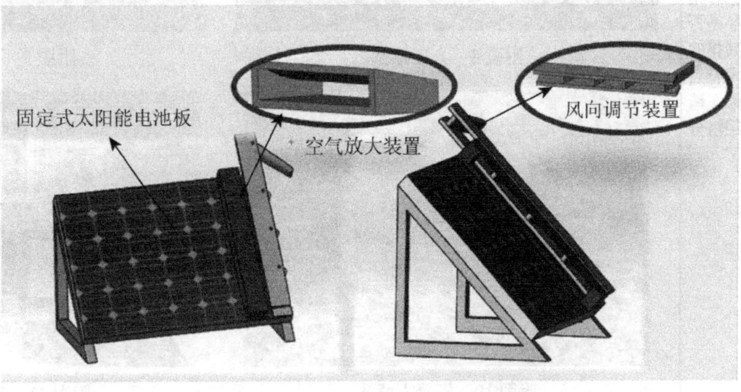

附图 6　自然风驱动固定式太阳能电池板除尘系统理论模型图

作品摘要（500字以内；含作品设计、发明的目的和基本思路，创新点，技术关键和主要技术指标）

六、实物模型

自然风驱动跟随式太阳能电池板除尘系统实物图如附图7所示。

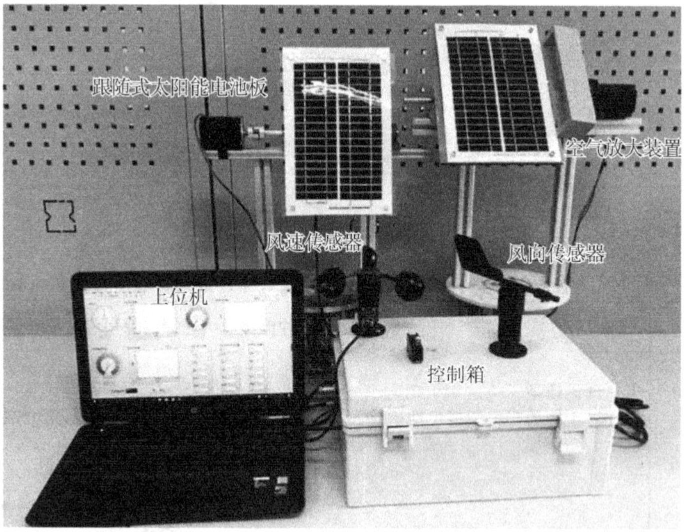

附图7　自然风驱动跟随式太阳能电池板除尘系统实物图

作品的科学性、先进性（500字以内；必须说明与现有技术相比、该作品是否具有节能减排的实质性技术特点和显著效果。请提供技术经济分析说明。）

七、科学性、先进性

1. 通过实验表明，合理的吹扫角度对太阳能电池板除尘效果良好；

2. 在现有太阳能发电装置改动最小的情况下，利用风向风速检测，使太阳能电池板达到合理的吹扫角度；

3. 除尘工作在夜间进行，对太阳能在白天发电工作影响最小。

八、经济分析

现有的三种除尘方式和自然风除尘方式如附图8～附图11所示。

附图8　人工擦拭

附图9　水枪冲洗

附图10　机器人清洗

附图11　自然风除尘

四种除尘方式的成本分析如附表2所示。

作品的科学性、先进性（500字以内；必须说明与现有技术相比、该作品是否具有节能减排的实质性技术特点和显著效果。请提供技术经济分析说明。）

附表2　成本分析

除尘方式	除尘动力	清洁单位面积太阳能电池板所需成本/元	主要资源消耗	清洁电池板所需成本/(元/m²)	运输成本/[元/(t·km)]	计算依据	单次清洁成本/(元/m²)
人工擦拭	劳动力	0.655	水	0.021	0.35	劳动者工资标准为13.1元/h，清洁工作组由四人组成；西北地区平均水价为2.10元/m³	0.934 1
水枪冲洗	机械	—	水	—	0.35	每机组约25 000元	1.39
机器人清洗	机器人劳动力	租金每年15万元（未计算维修、保养、研发、用电的成本）	电	—	0	1台机器人，使用2 000L水每小时可清洁8 000m²太阳能电池板。平均一个月清洁一次	0.543
自然风除尘	电机驱动	0.132	自然风	0	0	跟随风速风向的装置，工作1h耗电约48W。西北地区电费为0.55元/(kW·h)	0.132

作品推广应用的可行性分析（200字以内）

作品从实际问题出发，根据西北地区风力资源丰富的特点，结合固定式太阳能电池板和跟随式太阳能电池板的现有结构，通过风速风向检测，调整自然风与电池板夹角，并利用空气放大装置提高风速，实现对灰尘的最大风力吹扫。该装置可以显著减缓灰尘堆积，不考虑极端天气的情况下，达到同样灰尘堆积效果的时间约可以延长一倍。将太阳能节省出来的发电量减去除尘需要电量的损耗，每公顷每天可节省电量275kW

作品可展示的形式

√实物、产品　□模型　□图纸　□磁盘　√现场演示
√图片　√录像　□样品

作品的真实性及原创性声明

申请者郑重声明：所呈交的作品是由申请者完成的原创性课外科技成果。除了报告中特别加以标注引用的内容外，本作品不包含任何其他个人或集体创作的成果作品。申请者对申报内容的真实性负责，申请者完全意识到本声明的法律后果由本人承担。

申请者（签名）：××

学校管理部门推荐意见

签字（盖章）
年　　月　　日

C. 推荐者情况及对作品的说明

说明：

1. 由推荐者本人填写；

2. 推荐者必须具有高级专业技术职称，并是与申报作品相同或相关领域的专家学者或专业技术人员（教研组集体推荐亦可）；

3. 推荐者填写此部分，即视为同意推荐；

4. 推荐者所在单位签章仅被视为对推荐者身份的确认。

<table>
<tr><td rowspan="4">推荐者情况</td><td>姓　名</td><td>××</td><td>性别</td><td>××</td><td>年龄</td><td>××</td><td>职称</td><td>×××</td></tr>
<tr><td>工作单位</td><td colspan="7">×××</td></tr>
<tr><td>通信地址</td><td colspan="4">×××</td><td colspan="2">邮政编码</td><td>×××</td></tr>
<tr><td>单位电话</td><td colspan="4">×××</td><td colspan="2">住宅电话</td><td>×××</td></tr>
<tr><td colspan="2">推荐者所在单位签章</td><td colspan="7">（签字盖章）　年　月　日</td></tr>
<tr><td colspan="2">请对申报者申报情况的真实性做出阐述</td><td colspan="7">作品针对太阳能电池板表面堆积尘土导致太阳能转化效率低的问题进行设计，项目小组同学在指导教师的指导下独立完成，方案思路新颖，通过专利查询和实验验证，该方案具有较高的创新性和实用性</td></tr>
<tr><td colspan="2">请对作品的意义、技术水平、适用范围及推广前景做出您的评价</td><td colspan="7">随着太阳能电池板表面灰尘堆积，太阳能转化率会大幅降低，通过降低电池板表面影响，提高太阳能转化效率，成为研究热点。作品从实际问题出发，根据西北地区风力资源丰富的特点，结合固定放置和具有自动跟随能力的太阳能电池板的现有结构，通过风速风向检测，调整自然风与电池板的夹角，并利用空气放大器提高风速，实现针对灰尘的最大风力吹扫，实验表明除尘后，太阳能转化效率显著提高。该项目思路新颖，实用性强，通过专利查询后，已经撰写了自然风调向除尘和太阳能电池板空气倍增除尘等四项发明专利。由于充分考虑了太阳能发电系统现有的结构，课题最终采用的方案结构简单、价格低廉，十分适合现有太阳能电站的升级改造，进一步提高太阳能电站的转化效率，达到节能减排的目的</td></tr>
<tr><td colspan="2">其他说明</td><td colspan="7">无</td></tr>
</table>

D. 竞赛组织委员会秘书处资格和形式审查意见（略）

组委会秘书处资格审查意见

审查人（签名）＿＿＿＿＿＿

年　月　日

组委会秘书处形式审查意见

审查人（签名）＿＿＿＿＿＿

年　月　日

组委会秘书处审查结果

☐合格　　　　☐不合格

负责人（签名）＿＿＿＿＿＿

年　月　日

E. 竞赛专家委员会预审意见（略）

附录3　第十届大学生节能减排社会实践与科技竞赛作品说明书——“自然风驱动太阳能电池板除尘系统”

作品内容简介

我国光伏电站多位于西北干燥的荒漠地带，不仅降水量少，而且扬尘多发，粉尘在太阳能电池板表面堆积，会导致太阳能电池板发电效率大幅降低，降低粉尘堆积影响成为研究热点。

利用西北地区充足的自然风清洁资源对太阳能电池板进行除尘成为可能。

该项目考虑到了固定式太阳能电池板和跟随式太阳能电池板两种情况，分别进行了设计。

固定式太阳能电池板除尘装置是在固定式太阳能电池板上加装空气放大装置和风向调节装置，其中风向调节装置可以根据风向的不同改变扇叶的角度使风吹到太阳能电池板的时候保持平行吹扫。空气放大装置通过进出口面积的变化，增加风的流速，空气放大装置可以放大两倍左右。

跟随式太阳能电池板除尘装置在跟随式太阳能电池板上利用单片机控制的随动装置跟随风向调整太阳能电池板与风向的角度，使风平行吹入空气放大装置，达到最佳吹扫效果。

在本设计的太阳能除尘系统中，直接利用了自然风这一清洁能源，本装置在原有的太阳能发电装置上改动较小，并且结构简单，安装和维护的成本低，可以大规模地应用于光伏发电产业。

1　研制背景及意义

随着能源问题的日益加重，低碳经济、节能减排已成为一个令人关注的社会问题。太阳能已成为世界各国竞相开发的绿色能源，随着使用时间的增长，太阳能电池板迎光面会逐渐地积累一层灰尘，既减弱了太阳能电池板对光的吸收，又影响太阳能电池板的转换效率。据计算，太阳能发电一年被灰尘“吞掉”2.5亿元。面对巨额的经济损失，任何太阳能电池板的利用，国家都不可能无动于衷。为保证正常发电，一般太阳能电池板都要做定时的清理。

针对高海拔荒漠地区光伏电站太阳能电池板表面灰尘清洁的问题，综合考虑用水量和清洗效果等问题，探索既降低用水量又减少人工成本的有效清洁设备和工艺。研究荒漠地区光伏太阳能电池板上灰尘作用机理及其清洁方法将会有效促进光伏清洁能源产业的发展，具有重要的学术价值和现实意义。

太阳能电池板现有的除尘的方式介绍如下。

1.1　人工擦拭

人工擦拭主要运用于铺设面积较小、劳动力资源相对丰富的地区。但由于目前我国光伏发电站主要分布在土地资源、太阳能资源丰富，而人力资源稀缺的西北荒漠地区。因此，人工擦拭这一方法仅在个别地区有所应用。

1.2　水枪冲洗

水枪冲洗是利用高压水流冲洗电池板表面，以达到清洁电池板表面的目的，也是目前运用最多的除尘方式。

1.3　机器人清洗

根据调查显示，这种专门清洗太阳能电池板表面灰尘的机器人已经研发完成了，但就目前业内情况来看，这种方式还存在效率低、成本高的问题，仍需不断完善，所以尚未普及。

2　设 计 方 案

2.1　电器控制

跟随式太阳能电池板除尘装置功能模块示意图如附图 1 所示，单片机实时采集风速风向传感器的数据，并驱动步进电机使跟随式太阳能电池板跟随风向。同时与个人计算机（personal computer，PC）进行串口通信，PC 实时显示风速风向和除尘之后太阳能电池板的电压值。

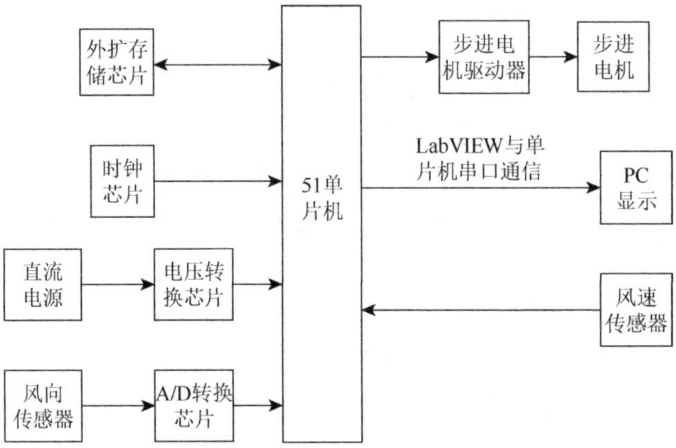

附图 1　功能模块示意图

2.2　机械部分

2.2.1　自然风驱动固定式太阳能电池板除尘系统

光伏发电厂中固定式太阳能电池板采用固定架设方式，板面与地面夹角为 35°，面向正南方，如附图 2 所示。

附图 2　光伏电站

在中国西北地区，夏季主要为东南风向，冬季主要为西北风向。在固定式太阳能电池板上加装的空气放大装置和风向调节装置均位于电池板的右侧，可有效避免投射下来的阴影对于发电的影响。

附图 3 为自然风驱动固定式太阳能电池板除尘系统理论模型图。该装置是在固定式太阳能电池板上加装空气放大装置和风向调节装置，其中风向调节装置可以根据风向的不同改变扇叶的角度使风吹到太阳能电池板的时候保持平行吹扫。空气放大装置通过进出口面积的变化，增加风的流速，空气放大装置可以放大两倍左右。

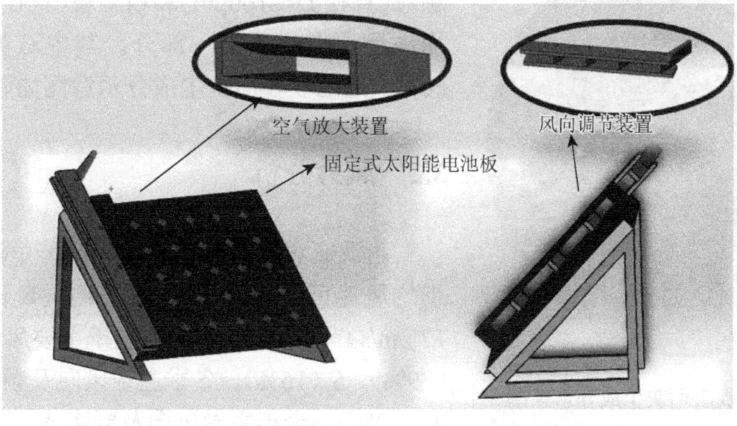

附图 3　自然风驱动固定式太阳能电池板除尘系统

2.2.2　自然风驱动跟随式太阳能电池板除尘系统

附图 4 为自然风驱动跟随式太阳能电池板除尘系统。该系统在跟随式太阳能电池板上加装空气放大装置。单片机控制的随动装置可以跟随风向调整太阳能电池板的角度，使风平行吹入空气放大装置，达到最佳吹扫效果。由于该装置一直跟随风向，空气放大装置安装在一侧并不会投射阴影影响太阳能电池板的发电。

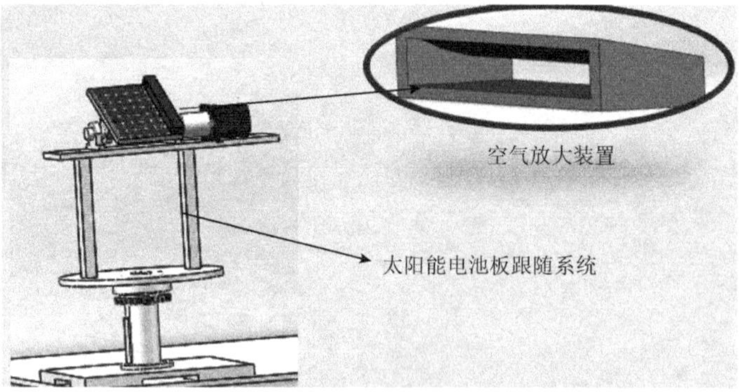

附图 4　自然风驱动跟随式太阳能电池板除尘系统

3　理论设计计算

3.1　灰尘成分

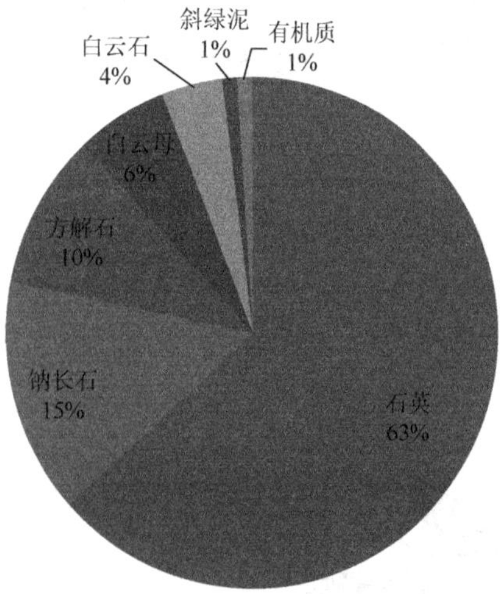

附图 5　电池板表面灰尘成分示意图

电池板表面灰尘成分主要为西北荒漠地区的沙尘。电池板上灰尘主要来自空气中的悬浮颗粒物和从地表上扬起的细土颗粒物。电池板上尘土分为细颗粒（直径 $D \leqslant 100\mu m$）和粗颗粒（直径 $D > 100\mu m$），均属于地表沙土的一部分。其中石英的含量超过 60%。电池板表面灰尘成分示意图如附图 5 所示。

3.2　风力分析

由调研和查文献可知，太阳能电池板所在地的平均风速可达到 6m/s，年平均大风日（风速达到 17.2m/s）可达 140 多天，夏季主要风向及频率为 E（39%）、S（15%），冬季主导风向及频率 W（22%）、N（13%），全年主导风向及频率 S（19%）。附表 1

为风速表，取平均风速 6m/s 进行计算。灰尘合力、范德瓦尔斯力及重力分量与灰尘颗粒半径的关系如附图 6 所示，不同半径颗粒对应主导力与力的大小如附表 2 所示。

附表 1　风速表

风级	名称	风速		风压 WO = V^2/16（kg/m）	陆地地面物体现象	海面状态
		km/h	m/s			
0	无风	＜1	0～0.2	0～0.002 5	静	静
1	软风	1～5	0.3～1.5	0.005 6～0.014	烟能表示风向，但风向标不动	微波
2	轻风	6～11	1.6～3.3	0.016～0.68	树叶微有声响，人面感觉有风	小波
3	微风	12～19	3.4～5.4	0.72～1.82	树的小枝摇动，旌旗展开	
4	和风	20～28	5.5～7.9	1.89～3.9	能吹起地面灰尘和纸张	轻浪
5	清风	29～38	8.0～10.7	4～7.16	有叶的小树枝摇摆	中浪
6	强风	39～49	10.8～13.8	7.29～11.9	小树枝摇摆，电线呼呼响	大浪
7	疾风	50～61	13.9～17.1	12.08～18.28	全树摇动，迎风步行不便	巨浪
8	大风	62～74	17.2～20.7	18.49～26.78	微枝折断，人向前阻力甚大	狂浪
9	烈风	75～88	20.8～24.4	27.04～37.21	建筑物有小损	狂涛
10	狂风	89～102	24.5～28.4	37.52～50.41	可拔起树，损坏建筑物	非常巨浪
11	暴风	103～117	28.5～32.6	50.77～66.42	陆上少见，有则必有广泛破坏	非常狂涛
12	飓风	＞117	32.7～36.9	66.42～85.1	陆上极少见，摧毁力极大	海浪滔天

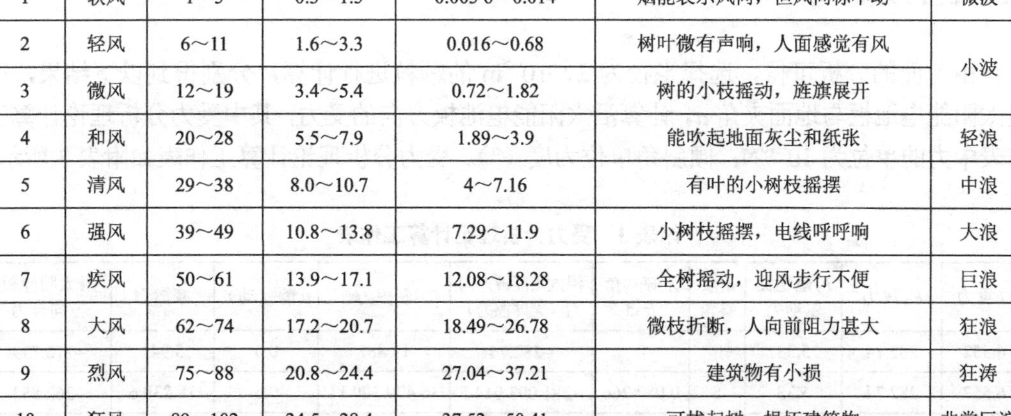

(a) 半径小于10×10^{-6}m时灰尘受力图　(b) 半径取值10×10^{-6}～20×10^{-6}m时灰尘受力图　(c) 灰尘受力整体图

附图 6　合力、范德瓦尔斯力及重力分量与灰尘颗粒半径关系图

注：合力 F 为未考虑颗粒间相互作用力的分量 T_y 时灰尘颗粒与电池板间的黏附力；静电力 F_E 较小，图中未给出

附表 2　不同半径颗粒对应主导力与力的大小

灰尘颗粒半径/m	合力 F/N	主导力
$R<10^{-5}$	10^{-10}	范德瓦尔斯力
$1\times10^{-5}\sim2\times10^{-5}$	$10^{-10}\sim10^{-9}$	范德瓦尔斯力和重力
$R>2\times10^{-5}$	$10^{-9}\sim10^{-8}$	重力

3.3　合力分析

由前面的分析可得，选择半径为 2×10^{-5}m 的颗粒进行计算，分别得到以下结果，改变太阳能电池板与地面夹角 a，计算沿太阳能电池板方向的受力，其中受力分析理论计算工作表中力的单位为 10^{-10}N；倾斜角单位为度（°）。受力分析理论计算工作表如附表 3 所示。

附表 3　受力分析理论计算工作表

G 重力	F_w 风力	F_f 范德瓦尔斯力	a 倾斜角	A 倾斜角/rad	沿太阳能板方向力（无摩擦力）	黏附力	μ 静（动）	摩擦力	沿太阳能板方向合力
6.552	282.74	5.33	0	0	−282.74	11.882	0.5	5.941	−276.799
6.552	282.74	5.33	5	0.087 266	−281.093 044 5	36.479 200 11	0.5	18.239 6	−262.853
6.552	282.74	5.33	10	0.174 533	−277.306 801 2	60.798 771 47	0.5	30.399 39	−246.907
6.552	282.74	5.33	15	0.261 799	−271.410 085 7	84.655 627 48	0.5	42.327 81	−229.082
6.552	282.74	5.33	20	0.349 066	−263.447 775 6	107.868 203	0.5	53.934 1	−209.514
6.552	282.74	5.33	25	0.436 332	−253.480 468 9	130.259 836 5	0.5	65.129 92	−188.351
6.552	282.74	5.33	30	0.523 599	−241.584 022 7	151.660 113 8	0.5	75.830 06	−165.754
6.552	282.74	5.33	35	0.610 865	−227.848 976 2	171.906 166 2	0.5	85.953 08	−141.896
6.552	282.74	5.33	40	0.698 132	−212.379 861 4	190.843 908 8	0.5	95.421 95	−116.958
6.552	282.74	5.33	45	0.785 398	−195.294 407 7	208.329 214 1	0.5	104.164 6	−91.129 8
6.552	282.74	5.33	50	0.872 665	−176.722 645 6	224.229 008 2	0.5	112.114 5	−64.608 1
6.552	282.74	5.33	55	0.959 931	−156.805 917 4	238.422 284 2	0.7	166.895 6	0
6.552	282.74	5.33	60	1.047 198	−135.695 801 6	250.801 022 7	0.7	175.560 7	0
6.552	282.74	5.33	65	1.134 464	−113.552 958 7	261.271 013 9	0.7	182.889 7	0
6.552	282.74	5.33	70	1.221 730	−90.545 909 27	269.752 574 9	0.7	188.826 8	0
6.552	282.74	5.33	75	1.308 997	−66.849 750 8	276.181 156	0.7	193.326 8	0
6.552	282.74	5.33	80	1.396 263	−42.644 825 36	280.507 831 7	0.7	196.355 5	0
6.552	282.74	5.33	85	1.483 530	−18.115 347 04	282.699 673 5	0.7	197.889 8	0
6.552	282.74	5.33	90	1.570 796	6.552	282.74	0.5	141.37	0

结论：由附表 3 的数据分析可知，夜间不考虑太阳辐射量仅需考虑受力，这时可以发现，当太阳能电池板与风向同向时，清洁效果更好。

3.4　空气放大器放大效果计算

3.4.1　原理

1）喷管中气流的基本原理

由连续方程、能量方程和状态方程结合声速公式 $a=\sqrt{KPV}$ 得 $\frac{\mathrm{d}A}{A}=(M^2-1)\frac{\mathrm{d}c}{c}$，马赫数 $M=c/a$。

要使喷管中气流加速，当 $M<1$ 时，喷管应为渐缩型（$\mathrm{d}A<0$），当气流 $M>1$ 时，喷管应为渐扩型（$\mathrm{d}A>0$）。根据现实条件，自然风力下 $M<1$，所以空气放大装置选择渐缩喷管。

2）气体在渐缩喷管中的流动

渐缩喷管因受几何条件（$\mathrm{d}A<0$）的限制。由公式可知：气体流速只能等于或低于声速（$C\leqslant a$）；出口截面的压力只能高于或等于临界压力（$P_2\geqslant P_c$）；通过喷管的流量只能等于或小于最大流量。

渐缩喷管中的流场图如附图 7 所示。

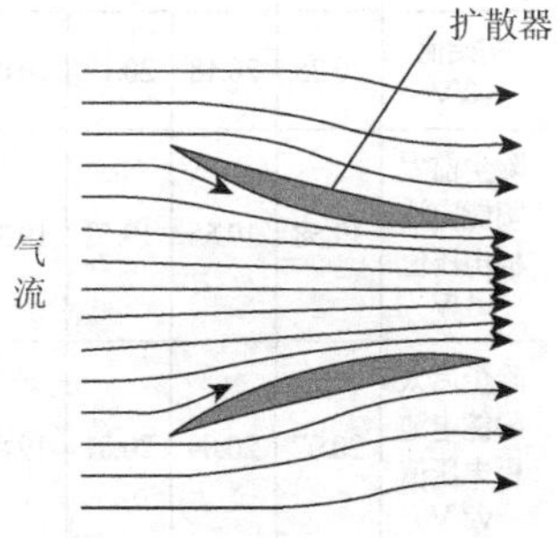

附图 7　渐缩喷管中的流场图

根据前后流量不变，$Q=AV$，$v_2/v_1=A_1/A_2$。

通过与上述模型比较和运用上述公式计算可得，简化后的渐缩喷管的流速比可达 1.9 倍以上，即在理论上，设计的简化后的渐扩渐缩前后流线型扩散器的放大系数可达 1.9 倍以上。

由上述理论可知，空气放大装置以渐缩喷管为模型设计，可以有效提高空气流速，达到空气放大的效果。

3.4.2　设计计算

理论上认为，渐缩喷管内部主流区几乎没有沿程损失，因此压力损失可以忽略。在考虑制作工艺、成本造价和流速比增益情况下，渐缩喷管更适于太阳能电池板。其尺寸为入口 150mm×20mm，出口 150mm×10mm。空气放大装置模型如附图 8 所示。

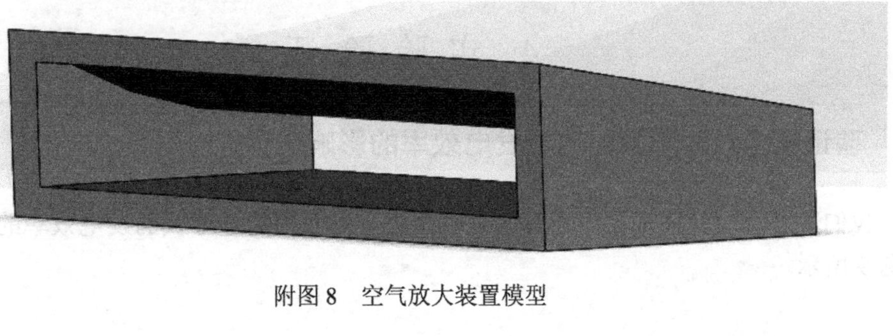

附图 8　空气放大装置模型

3.4.3　除尘效果

保证正常发电，光伏电站太阳能面板一般每月要清洗 1～2 次。根据实地调查，调研所约 25 天去光伏电站清洁一次，清洁后表面光伏板发电效率比清洁前积灰表面光伏板发电效率提高约 5%，而运用自然风风力除尘并加上放大器，每天灰尘累积量可减小至 1/2，由此分析，重新设计的太阳能面板可 50 天左右清洁一次，将太阳能节省出来的发电量减去新加电机耗的电量可得出每公顷可节省电量 275kW。实验记录如附表 4 所示，实验处理结果如附图 9 所示。

附表 4　实验记录

实验天数	1	2	3	4	5	6	7	8	9	10	11	12	13	14	15	平均值
初始值 v0/V	20.25	20.18	20.17	20.04	20.14	19.96	20.14	20.18	20.24	20.24	20.27	20.28	20.28	20.28	20.21	20.19
除尘前太阳能电池板电压值 v1/V	19.58	19.55	19.52	19.33	19.48	19.28	19.51	19.55	19.58	19.59	19.62	19.61	19.59	19.60	19.57	19.53
除尘后太阳能电池板电压值 v2/V	20.07	20.04	20.01	19.81	19.97	19.76	20	20.04	20.07	20.08	20.1	20.1	20.09	20.09	20.06	20.02

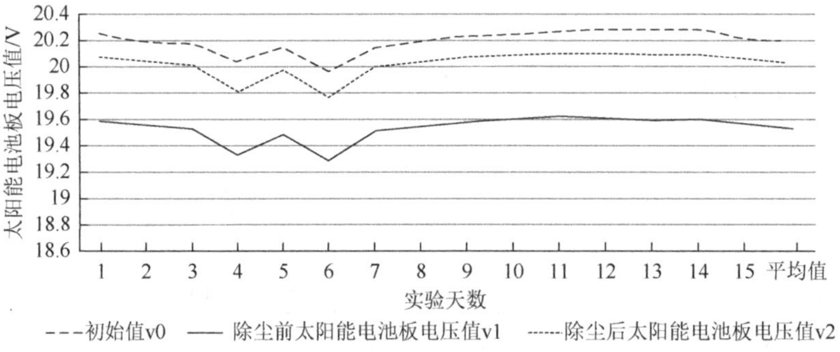

附图 9　自然风驱动跟随式太阳能电池板除尘结果

4　实 验 验 证

4.1　验证灰尘对太阳能电池板发电效率的影响

我们通过实验验证了在同一时间有、无灰尘对太阳能电池板的发电效率的影响，如附图 9 所示。

4.2　验证太阳能电池板与风向的最佳除尘角度

实验验证了太阳能电池板与风向夹角不同时除尘效果也不同。实验结果如附图 10 所示。

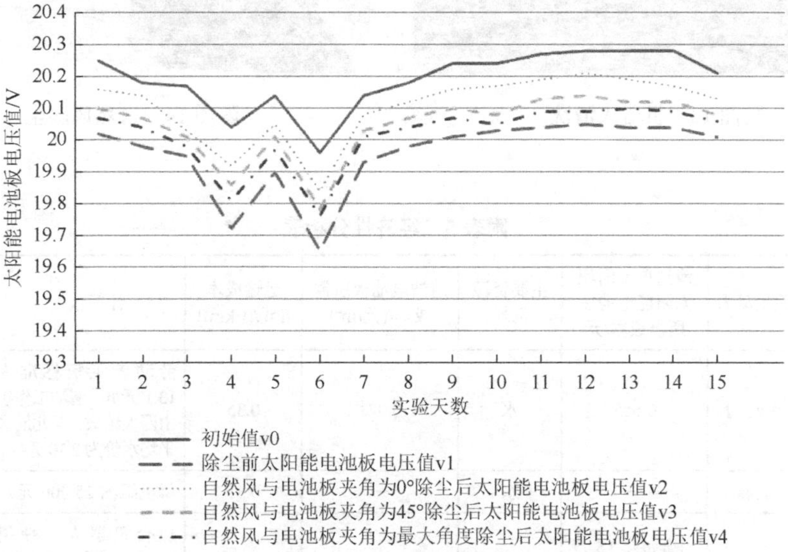

附图 10　除尘角度与除尘效果关系图

结论：当自然风平行吹扫太阳能电池板时，除尘效果最好。

5　经济性分析

附图 11～附图 14 显示了四种不同的除尘方式，前三种为传统的除尘方式，最后一种为自然风除尘方式，我们计算对比了这四种除尘方式的成本，见附表 5。

附图 11　人工擦拭

附图 12　水枪冲洗

附图 13　机器人清洗

附图 14　自然风除尘

附表 5　经济性分析表

除尘方式	除尘动力	清洁单位面积太阳能电池板所需成本/元	主要资源消耗	清洁电池板所需成本/(元/m^2)	运输成本/[元/(t·km)]	计算依据	单次清洁成本/(元/m^2)
人工擦拭	劳动力	0.655	水	0.021	0.35	劳动者工资标准为13.1 元/h，清洁工作组由四人组成；西北地区平均水价为 2.10 元/ m^3	0.934 1
水枪冲洗	机械	—	水	—	0.35	每机组约 25 000 元	1.39
机器人清洗	机器人劳动力	租金每年 15 万元（未计算维修、保养、研发、用电的成本）	电	—	0	1 台机器人，使用 2 000L 水每小时可清洁 8 000m^2 太阳能电池板。平均一个月清洁一次	0.543
自然风除尘	电机驱动	0.132	自然风	0	0	跟随风速风向的装置，工作 1h 耗电约 48W。西北地区电费为 0.55 元/(kW·h)	0.132

6　工作原理及性能分析

附表 6 显示了该装置的工作原理。

附表 6　工作原理

	固定式太阳能电池板	跟随式太阳能电池板	目的
除尘动力	自然风（清洁能源）	自然风（清洁能源）	吹除电池板表面灰尘，并能减缓灰尘堆积
调节太阳能电池板与风向的夹角	加装风向调节装置	实时测量风速和风向，用单片机控制步进电机调节太阳能电池板与风向的夹角	使太阳能电池板顺着风向，以保证除尘效果
当自然风风速不足时，利用空气放大装置将风速放大以保证除尘效果			

该设计中空气放大器的放大倍数为 2 倍。可以减缓灰尘堆积效果显著，不考虑极端天气的情况下，达到同样灰尘堆积效果的时间约可以延长一倍。

7　创新点及应用

（1）利用西北地区丰富的自然风这一清洁可再生能源，不需要添加额外的能源。

（2）通过风向风速检测，调整自然风和太阳能电池板的吹扫角度再利用空气放大装置来保证除尘效果。

8　专　　利

（1）一种自然风除去太阳能电池板表面灰尘的装置（受理号：201710064721.2）。

（2）基于空气倍增除尘的太阳能电池板发电装置（受理号：201710064716.1）。

（3）一种自然风调速调向除尘装置（受理号：201710064711.9）。

附录4　互联网+大学生创新创业大赛作品申报书——基于互联网+智能垃圾桶的垃圾分类引导与回收整体解决方案

摘要：随着经济社会的发展和物质消费水平的大幅提高，我国生活垃圾产生量迅速增长，由于垃圾分类不当而造成的严重环境污染、大量可利用资源浪费、原生资源严重不足、依赖外部进口等严峻的现状成了亟须解决的问题。2017年3月30日，国务院办公厅发布了《国务院办公厅关于转发国家发展改革委　住房城乡建设部生活垃圾分类制度实施方案的通知》，部署推动生活垃圾分类，完善城市管理和服务，创造优良人居环境。该方案明确将在46个城市或地区范围内先行实施生活垃圾强制分类。

目前，我国垃圾回收处理多为简单分类，相关产品营销手段新颖繁多，但当今市场上没有一款实现了从源头解决垃圾分类的产品，造成了人力、财力以及可再生资源的浪费，对于原生资源、环境保护以及经济发展非常不利。目前，我国大多数城市的生活垃圾采用传统的"集中混合收集—集中运输—集中处理"的模式，这种粗放的处理方式不仅浪费垃圾中的可回收成分，而且增加了垃圾的处理量和处理难度。而国外城市垃圾资源化已进入综合利用阶段，其资源化利用率在60%以上，而我国尚不到5%。造成这样的结果，其中一个根本的原因就是我国垃圾的分类、收集和处置工作做得很不到位。因此，实施高效的城市垃圾分类回收已经刻不容缓。而一个行之有效的垃圾分类回收再利用系统的研发成为重中之重。

城市生活垃圾回收的现状令人担忧，问题主要源于以下几个方面：

（1）垃圾回收设施分类过于简单；

（2）居民垃圾分类知识比较缺乏；

（3）生活垃圾分类政策法规不健全；

（4）垃圾回收处理尚未实现全面产业化；

（5）管理体制不能满足目前垃圾分类回收的要求。

本设计研发的Guis——智能垃圾分类与回收引导系统，是一个基于互联网与个人、家庭等单位交互，依托于微信平台或智能手机APP的软硬件结合垃圾分类回收系统，结合互联网+、单片机技术和手机APP的多种增值服务，建立了完整的垃圾分类回收引导系统，培养了居民的垃圾分类意识，从源头上解决了居民生活垃圾分类不彻底的情况。可使最有价值的垃圾得到回收和利用，减少了资源的浪费，以及处理垃圾造成的环境污染，做到了真正意义上的节能减排。并且对于垃圾的高效处理可节约大量成本，能够打开垃圾处理的高额利润市场，符合国家最新提出的环保政策，迎合未来市场发展的新趋势。此系统以从源头完成垃圾分类为重点，兼具普及垃圾分类知识和节约社会资源的功能，有效填补了我国垃圾分类领域的空缺，不仅对现有产业完善有益，节省了人力、财力，而且实现了可再生资源的最大回收再生率。同时有效地培养了人们的自觉分类意识，对未来几十年内公民的环保素养的提高具有建设性意义。

关键词：环保；分类知识全书；互联网＋节能减排；分类回收引导系统

1　执行概要

1.1　市场背景

随着我国经济的快速发展，我国民众的生活水平不断提高，随之而来的高排量废物尚未得到合理处理，造成了严重的环境污染和资源浪费。由于消费者人数不断增加，在经济压力下行的形势下，我国的生活垃圾产生量仍在不断上涨，并未体现出明显衰减的趋势。所以做好垃圾分类回收工作仍然任重道远，在2017年3月国务院出台的生活垃圾分类回收制度的相关文件里，再次强调了生活垃圾回收的意义。其不仅在于可以减少用地、减轻环境污染，更重要的是回收的垃圾资源可以替代原生资源，实现垃圾的变废为宝。但是生活垃圾的处理问题被传统的垃圾回收企业忽略，人们也普遍缺乏垃圾分类的相关常识和垃圾分类的习惯，垃圾分类的设施也不完善，因此存在垃圾的处理利用率低，部分含有重金属物质的垃圾难以回收处理的问题。本设计在这样的市场背景下推出，致力于解决生活垃圾的有效分类回收和垃圾资源高效利用的问题，尤其填补了居民垃圾分类引导环节的空缺，具备持续改进完善的价值。

1.2　产品介绍

为了解决国内垃圾分类回收处理不合理与效率较低的现状，本设计研发了一种基于互联网+智能垃圾桶的垃圾分类引导与回收整体解决方案。本方案由线下垃圾桶实体部分和线上手机APP部分组成。

1.2.1　产品运营

垃圾桶运行流程如附图1所示。

1.2.2　技术组成

单片机部分：由垃圾桶开合机构、电源模块和电容式接近开关三部分构成。其中，垃圾桶开合机构利用舵机带动杆件控制挡板的开合，将舵机旋转运动转化为挡板的开合运动，来实现垃圾桶的自动开合；电源模块采用双电源供电系统保障电源安全稳定；电容式接近开关是一种位置传感器，通过检测电容的介电常数的大小来区分物质。

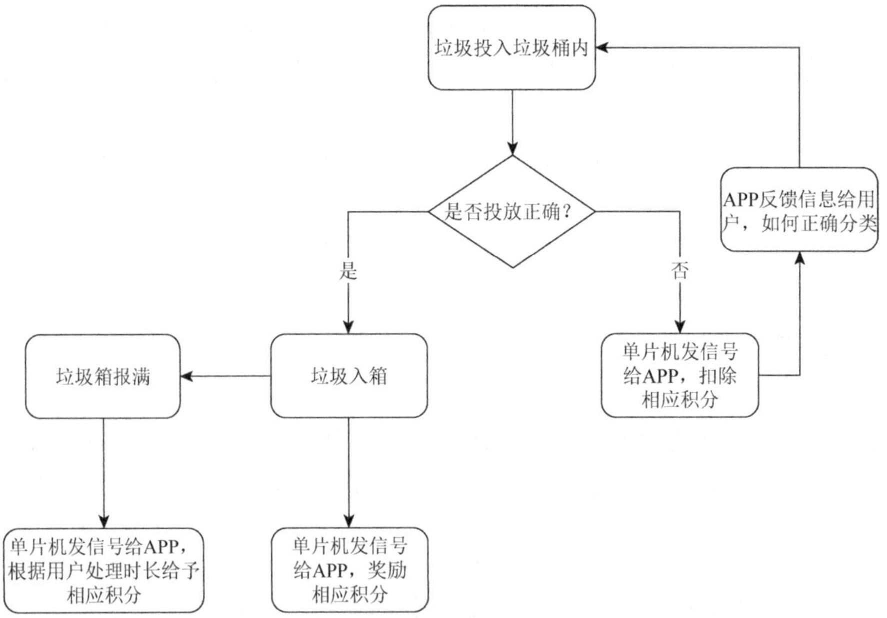

附图 1　垃圾桶运行流程

APP 模块：采用基于“请求-响应”的消息处理机制使得通过发送消息来访问消息交互中间件来获得服务成为可能，采用远程方法调用（remote method invocation，RMI）技术实现不同独立系统之间的相互操作，后台服务器端逻辑处理采用分层架构以及面向接口编程的技术，客户端系统利用 Java 的多态性与动态绑定机制来保障 APP 稳定运行。

1.3　商业模式

1.3.1　价值定位

本产品致力于解决垃圾的分类回收与处理的问题，为每个用户提供智能垃圾桶，以鼓励、引导的方式来推广垃圾分类，促使居民主动践行垃圾分类活动，为下游的垃圾处理环节提供了便利，同时具有较高的商业价值。

1.3.2　盈利模式

1. 产品初期

通过反复提取垃圾中可回收利用的部分，可持续获得利润。加以与用户垃圾分类正确行为积分相关的 APP 内含的增值服务，增强客户黏性。

2. 产品中长期

（1）从垃圾处理中可持续获得利润。

（2）APP积分商城的交易提取费用。

（3）通过社交、游戏等实现流量变现。

（4）建立用户的行为精准画布模型，积聚有效个性化数据。

1.3.3 方案实现

虚拟产品即手机 APP，由本设计团队掌握编程的成员协同专业编程公司一同编程完成。实体产品即智能垃圾桶，由本设计团队完成原理方案设计及出具图纸，采用代工生产，并开发单片机相应的控制程序。

1.4 营销策略

1.4.1 产品策略

本设计研发的 Guis 系列垃圾桶结合艺术的元素及科学的趣味，从源头解决垃圾分类的问题。结合消费者自身条件，配备使用说明书，后期结合个性化对应服务给予使用者更好的保障。

1.4.2 运营策略

初销阶段为增大宣传力度，适应市场要求，增加 APP 环节，优化客服服务，加大垃圾二次使用力度。

畅销阶段定期更换 APP 内容，设计适应不同人群的垃圾桶外形，适应市场扩大的要求，强调废物利用，垃圾变宝。

稳固阶段建立规范的社会服务体系，完善服务管理机制，使产品在稳固中增长。并结合相关法律法规，维护市场生产秩序，提高垃圾分类效率和再利用率。

1.4.3 渠道策略

在前期，计划面向部分高校进行直接渠道推广，所制备垃圾桶免费为学生宿舍提供，每个宿舍作为一个用户，需在网上注册信息，用户的使用情况也将被记录在该平台中。在中期，选取部分城市居民区作为试点，面向居民用户提供产品以更好地处理居民的生活垃圾。

1.4.4 促销策略

利用自有资源免费送出 Guis——智能垃圾分类与回收引导系统的垃圾桶，但同时要求获得可回收资源所有权。同时借助 APP 的推广和使用，借助兑换积分礼品的手段让用户开始使用 Guis——智能垃圾分类与回收引导系统。

借助发放调查问卷、张贴垃圾分类海报、开展有关垃圾分类的知识竞赛、在网络上宣传推广等手段来提高群众的环保意识，提升本设计产品的品牌知晓度，打开市场。

1.4.5 整合营销策略

使用体验式营销、一对一营销、许可营销、用户生成内容（user generated content，UGC）营销、公共关系营销、蜂鸣营销、内容营销对产品全方位进行宣传。

1.4.6 提升品牌资产的次级杠杆

通过成立品牌联盟、开展名人背书活动、赞助明星公益活动，利用可靠第三方资源来提升品牌的影响力。

1.5 竞争分析

1.5.1 竞争对手分析

目前市场上畅销的十大垃圾桶品牌基本上平分了市场份额，各个产品之间并无明显的差异。

1.5.2 SWOT 分析

优势	劣势
1. 独创性强，与互联网结合，形成共同监督机制，促进大众垃圾分类知识的学习 2. 免费向用户提供产品，迅速打开市场 3. 有相关政府政策的支持，顺应智能化家居的大趋势 4. 手机 APP 提供社区、商城等多种服务，增强使用的趣味性 5. 选择的目标客户为大学生，接受新产品的能力强，利于本产品打开市场	1. 实体技术方面还不够成熟，有阶段性 2. 品牌知晓度不高 3. 资金不足
机会	**威胁**
1. 目前市场上并没有相关设计，垃圾分类回收是当今的热点问题 2. 最近出台的政策大力支持和保障环保产业的发展 3. 正值“大众创业，万众创业”的好时代，市场的开放性和包容力极强	1. 微信小程序还没有发展成熟 2. 物联网进步快速，垃圾的源头分类终会实现 3. 在起步阶段，若被市场知晓我们的商业模式后，资本的注入会颠覆我们的产品

1.5.3 竞争策略

通过实行产品免费投放，免费报修的政策，迅速拓展基础用户群，同时让消费者下载免费的 APP，切实体验产品的 APP 服务，让基础用户成为产品的“义务推销员”；收集基础用户的正面评价，作为素材大量宣传产品，快速拓展新的用户群，并通过回收引导、智能分类、品牌承诺、提供多样的产品来切实满足用户需要。

1.5.4　竞争前景

企业的竞争能力会持续增强，逐步在日渐激烈的市场竞争中争得一席之地。

1.6　财务分析

1.6.1　财务预算

Guis——智能垃圾分类与回收引导系统的特点是前期投入比较大，因此初销阶段可能会在融资情况下运营，中期资金回笼，开始盈利。

1.6.2　融资计划

公司成立初期，计划融资180万元作为首批产品投放资金和运营费用。资金来源主要有国家扶持大学生创业贷款、股权众筹、自筹资金。

1.6.3　收入预算

（1）垃圾收入。大概为2万元。

（2）广告收入。前期预计一年收入50万元。中期预计收入增加20%左右，达到每年60万元。后期收入再次提高25%左右，达到每年75万元。

（3）商城收入。前期进行一年，总共收益220万元。中期进行两年，总共收益1亿元。后期推广后继续维持这样的模式，收益只增不减。

1.7　风险分析

1.7.1　风险分析

风险分析主要分为财务风险、市场风险、竞争风险、人力资源管理风险。

1.7.2　风险解决

1. 财务风险 以“权益资金融入为主体，债务资金融入为补充”，保障企业发展性项目建设完成。建立完整的财务信息网络	2. 市场风险 定期分析市场，保持对市场信号的敏感度，并通过建立良好的市场应对机制对市场风险予以规避
3. 竞争风险 积极加入能力共享社交互动线上到线下（online to offline，O2O）平台，着力于建设合作联盟共同开拓市场、共享发展利益。制定完善的竞争策略	4. 人力资源管理风险 用科学手段构建和谐团队，按照能力进行分工，动态地发展建设团队。完善契约及管理制度

2 市 场 背 景

2.1 市场现状

2.1.1 高排量废物造成严重污染

关于城市废物产生量的调查依据原环境保护部发布的《2016 年全国大、中城市固体废物污染环境防治年报》，全国共有 246 个大、中城市向社会发布了 2015 年固体废物污染环境防治信息。此次发布信息的大、中城市一般工业固体废物产生量为 19.1 亿吨，工业危险废物产生量为 2801.8 万吨，医疗废物产生量约为 68.9 万吨，生活垃圾产生量约为 18 564 万吨。而我国城市实际居住人口的人均垃圾产生量与发达国家相比并不高，但未来随着消费水平的提高，垃圾产生量较快增长的趋势仍将延续。根据公布的信息显示，2015 年，工业危险废物产生量达 2801.8 万吨，其中，综合利用量为 1372.7 万吨，处置量为 1254.3 万吨，储存量为 216.7 万吨。各地区废物垃圾产生量如附图 2 所示。但是，如此高排量的废物垃圾不仅没有回收利用，而且对环境造成了严重污染。

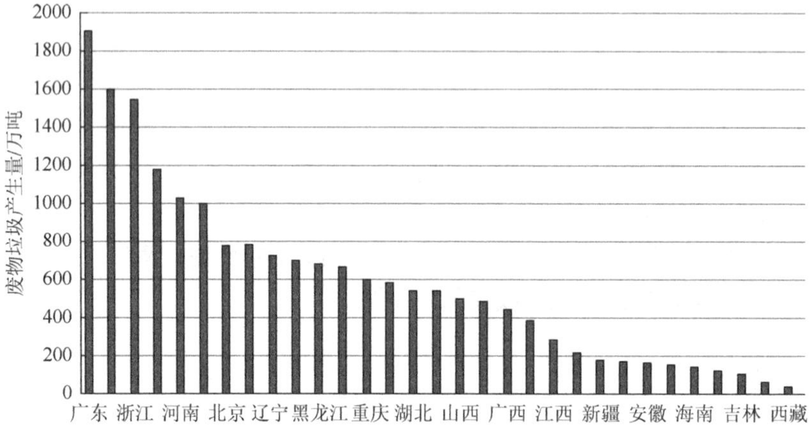

附图 2　各地区废物垃圾产生量

随着城市的快速发展，人口聚集、消费水平提高，生活垃圾的产生量也在快速增加。2015 年，246 个大、中城市生活垃圾产生量达 18 564 万吨，处置量为 18 069.5 万吨，处置率达 97.3%。其中，生活垃圾产生量最大的城市是北京，产生量为 790.3 万吨。其次是上海、重庆、深圳。相对而言，2014 年，244 个大、中城市生活垃圾产生量为 16 816.1 万吨，生活垃圾产生量最大的城市是上海，产生量为 742.7 万吨，其次是北京，为 733.8 万吨；2013 年，261 个大、中城市生活垃圾产生量达 16 148.8 万吨，生活垃圾产生量最大的城市是上海，产生量为 736 万吨，其次是北京，为 671.7 万吨。很显然，虽然参与统计的城市数量有所差别，但近三年生活垃圾产生量仍然保持了不断上涨的趋势。附表 1 列出了 2018 年城市生活垃圾产生量排名前十的城市。

附表 1　2018 年城市生活垃圾产生量排名前十的城市

序号	城市名称	城市生活垃圾产生量/万吨
1	北京市	790.3
2	上海市	789.9
3	重庆市	626.0
4	广东省深圳市	574.8
5	四川省成都市	467.5
6	广东省广州市	455.8
7	浙江省杭州市	365.5
8	江苏省南京市	348.5
9	陕西省西安市	332.3
10	广东省佛山市	328.0
合计		5078.6

注：数据来自各地区生态环境局

经济下行压力之下，消费商品价格下降，导致废品回收需求下降，运到垃圾场的垃圾增加。同时，垃圾是由消费产生的，中国的人均消费仍处于上升期，未来垃圾量仍将继续增加，减量预期可能性较小。垃圾大量产生的同时没有得到有效的回收与利用，体现出本设计研发 Guis 作为垃圾分类回收处理系统从源头处理垃圾的必要性。

2.1.2　忽略垃圾的回收处理作用

2017 年 3 月 30 日，国务院办公厅发布了《国务院办公厅关于转发国家发展改革委　住房城乡建设部生活垃圾分类制度实施方案的通知》，部署推动生活垃圾分类，完善城市管理和服务，创造优良的人居环境。推进生活垃圾分类要遵循减量化、资源化、无害化原则，加快建立分类投放、分类收集、分类运输、分类处理的垃圾处理系统，形成以法治为基础、政府推动、全民参与、城乡统筹、因地制宜的垃圾分类制度。

20 世纪末，发达国家再生资源产业规模已达 2500 亿美元，21 世纪初已增加到 6000 亿美元。2015 年底，中国再生资源回收企业有 5000 多家，回收网点约 16 万个，回收加工处理工厂 3000 多家，从业人员约 140 万人。若包括进城收废品的外来务工人员，中国国内废旧物资回收行业的就业人数近 1000 万。遍布全国各地，并且在一些重点地区形成了不同的产业规模。中国每年可回收的再生资源近 1 亿吨，价值 2000 多亿元，其中废钢铁 4000 多万吨、废纸 3000 多万吨、废有色金属 500 多万吨、废塑料 600 多万吨、废轮胎 5000 多万条，其他废旧物资 1000 多万吨。

对于产品和包装物这些低价值再生资源，由于自身价值较低，废弃量较大，回收难度大，甚至还含有污染物和重金属等有害物质，对环境的污染具有长期性和隐蔽性，往往是传统回收公司忽略的领域。由于回收利用费用远远高于其自身价值，目前回收利用率均低于 10%。这些低价值再生资源兼有环境和资源的双重特性，如能得到有效回收利用，不仅可缓解我国原生资源日益紧缺的困境，还将大量减少垃圾填埋和焚烧的数量，降低环境污染风险，有利于资源再生循环利用，也有利于减少环境污染。

2.2 垃圾分类重要性

2.2.1 国家新政策出台

（1）2017 年 3 月 30 日，国务院办公厅发布了《国务院办公厅关于转发国家发展改革委　住房城乡建设部生活垃圾分类制度实施方案的通知》。

（2）2017 年 6 月 12 日，国家机关事务管理局、住房和城乡建设部、国家发展和改革委员会、中央宣传部、中共中央直属机关事务管理局(以下简称中直管理局)印发了《关于推进党政机关等公共机构生活垃圾分类工作的通知》。

（3）2017 年 12 月 20 日，住房和城乡建设部印发《关于加快推进部分重点城市生活垃圾分类工作的通知》。

2.2.2 减少占地

生活垃圾中有些物质不易降解，使土地受到严重侵蚀。通过垃圾分类，去掉能回收的、不易降解的物质，可减少垃圾数量达 50%以上。

2.2.3 减少环境污染

废弃的电池含有金属汞、镉等有毒物质，会对人类产生严重危害；土壤中的废塑料会导致农作物减产；抛弃的废塑料被动物误食，导致动物死亡的事故时有发生。因此回收利用可以减少危害。

2.2.4 回收垃圾资源可替代原生资源（“城市矿产”的提出）

“城市矿产”是对废弃资源再生利用规模化发展的形象比喻，是指工业化和城镇化过程中产生与蕴藏于废旧机电设备、电线电缆、通信工具、汽车、家电、电子产品、金属和塑料包装物及废料中，可循环利用的钢铁、有色金属、贵金属、塑料、橡胶等资源。其利用量相当于原生矿产资源。开展“城市矿产”示范基地建设是缓解资源瓶颈约束、减轻环境污染的有效途径，也是发展循环经济、培育战略性新兴产业的重要内容。当前我国仍处于工业化和城镇化加快发展阶段，对矿产资源的需求巨大，但国内矿产资源不足，难以支撑经济增长，铁矿石等重要矿产资源对外依存度越来越高。

与此同时，我国每年产生大量废弃资源，若有效利用，可替代部分原生资源，减轻环境污染。2008 年，我国 10 种主要再生有色金属产量约为 530 万吨，占有色金属总产量的

21%。2008 年，我国废钢利用量达 7 200 万吨，与利用原生铁矿石炼钢相比，相当于减少废水排放 6.9 亿吨，减少固体城市矿产资源废旧汽车废物排放 2.3 亿吨，减少二氧化硫排放 160 万吨。大规模、高起点、高水平开发利用“城市矿产”资源，具有十分重要的意义，既能节省大量原生资源，弥补我国原生资源的不足，又能“变废为宝，化害为利”，为缓解我国资源环境约束做出积极贡献。

2.2.5　变废为宝

分类收集的垃圾，作为再生产的二次资源加以开发利用。经研究，城市居民生活垃圾、无机垃圾玻璃成分（除啤酒瓶等）可以稍作处理直接利用，破碎玻璃可再进行分类收集，输送到玻璃制造业加以利用，节约大量生产成本；金属垃圾中，铁是主要成分，其次是铝、锌、锰、铜等，主要来自家用电器、废旧机器、各种电子产品和其他生活用品等，再生利用途径可考虑初步分选，成品金属制品如机器配件、电器元件等可以使用的直接回收再使用，节约了从原材料到产品的所有生产投入，犹如沙里淘金带来巨大的经济效益，损毁、锈蚀的金属制品垃圾，销往金属冶炼企业，具有较高的回收利用价值。据测算，仅废铁的回收，每吨可炼钢 0.8 吨，节约铁矿石 2～3 吨，节约焦炭 1 吨，节约石灰石 0.5 吨。特种金属和不易分拣的贵金属、有害重金属垃圾，采用化学方法辅助加以分离、提纯，再生利用。有机垃圾的橡胶、塑料等，可制作为二次产品，废金属回收节约大量自然资源，利用价值很高。废纸、竹木等的回收利用则可大量节约造纸原料，对保护植被还人类绿色地球具有重要意义。

2.3　垃圾处理面临的问题

目前，我国并没有一个完善的垃圾分类处理系统，人们对于变废为宝的理念也不够重视。据调查，其中 34.8%的人认为设施不全，无法分类投放；30.9%的人认为缺乏环保意识；13.42%的人表示不知道该如何分类；13.29%的人是因为对垃圾分类回收的益处不了解；3.15%的人觉得麻烦；2.31%的人是出于对职能部门不信任，认为将来还会将所有垃圾合在一起，现在分了也白分；还有 2.13%的人认为此举没有意义。

2.3.1　人们普遍缺乏垃圾分类的相关知识和垃圾分类的习惯

相关垃圾分类的知识较模糊，使人们对垃圾分类的概念理解不够到位。例如，现下对垃圾的分类主要分为可回收、不可回收。分类不够明确，人们只对某些比较常见的可回收垃圾有认识，而对于不常见的可回收垃圾认知模糊。在很多方面，对于垃圾的分类过于笼统，例如，塑料袋和瓜子壳这样的生活垃圾，都可以说是不可回收的，但是塑料袋是不可降解的，而瓜子壳却是可以降解的，两者的处理方法是不一样的。

2.3.2　垃圾分类设施不够完善

（1）居民小区的硬件设施参差不齐，给垃圾分类处理的前端带来了很大的阻碍。有的居民小区设的垃圾箱是分类垃圾箱，而有的小区则是没有分类的垃圾箱。由此而来的后果就是，在垃圾产生的前端就没有处理好，垃圾根本就没有分类，后期的处理也就无从谈起了。

（2）生活垃圾分类的中端处理不合理。垃圾分类处理的中端就是指环卫垃圾中转站对垃圾的进一步分类的工作，这将是决定后端处理的关键一步。垃圾中转站对垃圾进一步分类，然后对分类后的垃圾进行不同的处理。如果环卫工人对垃圾分类不够重视，将居民本来分好了的垃圾又混合到一起，这将使得居民对于垃圾分类进行的努力成为无用功。

（3）生活垃圾的终端处理不够科学。现有很多生活垃圾处理的方法，有些是合理的，有些并不是很合理。例如，垃圾场露天焚烧，既浪费了垃圾潜在的利用价值，又污染了环境，综合价值较低。同样，填埋法也并不合理，浪费劳动力去填埋垃圾，是费力不讨好的。与之相反的是，如果将生活垃圾用于发电，或者是将生活垃圾分成不同类别，分别加以利用，可能起到更大作用。

2.3.3　垃圾处理利用率低

我国工业固体废物年产生量达 8.2 亿吨，综合利用率约 46%。全国城市生活垃圾年产生量为 1.4 亿吨，达到无害化处理要求的不到 10%。塑料包装物和农膜导致的白色污染已蔓延全国各地。垃圾处理比例对比图如附图 3 所示，总垃圾利用率对比图如附图 4 所示。

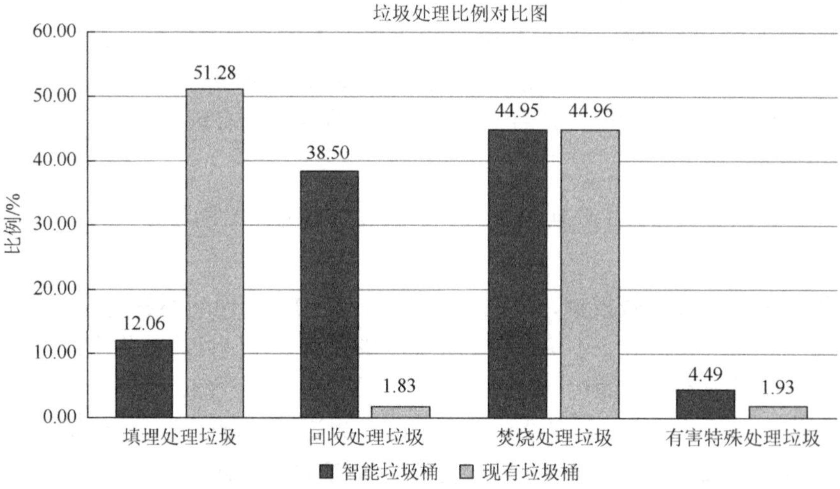

附图 3　垃圾处理比例对比图

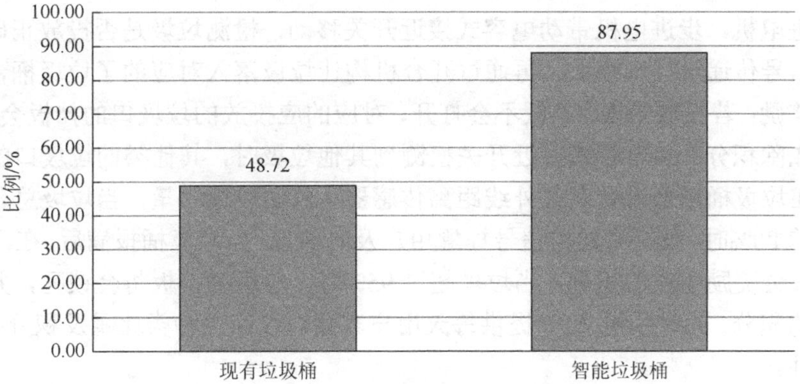

附图 4　总垃圾利用率对比图

社会现有垃圾桶分类回收垃圾（以天津日产垃圾为例）。

通过社会调查，天津日产生活垃圾约 7800 吨。厨余垃圾约 3900 吨，约占总垃圾量的 50%；有害垃圾约 390 吨，占 5%；可回收垃圾约 3120 吨，约占 40%；其他垃圾约 390 吨，约占 5%。其中，实际回收处理垃圾量为 142.7 吨，占 1.83%，可回收处理率为 4.55%；填埋处理 4000 吨，占 51.28%；焚烧处理 3506.8 吨，占 44.96%；有害垃圾特殊处理 150.5 吨，占 1.93%，处理率为 42.85%。总垃圾利用率为 48.72%。垃圾分类准确率为 60%。

智能垃圾分类与回收引导系统处理回收垃圾预期目标。

通过实验分析，在理想状态下，可回收垃圾处理量达 3000 吨，占垃圾总量的 38.46%，可回收垃圾利用率达到 96%，同比增长 91.45%，减少二氧化碳排放量 870 吨；填埋处理 950 吨，占 12.18%，同比降低 39.23%；焚烧处理垃圾量 3500 吨，占 44.87%；有害垃圾特殊处理 350 吨，占 4.49%，处理率为 89.74%，同比增长 46.86%。总垃圾利用率为 87.95%，同比增长 39.23%。垃圾分类准确率为 96%。

2.3.4　污染严重的持久性有机物难回收处理

随着中国经济的发展，难降解的持久性有机物污染开始显现。国际上签署了《关于持久性有机污染物的斯德哥尔摩公约》，其中确定的首批禁止使用的 12 种持久性有机污染物在中国的环境介质中多有检出。这类有机污染物具有转移到下一代体内，并在多年后显现其危害的特点，也被称为“环境激素”或“环境荷尔蒙”，危害严重。目前，这类有机污染物广泛存在于工农业和城市建设等使用的化学品之中。

3　产 品 介 绍

3.1　Guis 系列垃圾桶与 APP 的结合

3.1.1　运营思路

当垃圾进入其中一个投放口时，超声波传感器检测到垃圾进入，通过控制模块传递信号给步进电机，步进电机带动电容式接近开关移动，检测垃圾是否投放正确；若投放正确，将信号传递给控制模块，再通过开合机构让垃圾落入对应的子垃圾桶，且会有相应的积分奖励；若投放错误，挡板不会打开，对应的应投放的垃圾口的挡板会自动打开，相应地会扣除积分；当电容式接近开关检测到其他垃圾时，其他类的垃圾口的挡板会自动打开。在垃圾桶顶部设置有红外线距离传感器，监测垃圾总量，当垃圾总量达到子垃圾桶容量的 80%时，系统将发出信号提醒用户及时清理。当垃圾桶报满后，在没超过 90%就处理时，会奖励相应的积分，当垃圾超过 95%时，垃圾桶挡板将会锁死，并且扣除使用者相应的积分。同时手机 APP 提供每天用户家庭垃圾产生种类比重及积分排名，提高用户积极性。

3.1.2 整体运营过程

整体运营过程流程示意图如附图 1 所示。

（1）投放正确。将一种垃圾丢进垃圾箱，以丢可回收类垃圾废纸为例：将废纸垃圾从废纸垃圾投放口投入，红外测距传感器和超声波传感器优势互补，共同记录投放口种类，垃圾沿斜面落入滑轨一端。步进电机带动丝杠旋转，带动丝杠螺母推板实现进动。推板推动垃圾滑过滑轨，经过电容式接近开关，根据介电常数不同，电容式接近开关探测距离有所不同，实现垃圾种类的判断。下放滑道由步进电机带动转过相应角度，转至可回收垃圾类子垃圾桶，废纸垃圾顺滑道落入可回收类垃圾子垃圾桶，同时滑道复位，滑轨推板复位。厨余垃圾和有害垃圾同理。

（2）投放错误。如将可回收类垃圾从厨余垃圾投放口投入，由红外测距传感器和超声波传感器优势互补共同记录垃圾投放口的种类，垃圾沿斜面落入滑轨一端，推板推动垃圾滑过滑轨，由电容式接近开关判断垃圾种类为可回收垃圾，判断类别与投放口检测类别不一致，则挡板不会打开，用户需选择其他的垃圾投放口，直至垃圾投放正确。厨余垃圾和有害垃圾同理。

（3）其他类垃圾。其他类垃圾投放口不设置斜面，垃圾直接投入其他类子垃圾桶。

（4）垃圾报满。在每个子垃圾桶的正上方设有报满传感器，当垃圾桶中垃圾量达到该子垃圾桶高度的 80%时，蜂鸣器报警，实现垃圾桶的报满功能，Guis 智能垃圾桶与后台连接，当垃圾量达到垃圾桶的 80%时，通知后台人员及时清理垃圾。

3.2 技术组成

3.2.1 单片机部分

（1）垃圾桶开合机构。通过舵机带动杆件控制挡板的开合，将舵机旋转运动转化为挡板的开合运动，从而让垃圾直接落入对应的子垃圾桶；舵机传动机构工作时，角度可以保持在驱动中，传动平稳、噪声小。

（2）电源模块。本智能垃圾分类引导系统采用双电源供电系统，电机电源采用稳压电源模块，能够使 220V 交流电压转化为 12V 的直流输出电压，工作电压为 12V，能提供 1.5A 的稳定电流，给所述单个步进电机供电，同时给电容式接近开关供电；还采用小电源稳压模块，能提供 5V 的直流输出电压给红外线距离传感器、超声波传感器、舵机供电。

（3）电容式接近开关。电容式接近开关也属于一种具有开关量输出的位置传感器，当接近开关和物体的距离变化时，电容量发生变化，使得和测量头相连的电路状态也随之发生变化，由此便可控制开关的接通和关断。电容式接近开关可通过与物质距离的不同，检测电容的介电常数的大小来区分物质。

3.2.2 APP 模块

（1）基于“请求-响应”的消息处理机制。无论安卓端，还是服务端，都是事件驱动的、基于“请求-响应”的处理机制。移动端只需要通过发送消息来访问消息交互中间件来获得服务。

（2）不同独立系统之间的互操作。本作品涉及一个跨系统的数据访问。本系统中将采用 RMI 技术，从数据可靠性和方法访问效率上，保障 Server 端、手机安卓端和单片机端系统的实时性。

（3）后台服务器端逻辑处理采用分层架构以及面向接口编程的技术，其中名为 NoticeAction 的 Action 控制层负责响应消息中间件发出的服务请求，它会调用下层名为 NoticeSrv 的 Service 业务逻辑层，而 NoticeSrv 会调用下层名为 NoticeDAO 的 DAO（data access object）数据访问层，最后 NoticeDao 通过结构化查询语言（structured query language，SQL）语句操纵 MySQL 数据库，取得需要的数据，并返回消息给消息中间件。

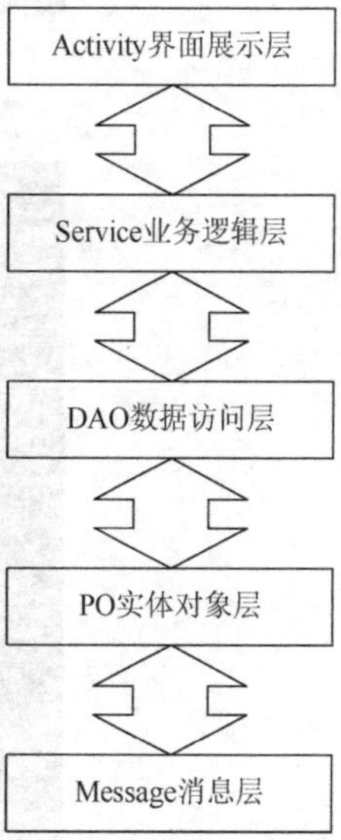

附图5 安卓端程序的应用架构

（4）客户端采用如下架构：Activity 界面展示层、Service 业务逻辑层、DAO 数据访问层、PO（persistent object）实体对象层、Message 消息层。层与层之间采用面向接口编程，实现了松耦合；结合接口和具体实现类，利用了 Java 的多态性与动态绑定机制，如附图 5 所示。

3.3 Guis 垃圾桶的结构和功能

本垃圾桶的外部设置四个垃圾投入口，分别联通垃圾桶四个内部空箱，四个箱子分别放可回收垃圾、厨余垃圾、有害垃圾和其他垃圾，如附图 6 所示。当有人接近垃圾桶投放垃圾时，若把垃圾投入“其他类”垃圾分区，则不进行检测，也不触发机械结构的运动；若把垃圾投入“可回收”、“厨余”和“有害”垃圾分区，通过传感器检测，再控制机械结构运动，使垃圾落入相应的垃圾桶中，实现垃圾检测分类和纠错的功能。入口后面连接有一条滑道，滑道两侧分别装有超声波传感器和红外线传感器，来判断是否有垃圾投放以及垃圾桶内的垃圾容量，同时确保不会有垃圾遗漏，并且将垃圾进入的信号传给单片机。滑道下面是导轨移动装置和中心旋转装置。垃圾桶内部结构如附图 7 所示。

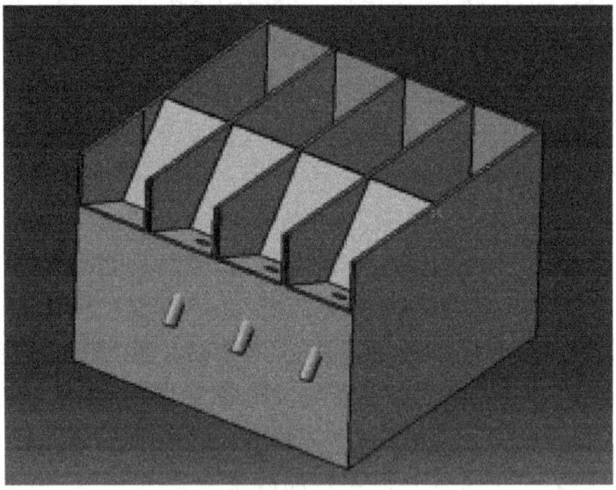

附图 6　垃圾桶外形

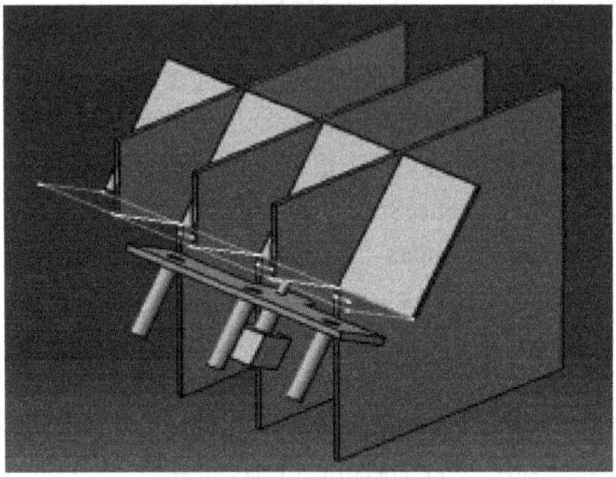

附图 7　垃圾桶内部结构

（1）导轨移动装置。该装置为一个带推板的滑道，所述推板由一台带丝杆的步进电机控制，所述电机带动挡板在导轨上来回移动，从而推动垃圾落入下方由步进电机控制的可旋转的导向槽，所述带推板的滑道下方依次有三个离滑道不同距离的电容式传感器，分别用来判断金属垃圾、纸类垃圾、塑料类垃圾和玻璃类垃圾；当垃圾经过它们上方时，判断垃圾种类，并将信号传给单片机，单片机可通过步进电机控制导向槽转向，使垃圾投入相应桶中，从而实现垃圾分类的功能。

（2）中心旋转装置。该装置为一个带有步进电机的导向槽。该装置利用了步进电机能够较准确地输出一定旋转角度的特点。单片机根据三个电容式传感器检测信号，控制步进电机的旋转方向、旋转角度，带动挡板旋转，将垃圾投入相应的桶中。

（3）报满装置。在垃圾桶四个内部空箱的上方各安装一个红外线传感器，用于检测垃圾桶内垃圾的多少。当垃圾桶内垃圾的容量超过 80%时，将信息反馈到线上 APP。

3.4　Guis 系统 APP 功能

Guis 系统垃圾桶不仅仅承担简单的传统的盛放垃圾的功能，主要引导使用者进行认识，学习垃圾分类原理，逐步通过大量机器学习，成为垃圾分类“百科全书”，从源头解决分类问题。Guis 系统 APP 首页如附图 8 所示。

附图 8　Guis 系统 APP 首页

1. 基础模块

报满功能：内置红外测距仪器，检测垃圾容量并通过云端发送通知，手机软件界面有四个子垃圾桶的简易标志，通过简易标志显示垃圾量，可对垃圾量进行实时监测。当垃圾桶内垃圾余量超过 80%时，终端接收到报满信号，界面中发出信号的子垃圾桶的简易标志上出现“！”标志，同时 APP 发送消息提醒用户进行该子垃圾桶的垃圾处理；当垃圾余量超过 90%时，终端收到警告信号，APP 发送消息提醒用户进行该子垃圾桶的垃圾处理；当垃圾余量超过 95%时，终端收到关闭信号，软件发送消息提醒用户进行该子垃圾桶的垃圾处理。

报修功能：假如用户对机器判断的结果有异议，可在 APP 的用户反馈页面进行反馈。如果垃圾箱出现问题，可以在 APP 的报修页面一键报修。

通知功能：通过 WiFi 模块连接垃圾桶，能快速及时地发出相应的通知，让用户进行正确的处理，同时可与朋友私信，让用户在使用 APP 的同时与朋友分享感受。

数据记录中心：由垃圾箱 WiFi 与 APP 连接，后台可存储每日用户垃圾的数据，随着时间的推移，根据垃圾类型反馈的数据可精准描绘出人的行为模型以及分析出用户习惯，这些数据具有商业价值，同时可以用于各种研究，是一个大数据集散平台。集多功能于一体，迎合不同人群如普通居民、环保人士、研究者和政策制定方的需求。

个性化设置：用户可以在 APP 内勾选喜爱的基础设置，如精灵音色、音质的选取，还有 APP 应用背景、感兴趣的新闻模块等。

2. 社交模块

好友排名：APP 会统计用户在垃圾分类上的积分，并生成好友排行榜，类似于微信的步数排行榜，在实现垃圾回收、文明生活的同时，又实现了交友互动。好友间的比拼能够激发用户使用垃圾桶及 APP 部分功能的兴趣。用户在获得称号时可以选择将称号海报发布在朋友圈等社交网络，初次分享海报会获得一定积分。

每日签到等功能：通过每日签到、阅读推荐可以获得一定的积分，软件不定期发送垃圾分类知识问卷和垃圾分类知识分享，用户可以选择答卷挣取积分，用时短、正确率高者获得相应高的积分。同时支持好友间的答题比赛，并获得虚拟知识勋章，用户在增加积分的同时逐渐养成良好的垃圾分类的习惯，并学习垃圾分类的相关知识。

3. 娱乐模块

益智游戏：此款 APP 中还包含垃圾环保小常识、小游戏，让使用者在使用 Guis 系统垃圾桶的同时掌握环保知识，实现快乐学习。服务器通过对用户的使用情况进行数据处理，推送相应的小游戏内容，用户某一阶段哪一种分类错误比较多，相关的问答题就会比较多。小贴士模块也会定时更新垃圾环保小常识。针对不同用户推送不同内容，既保证了娱乐性，又达到了让用户学习知识的目的。

积分商城：用户通过积分可以在商城中免费兑换礼品，以此促进用户坚持使用 APP，同时能够获得回报，增强用户黏性。

4 商业模式

4.1 价值定位

随着经济的不断发展，人们的生活水平不断提高，人们对环境的要求越来越高。而垃圾的回收与处理一直是困扰着人们生活的问题。现在社会上的垃圾桶普遍只把垃圾分为可回收与不可回收两类，可回收类垃圾还需要在垃圾场进行分类，这样既费人力、物力，又会使不同种类的垃圾混杂，使大量本可以回收利用的垃圾因被污染而无法回收。这样既浪费资源，又污染环境。

本产品致力于解决垃圾的分类回收与处理的问题，为每个用户提供智能垃圾桶，以鼓励、引导的方式来推广垃圾分类，促使居民主动践行垃圾分类活动，为下游的垃圾处理环节提供了便利。同时它具备较高的商业价值，通过垃圾桶中垃圾资源的回收处置、广告平台效应，以及所得大数据所附带的盈利价值兼顾了经济效益。不仅有助于垃圾回收和环境保护，而且可以起到广泛改变民众垃圾处置行为方式的作用。

4.2 目标市场

Guis——智能垃圾分类与回收引导系统通过线上、线下宣传和私人订制的营销策略初步向大学宿舍免费投放 10 000 个智能垃圾桶，获得反馈数据之后，进行一定的调整，进而向城市家庭和企业提供免费的智能垃圾桶。

4.3　生产实现

4.3.1　虚拟产品

虚拟产品“手机软件”作为 Guis——智能垃圾分类与回收引导系统的核心组成部分，是连接用户与产品、用户与用户、用户与企业的重要渠道，必须在本设计团队的掌控之中，可由本设计团队掌握编程的成员协同专业编程公司一同编程完成。一方面提高了编程效率，另一方面也降低了编程成本。

4.3.2　实体产品

设计团队不直接生产实体产品，而是利用掌握的关键核心技术负责设计和开发新产品，控制销售渠道，具体的加工任务通过合同订购的方式委托同类产品的其他厂家生产。之后将所订产品低价买断，并直接贴上自身的品牌商标。采用定点生产，属于加工贸易中的“代工生产”方式。

5　营 销 策 略

5.1　产品策略

5.1.1　产品样式和用途

1）产品样式

所开发研制的 Guis 系统垃圾桶外观由用户私人定制，与市面上普通的垃圾桶差异化区分。Guis 产品作为具有智能分类功能的垃圾桶，极简主义和浪漫主义相结合的外表下隐含着科技的底蕴，可充电蓄电池技术使得它的空间移动性强，智能语音提示像是来自未来的对话，由客户自己挑选的产品外观能够很好地融入各种家居风格。智能识别的垃圾分类效果既可以让生活者更有体验价值，又增加了生活的趣味性。产品样式及特点如附图 9 所示。

2）产品用途

Guis 系统垃圾桶不仅仅承担简单的传统的盛放垃圾的功能，还主要引导使用者进行认识、学习垃圾分类原理，它逐步成为个性化的垃圾分类百科全书，从源头解决分类问题。

5.1.2　产品精度和性能

对消费者来说，由于产品实行免费投放、免费维修的政策，几乎是零成本的投入，只需要下载安装免费的 APP，在联网状态下即可实时上传自己的垃圾分类情况进行积分，

附图 9　产品样式及特点

并能兑换商品，非常省时省力又有趣。而且垃圾桶特别设置了警报装置（即将垃圾箱中垃圾含量准确记录，高于垃圾箱对应缸内 80%时报警），所以长期处于闭合状态，无须揭盖即可知道垃圾桶是否将满，直接由售后打包送至集中收集点，过程中使用者与垃圾不需要二次接触，这是普通垃圾桶不能提供的服务。经过数千次的实践反馈学习，垃圾桶的分类精度将可能达到 99%以上，足够满足回收的需要。在分类过程中如果使用者选错投递口，还会得到语音提醒，提供了平时没有的学习垃圾分类知识的渠道。作为整个垃圾分类回收体系的终端，智能垃圾桶效能和精度都有足够的保证。

5.1.3　产品服务

有服务的产品与没有服务的产品是两种不同产品，顾客买的不是产品而是产品的服务。即使顾客使用垃圾桶是完全免费的，商城所含有的商品将均为市场正规产品，不会存在欺骗使用者的问题。公司在服务上吸收国内外良好的管理经验，使使用者的售后更加具有保障性。产品服务如附图 10 所示。

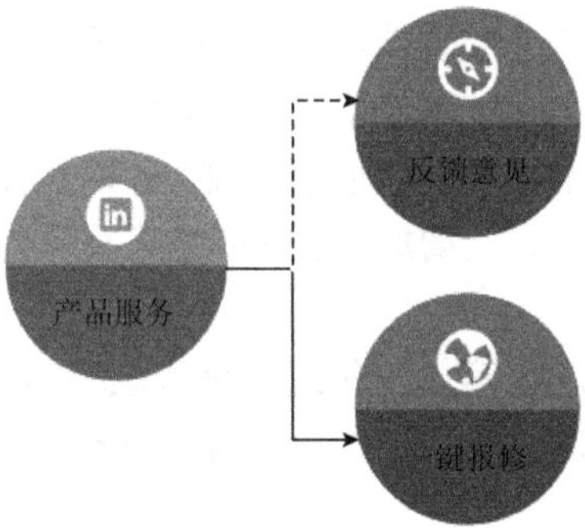

附图 10　产品服务

1）反馈意见

在 APP 上有专用的顾客投诉通道，顾客随时可以对产品提出意见和要求，并且定期进行用户反馈工作，让用户更加放心。

2）一键报修

还有一键报修功能以便损坏的机器即时得到修理。在营销过程中，顾客与本公司互利共赢，同时造福社会与环境。Guis 系统垃圾桶在大规模运营后，如果出现故障，只要居民在 Guis 分类精灵的 APP 上点击报修，平台通过它的定位系统即时安排附近的维修人员过去修复，不超过 2 天，维修人员就能完成修理，不耽误居民的正常使用。

5.2 运营策略

计划先以大学为试点，将 10 000 个垃圾桶免费投放到大学宿舍，用户承诺垃圾投入桶中后所有权转至我公司，公司再进行集中收集和处理，将分类所得可回收产品售向资源回收厂，以此盈利。而与用户单位绑定的 APP“Guis 分类精灵”将依照网络实时反映的数据统计用户垃圾分类的准确率，进行积分排名并加以奖励，从而带动用户积极性。大学校园试点大约一年以后就基本成熟，可以推向试点城市的居民小区，继而在两年以后推广至全社会。这样形成的以自动化为主、人工为辅的产业链极大地节约了社会成本，经估算，回收率高达 35%，将垃圾变废为宝，这一系列处理系统一旦成熟，就能轻松解决当前城市居民生活垃圾处理的困境。

5.2.1 前期运营

初销阶段时，由于这种一家一户联网交互式垃圾桶在国内还不为大众所熟知，知名度较低，因此最初推广比较困难。计划在“Guis 分类精灵”APP 中设计知识性游戏，通过游戏对战、打卡等方式使用户获取积分。积分可兑换平台内的商品，以此实现前期推广。另外，选定大学生这个更为开放和接受性强的群体，这个阶段产品的外观和使用感以及它背后的环保情怀将成为宣传重点。而且国家节能减排政策的提出得到了大学生这一群体的积极响应。更多地制造符合年轻人审美的外观，极大程度地提高使用便捷性是工作重点，此外，这期间产品的产量将会控制到较低程度以降低公司风险。通过在微博、微信、知乎等宣传制造话题，吸引消费者使用。在学生热衷的社交媒体上占据视线，营造良好的社会影响，让学生分享自身的体验助力营销，让该系统成为年轻人追求优质生活的一部分。另外，该垃圾桶免费送出增加了用户的好奇心，进一步促进了前期运营的顺利进行。

5.2.2 中期运营

进入畅销阶段后，将会继续加大宣传力度，推出适合不同人群的外形，适应市场要求，提高物业服务效率，优化后期处理工作，在其他品牌进入市场分流之前将品牌打造成具有代表性的产业楷模。定期优化 APP 内容，更换商城商品，增加不同人群的使用热情。针对更为庞大的客户群体，我们将细化产品服务环节，培养顾客忠诚度，优化反馈环节并且进一步优化垃圾处理系统，不断增加更加人性化的环节。让用户感觉到产品的实际用途，提高使用频率。提高商城使用频率，增加商城买卖功能，增加更加细化的垃圾分类流程，实现分类与利用两不误的目标。进入稳销阶段后我们将促进各方面的合作交流。一方面，增加 APP 功能环节，即促进人们使用垃圾桶的同时，更增加 APP 的趣味性；另一方面，增加垃圾二次使用的功能，废物利用，垃圾变宝。

5.2.3　后期运营

稳固期，垃圾分类回收系统将会成为一个规范的社会服务体系，进一步完善服务管理机制，科学使用新型技术优化 APP 系统的管理，使产品的市场在稳定中增长。垃圾在分类的同时，建立良好的数据库，并结合相关的法规，进行合理的处理，以方便社会、科学等方面的使用，从而更加凸显公益性原则。我们将视市场情况维持生产或转向其他产品的开发，不断提高垃圾的分类和二次使用效率。进一步为环境保护、节能减排做出努力。

5.3　渠道策略

5.3.1　间接渠道

如附图 11 所示，间接渠道包括以下四方面。

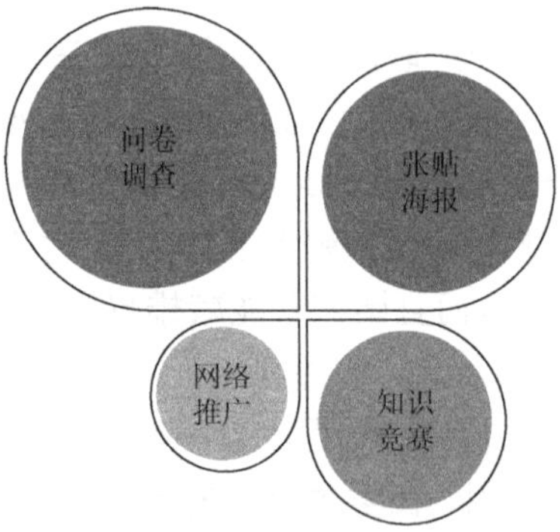

附图 11　间接渠道策略

（1）通过问卷调查的方式，了解大学生对垃圾分类的意识程度，了解他们对 Guis——智能垃圾分类与回收引导系统的支持率。进而为中后期的运营工作提供依据。

（2）通过张贴垃圾分类海报的形式提高人们的关注度。用户通过张贴海报的方式学习了解 Guis——智能垃圾分类与回收引导系统的功能用途。从而实体推广此垃圾回收系统。

（3）设置有关垃圾分类的知识竞赛，并设置相应的奖项以提高大众的参与度。从竞赛现场实际演示推广 Guis——智能垃圾分类与回收引导系统。

（4）通过网络推广关于垃圾分类的宣传片、宣传网页，让人们认识到垃圾分类的重要性。从而推广 Guis——智能垃圾分类与回收引导系统的优点。可制定网上预定送货到家策略。

总之，我们希望通过提高大众对垃圾分类重要性的认识，使他们更容易接受这个系统。从而向外界推广 Guis——智能垃圾分类与回收引导系统。

5.3.2　直接渠道

Guis——智能垃圾分类与回收引导系统将塑造优良的品牌文化，形成品牌核心价值。作为一家注重用户需求和体验的互联网企业，这一点毋庸置疑。

在前期，计划面向部分高校推广，免费为每个宿舍提供一个，每个宿舍作为一个用户，需要在网上注册信息，客户的使用情况也将被记录在该平台中。中期，我们将选取部分城市作为试点，对每个家庭投放，更好地处理居民的生活垃圾。

走进社区，进行走访家庭式实体操作，以一栋楼或者一个单元为单位，实体操作并进行赠送，用户使用前仅需要登记便可以将实物带回家。

5.4　促销策略

在前期推广上，借助 APP 的推广和使用，借助兑换积分的手段让用户开始使用 Guis——智能垃圾分类与回收引导系统。

由于 Guis——智能垃圾分类与回收引导系统的垃圾桶是免费送出的，通过这一方式可以实现前期的推广运行。

5.5　整合营销策略

如附图 12 所示，整合营销策略包括以下几方面。

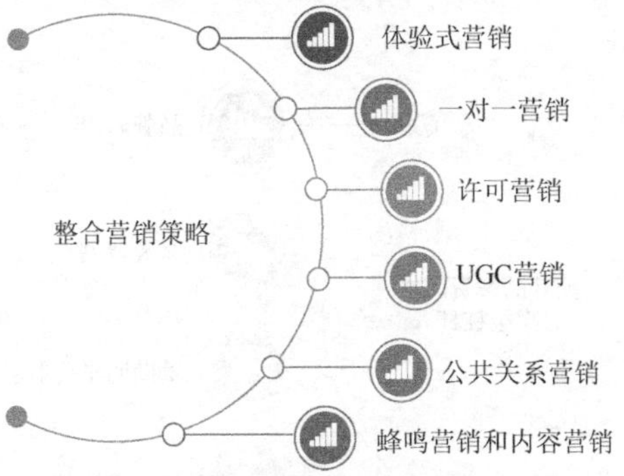

附图 12　整合营销策略

体验式营销：每次用户在投入垃圾正确时，垃圾箱的小精灵助手都会用语音提示“主人好棒”“投对了”这样的话，在鼓励顾客的同时培养用户良好的环保分类意识和绝佳的使用体验。

一对一营销：在用户还未使用产品时，我们会调查用户的喜好，例如，有些人喜欢漫威里的美国队长，我们在产品设计上可能就会把外观设计成美国队长的盾牌的样子，使每位顾客拥有满意的体验。

许可营销：因为在推广前期，我们的手段是用户自愿通过线下做游戏抽奖的方式或者线上转发抽奖活动的方式获取我们的产品，所以这相当于在获取了用户允许的情况下对其进行的营销活动。

UGC 营销：在公众号端征集客户对垃圾桶外观以及精灵声音质感的意见，并体现在最终产品上。如个人偏好什么风格、什么颜色、什么尺寸的垃圾桶以及是否接受甜美风格、低音炮声音质感的小精灵音质。

公共关系营销：我们的产品算是一款环保的商品，所以与环保部门、当地电视台以及各大主流媒体合作是可行的。同时可以赞助一些注重环保、节能减排的赛事或者机构，扩大品牌影响力和知名度。

蜂鸣营销：基于前期线上为抽奖活动获取首批产品这一前提，我们设置每周的积分排行榜前十的用户还可各自推荐一位朋友（要求是：注册 APP 和关注公众号）领取垃圾桶。这样可以促进 APP 和公众号的宣传，扩大影响力，同时为第二阶段的推广做铺垫。

内容营销：在圣诞节前夜我们举办线上大型的免费送礼物活动。此前需要大量的宣传活动，使消费者填写自己的偏向报告，线上统计好需求量以后，在圣诞节时免费送上我们的礼物。

5.6　提升品牌资产的次级杠杆

如附图 13 所示，提升品牌资产的次级杠杆包括以下几方面。

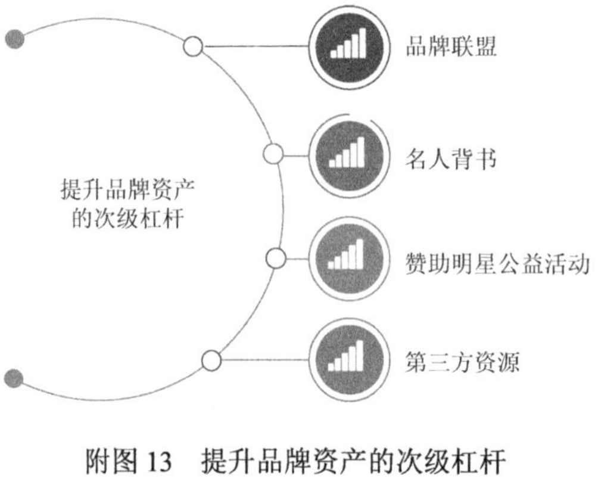

附图 13　提升品牌资产的次级杠杆

品牌联盟：和一些知名的良心企业品牌合作，利用良心企业与用户之间建立一种天然的信任关系。

名人背书：例如，选择圣诞老人作为品牌代言人。圣诞老人在圣诞节会挑选几个幸运的家庭，将他们希望得到的礼物放在床头的袜子里作为新一年的美好期许，人们都希望自己可以是这个幸运儿。同样符合本设计的产品理念：将人们心愿定制的产品免费在圣诞夜里开奖送到他们身边。

赞助明星公益活动：在具有影响力的明星给公益做宣传时，让他们展示出本设计产品的用法、外观、设计理念等，强化品牌在消费者心中的价值感知。

第三方资源：借助在知名的良心企业排行榜上，以评分高作为信任依据，加强品牌在消费者心中的可信度，使之更容易接受本设计产品。

6 竞争分析

6.1 竞争背景

中国的环保产业已经有 30 多年的发展历史。20 世纪 90 年代起，尤其是 20 世纪 90 年代的中期开始，中国环保产业有了长足进展。环保产业的发展，必须依靠科技创新。我国加入世界贸易组织（World Trade Organization，WTO）以后，环保产业的市场竞争，将转化为高科技的竞争、质量和技术的竞争、资本与实力的竞争和信息与服务的竞争。进入 21 世纪以来，特别是近几年，垃圾问题成为环保产业的“代名词”，而解决垃圾问题的关键在于做好垃圾分类，现阶段，我国的垃圾分类做得很不到位，为此我国更是在 2017 年出台了《生活垃圾分类制度实施方案》。这些，将成为新时期环保产业发展的特点。在智能化的这一新的时代潮流下，环保产业及其环保企业必须实行科技创新发展战略，以互联网+带动环保产业，才能更好地融入新时代，获得新发展。

从人们的需求看，更加方便快捷的产品才能得到青睐。人们在选择商品的同时，也更加注重产品的潜在价值。Guis——智能垃圾分类与回收引导系统不但方便快捷，还能做到智能化垃圾分类，必然会有长足发展。

6.2 竞争对手分析

与 Guis——智能垃圾分类与回收引导系统互为替代品的商品主要是垃圾桶，主要的竞争对手自然是垃圾桶销售商，在中国 2018 年度垃圾桶品牌排行榜前十的品牌分别为圣强、Mabalo 麦宝隆、世家、富崎、麦宝隆、YOULET、多样屋、茶花、帝梵、雅皮仕。这些品牌大多走高档路线，价格定位较高，产品种类较齐全，市场总占有率较高。

由 2018 年垃圾桶行业市场排名前十市场份额分布图（附图 14）分析可得，目前市场上的垃圾桶品牌基本上平分了市场份额，彼此相互竞争比较激烈。各厂商生产的垃圾桶样式、功能相仿，各个产品之间并无明显的差异。

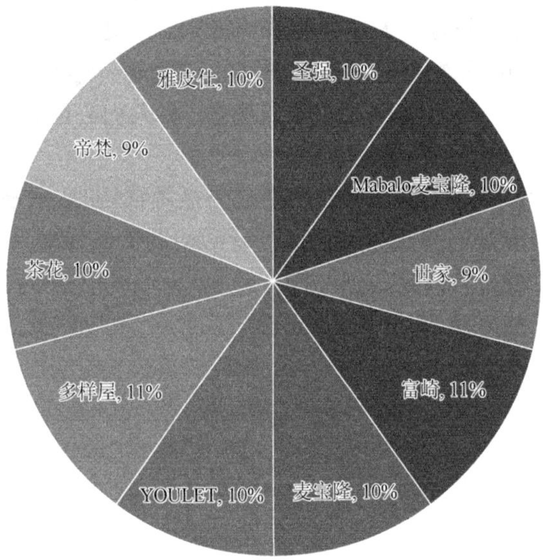

附图 14　2018 年垃圾桶行业市场排名前十市场份额分布图

而随着科技的进步，垃圾桶会发展成一种新型的智能垃圾桶，其奥妙就在于，智能垃圾桶可以通过超声波传感器检测是否有垃圾投放，若有垃圾投放，由电容式接近开关判断垃圾种类，若垃圾分类正确，则由舵机控制垃圾投放口开启，若垃圾分类错误，则经过信号处理，打开正确的垃圾投放口，最后还可以通过红外测距传感器监测垃圾桶内的垃圾容量，这样就解决了垃圾分类的问题，既方便又快捷。

6.3　核心竞争力分析

6.3.1　线下核心竞争力

本智能垃圾桶不同于现有的家用垃圾桶，有自己独特的垃圾种类识别、报错、报满等机制，做到寓教育于生活，能够在日常生活中正确地引导人们进行垃圾分类。

（1）互联网+智能垃圾桶装置免费向家庭用户提供，用户只需要领取时签署协议同意将其投入垃圾桶中垃圾的处置和回收权交予我方即可。从而让“垃圾分类”快速深入每家每户，引导家庭垃圾处理行为方式的改变。并在每个社区放置相应的 4 个大型垃圾桶，来实现垃圾终端分类回收。

（2）本产品顺应智能家居化的发展趋势，能够提升家居便利性、舒适性、艺术性，并为营造环保节能的居住环境助力。

（3）提供私人定制服务，可根据客户喜好个性化制作出客户喜爱的产品外观，大大增加产品的被接受度。

（4）带给用户更加整洁的家居环境，用户将垃圾投放进垃圾桶之后，垃圾桶隔板将垃圾与外界环境相隔离，营造更整洁的家居环境。

（5）商业模式新颖，本产品免费投放给用户，实现垃圾分类，公司通过回收用户的垃圾，实现资源的高效循环利用来盈利。这既满足了用户垃圾分类的需求，也顺应了环保的时代大主题，目前市场上没有出现类似的商业模式。

6.3.2 线上核心竞争力

（1）桶上二维码可将该垃圾桶与线上 APP 绑定，APP 与社交网络平台连接，方便用户对垃圾桶的使用和管理。

（2）APP 可以依照网络实时反映的数据统计用户垃圾分类的准确率，进行积分排名。通过积分制奖惩和社交网络共同带动用户主动分类的积极性，提高生活垃圾回收利用率。

（3）通过线上 APP 与垃圾桶的绑定，用户可以随时随地在手机上知悉垃圾桶的状态，带给用户家居智能化的体验。

（4）在帮助用户进行垃圾分类的同时，后台会进行相应的云数据（每个家庭、每个社区产生垃圾种类的比重等）存储。后续可根据这些大数据进行数据挖掘，近似推断不同地区的消费水平，方便政府对不同区域进行相应的经济调控和管理。

6.4 竞争策略

6.4.1 精准定位企业文化

企业愿景：让我们的家园因为垃圾分类意识变得更好。

企业宗旨：保护环境为本，产品至上。

经营理念：以环保理念为动力，以质量求生存。

6.4.2 快速发展用户群

通过实行产品免费投放、免费报修的政策，迅速拓展基础用户群，同时让消费者下载免费的 APP，切实体验产品的 APP 服务，真实感受到产品的方便快捷，从而让基础用户成为产品的“义务推销员”，同时收集基础用户的正面评价作为素材大力宣传产品，快速拓展新的用户群。

6.4.3 切实满足用户需要

方便快捷：用户只需要将垃圾投进智能垃圾桶，即可自动实现垃圾分类等多项功能。

互联网+：产品主要将垃圾桶、手机 APP 通过无线网络联系起来（市场上暂时无人关注这点）。

回收引导：APP 主要引导客户树立回收意识以及增强用户黏度和满意度。

智能分类：垃圾箱制作应用单片机技术，智能判断客户垃圾分类是否准确传到 APP

端，若错误，则会有语音提示功能并且保存到 APP 使用记录模块，方便错误回顾；若分类正确，则能赢得多种好处，给使用者绝佳的使用体验。

品牌承诺：我们绝不收客户的一分钱，同时会提供后期的产品质量维修保障，让用户放心使用。

种类多样：后续将会推出不同系列的智能垃圾桶，用于不同生活或工作场景的具体垃圾分类，使垃圾分类回收更加便捷、高效。

6.5 竞争前景

公司在垃圾桶市场的竞争优势地位十分突出：产品的议价能力得到提高，本产品的研发与投放，不仅会在市场的竞争中形成垄断能力，而且决定了其在国内环保行业拥有广泛的渠道和品牌知名度；新品种市场优势明显，该产品会逐步打入高端市场；此产品的出口和城市市场潜力大，Guis 智能垃圾桶会在短期内在国内市场成熟起来，与此同时，也会与国际接轨，接收制作订单，赚取外汇，更好地为公司的壮大和拓展铺垫基石。企业的竞争能力会持续增强，必定在日渐激烈的市场竞争中争得一席之地。

7 财务分析

7.1 财务预算

本设计团队根据整体融资计划和成本以及现阶段垃圾回收利用率及物料价格对未来前期和中期两个营销阶段进行了财务预算，资产负债表如附表 2 所示。

附表 2　资产负债表

资产	前期	中期	负债	前期	中期
流动资产			流动负债		
货币资金	30	1 800	短期借款	50	4 000
应收账款	20	500	应付票据	0	0
预付账款	25	1 300	应付利息	10.87	870
其他应收款	10	600	应交税费	8.5	680
非流动资产			应付股利	0	0
可供出售金融资产	10	300	应付职工薪酬	10	100
固定资产	80	5 000	所有者权益		
工程物资	5	500	资本公积	0	0
总计	180	10 000	总计	79.37	5 650

编制单位：×××　　2017 年 4 月　　单位：万元

Guis——智能垃圾分类与回收引导系统的特点是前期投入比较大，因此初销阶段可能会在融资情况下运营，中期资金回笼，开始盈利。

成本如附表3所示，初期市场聚焦于天津市范围内，但单件产品成本及初期市场推广费用较高，因此初期市场投入相对较大。逐步熟练以后，技术也会随之提高，边际生产率上升，此外，随着中期市场扩展至全国范围，将会形成规模经济，因此中期市场规模虽然更大，但是总成本不会随市场规模扩张呈现比例增长，而是以较为平缓的速度增长。

附表3　成本表

项目	前期金额	中期金额
生产成本	180	4 000
运输费用	50	120
管理费用	10	100
宣传费用	15	80
财务费用	19.37	1 550
总计	274.37	5 850

编制单位：×××　　2017年4月　　单位：万元

附表4是模拟情况的预计利润表。根据周期划分，营销前期的时间跨度是一年，由于前期投入较大，此时期内净利润为64.31万元，贷款暂未偿还，公司负债运营，产品上市一年后进入中期，即第二年净利润达到680万元，公司盈利。

附表4　利润表

项目	前期预计	中期预计
一、营业收入	220	10 000
减：营业成本	100	6 500
营业税金及附加	6.6	300
销售费用	5	50
财务费用	1.09	870
加：公允价值变动损益	0	0
投资收益	0	0
二、营业利润	97.31	2 180
加：营业外收入	0	0
减：营业外支出	0	0
三、利润总额	97.31	2 180
减：所得税费用	33	1 500

编制单位：×××　　2017年4月　　单位：万元

7.2　融资计划

公司成立初期，我们计划融资180万元作为首批产品投放资金和运营费用。资金来源主要有国家扶持大学生创业贷款、自筹资金和股权众筹。

（1）国家扶持大学生创业贷款。天津市对大学生创业有以下政策：对从事创业活动的在校生和毕业生，经资信评估后，由市青年创业就业基金会提供 6 万～8 万元一年期小额“无抵押、无利息”贷款；对高校毕业生自主创业申请小额担保贷款，最高可给予 30 万元；已经成功创业且带动就业 5 人以上，经营稳定的创业者可获得贷款再扶持，贷款总额度最高 50 万元。对其额度在国家规定贴息额度范围内的部分，由中央财政按照贴息利率予以贴息。对其额度在国家规定贴息最高额度以上且不高于 20 万元的部分，由市财政按照贴息利率的 50%予以贴息。据此，项目立项首年我们计划争取市政补贴贷款 50 万元。

（2）自筹资金。本项目合伙人 10 名，计划每人出资 5 万元，自筹资金 50 万元。

（3）股权众筹。公司让出 45%的股份面向全社会发起众筹，计划通过此渠道融资 80 万元。

7.3 融资规模分布

融资规模分布表如附表 5 所示，融资规模分布图如附图 15 所示。

附表 5 融资规模分布表

类型	创业贷款	自筹资金	股权众筹
金额/万元	50	50	80

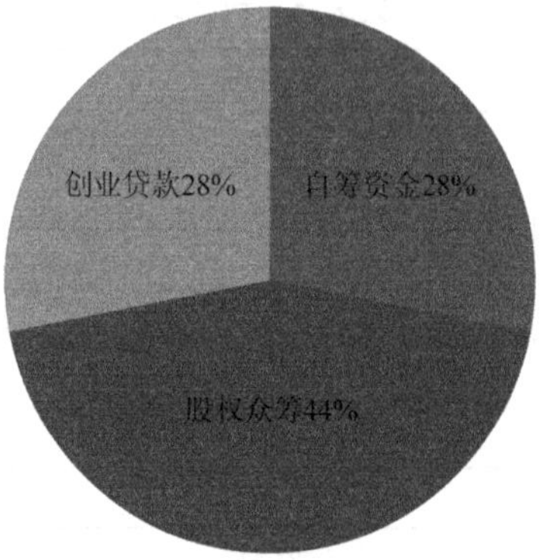

附图 15 融资规模分布图

7.4 收入预算

7.4.1 垃圾收入

据调查，2015 年天津市生活垃圾平均每天总产生量约 4 740 吨，城市人均垃圾日产量约 0.825kg。具体生活垃圾成分分析发现，金属类占 0.90%，玻璃类占 1.10%，纸张类占 5.70%，塑料类占 1.30%。不同城市生活垃圾成分差异较大，但生活垃圾中可回收的物质占绝大多数。2013 年，废纸综合利用率约为 50%，废塑料回收率为 50%，金属再利用率为70%，玻璃的回收率为70%，垃圾分类具有较大潜力。根据目前垃圾处理的效率计算，我国每天处理垃圾收益大概为2万元。生活垃圾成分分析及处理收益如附表6所示。

附表6　生活垃圾成分分析及处理收益

项目	金属	玻璃	纸张	塑料
在垃圾中的含量/%	0.90	1.10	5.70	1.30
可回收比例/%	70.00	70.00	50.00	50.00
每天垃圾可回收重量/kg	6.30	7.70	28.50	6.50
单价/(元/kg)	1.20	1.66	0.50	1.82
回收价值/元	7.56	12.78	14.05	11.83

注：因我们所设计的智能垃圾桶的推广普及率不可能覆盖全部家庭，表格中预估市场占有情况，判定本产品推广后的垃圾收入可涵盖全部可回收资源重量的1/4～1/5，从而得出表格中对应的每天垃圾可回收重量的数据

7.4.2　广告收入

线上程序不是只有关于垃圾分类的页面，可以留出某个页面的某些板块给商家做宣传，一旦我们的Guis——智能垃圾分类与回收引导系统实施，几乎所有学生及市民都将拥有此软件，那么商家的宣传效果就会越来越好，因此，我们的广告收入就可以适当提高。由于前期我们的系统面向高校，多联系一些与学生有关的商家，预计一年收入50万元。中期我们面向部分试点城市的市民，可以再联系一些市民所需商家，预计收入增加20%左右，达到每年60万元。后期时，我国70%的居民将拥有该软件，广告效果达到最佳，收入再次提高25%左右，达到每年75万元。

7.4.3　商城收入

天猫超市、京东商城等可以申请在商城里销售商品，消费者用积分兑换即可购买，无须再支付费用，因此，我们计划与家居百货商家等达成协议，我们为他们免费宣传，他们为我们免费提供商品。

综上所述，我们计划前期选取3个高校，每天处理垃圾收益5000元，进行一年，总共收益220万元。中期选取10个城市，每天处理垃圾收益50万元，进行两年，总共收益1亿元。后期推广后，继续维持这样的模式，收益可能逐步增长。

8　风险分析（略）

9　团队（略）

10　产品展示（略）